"十四五"职业教育国家规划教材

民航运输类专业系列教材

民航客舱服务与管理

第四版

韩 瑛 主 编　　俞晴莲 刘 琦 朱 政 副主编
周孟华 主 审

MINHANG KECANG FUWU YU GUANLI

Civil Aviation

化学工业出版社

·北京·

内容简介

《民航客舱服务与管理》（第四版）依据空中乘务和航空服务专业职业教育教学要求编写，内容围绕客舱服务与管理的相关理论与实践设置。全书将客舱服务和客舱管理的内容分为上下两篇，共十三章。上篇"客舱服务"内容包括：客舱服务概述、客舱乘务员、客舱服务实施、国际航班服务、特殊旅客服务、不正常航班服务、沟通技巧；下篇"客舱管理"内容包括：飞行四阶段管理、客舱管理、客舱设备管理、机供品管理、旅客表扬与投诉、机上急救。本教材开发了与教学内容配套的3D动画、多媒体课件等颗粒化教学资源。其中3D动画以二维码形式植入教材，直接扫描书中二维码便可获取。本教材与《民航客舱服务案例精选》配套使用。

本书可作为高等职业教育空中乘务和航空服务专业的教材，也可作为航空公司的培训教材，还可作为相关空中乘务人员学习的参考资料。

图书在版编目（CIP）数据

民航客舱服务与管理 / 韩瑛主编 . -- 4版 . -- 北京 ：化学工业出版社，2025. 5（2025.11重印）. --（"十四五"职业教育国家规划教材）. -- ISBN 978-7-122-48177-1

Ⅰ．F560.9

中国国家版本馆CIP数据核字第2025N7H069号

责任编辑：王　可　旷英姿
责任校对：李雨晴
装帧设计：王晓宇

出版发行：化学工业出版社
　　　　　（北京市东城区青年湖南街13号　邮政编码100011）
印　　装：天津千鹤文化传播有限公司
787mm×1092mm　1/16　印张14¾　字数389千字
2025年11月北京第4版第2次印刷

购书咨询：010-64518888
售后服务：010-64518899
网　　址：http://www.cip.com.cn

凡购买本书，如有缺损质量问题，本社销售中心负责调换。

定　　价：49.80元　　　　　　　　　　　　　　版权所有　违者必究

第四版前言

　　《民航客舱服务与管理》自2012年出版至今，受到广大使用者的欢迎和好评。为了更好地满足教学需要，结合使用者的反馈意见，对上一版进行修订。本次修订契合中国民用航空局发布的一系列新标准、新规范和新要求，全面纳入《大型飞机公共航空运输承运人运行合格审定规则》第八次修订的核心要点及相关服务要求，新增操作类插图，将客舱服务的每一个步骤直观呈现，助力读者更迅速、精准地理解教学内容。同时依据《国家标准服务技能鉴定》和中国红十字会2024年发布的中国红十字会救护培训教材及地方红十字救护员培训规范，对原有教材的内容进行了调整完善，主要覆盖心肺复苏（CPR）、止血包扎、骨折固定等基础救护技能。

　　本次修订力求全面、实用、直观的原则，在保持前几版教材特色的基础上，完善了教材内容的层次设计，主要体现以下特点：

　　（1）有机融入"坚持为党育人、为国育才，全面提高人才自主培养质量""全面贯彻党的教育方针，落实立德树人根本任务，培养德智体美劳全面发展的社会主义建设者和接班人"等党的二十大精神，培养学生树立正确的世界观和价值观。

　　（2）用通俗易懂的语言阐述基础理论知识，以图片、视频方式更清晰地表达客舱服务和管理的内容和操作，体现了科学性、知识性、创新性和实用性。

　　（3）图文并茂，形象地再现了客舱服务的场景及乘务员的职业形象和服务技巧。

　　（4）内容编排上注重由浅入深、由表及里，突出重点，便于教师和学生的理解和实操。

　　（5）在体例设计上，根据当前学生培养目标的要求，将原来每章前的"学习目标"分解成"知识目标""能力目标"和"素质目标"，更便于教师和学生理解教材中应掌握的内容。

　　（6）开发了与教学内容配套的3D动画、多媒体课件等颗粒化教学资源。其中3D动画以二维码形式植入教材，直接扫描书中二维码，即可观看或使用，实现教材表现形式的创新。

　　本教材立足于理论指导和能力素质培养，使课堂教学与操作实践互为补充、互相支撑，为即将步入乘务员职业生涯的学生打下扎实的基础。本书配套有《民航客舱服务案例精选》，供在教学中使用。

本书由上海航空公司原副总经理韩瑛主编并负责全书的统稿工作，中国东方航空公司俞晴莲、刘琦、朱政副主编。中国东方航空公司相关专业人员也参与了本书的编写并提供部分图片。本书所有配套二维码扫描的多媒体动画素材由北京润尼尔网络科技有限公司、郑州航空工业管理学院负责制作与提供。上海东海职业技术学院周孟华担任本书主审。

　　由于水平有限，疏漏和不足之处在所难免，恳请各位专家和同行提出宝贵意见并不吝赐教。

编　者

2025 年 7 月

目录

上篇　客舱服务

下篇　客舱管理

上篇　客舱服务

第一章　客舱服务概述

一、知识目标
1.了解服务的定义和特性。
2.理解客舱服务在航空企业中的重要作用。
二、能力目标
1.了解客舱服务的基本要素。
2.掌握客舱服务与一般服务的差异。
三、素质目标
1.帮助学生理解服务的意义，提高学生对客舱服务重要性的认识。
2.引导学生注重服务意识的养成。

第一节　服务的概述

服务是帮助、是照顾、是贡献，服务是一种形式。服务是服务人员与顾客互动的一种活动，活动的主体是服务人员，客体是顾客，服务是通过人际关系而实现的，这就是说没有服务人员与顾客之间的交往就无所谓服务了。

一、服务的定义

1."服务"的一般定义

（1）美国市场营销协会（AMA）给服务的定义是：不可感知却可使期望得到满足的活动。

（2）服务是一种态度，是一种想把事情做得更好的欲望，时时站在客人的立场，设身处地为客人着想，及时去了解与提供客人之所需。

（3）服务也可指在一定的空间或时间里为宾客提供一切物资、精神生活等方面需要的总和。

（4）服务是一项活动或一项利益，由一方向另一方提供本质无形的物权转变。服务的产生，可能与某一实体产品有关，也可能无关。

综合以上对服务的描述，可将服务理解为：服务是满足他人期望和需求的行为、过程及结果。指为他人做事，并使他人从中受益的一种有偿或无偿的活动。

案例 服务创造惊喜

某餐厅包房接待了一桌客人，有位女士端起茶水喝的时候，悄悄地与身边的朋友说这里的茶味道很好，并询问餐厅的服务员是什么茶，服务员回答是大麦茶。出了房间后，服务员马上向餐厅经理反映："我服务的客人喜欢喝大麦茶，能不能送几个小茶包给客人？"餐厅经理同意后，服务员马上去领了几包小袋装的大麦茶，随后亲手送到客人手上并说："您好!女士，我刚才无意间听到您说我们这儿的大麦茶好喝，在请示领导后，专门送几包给你们，希望你们喜欢。"这位女士和她的朋友都十分高兴。

点评

该服务员能够用心去服务顾客，留意顾客间不经意的对话，知晓顾客的喜好，并立即付诸于服务行为。当服务员把茶包送给顾客时，顾客感到很意外，自己仅仅是和朋友的对话却不承想被服务员听在耳里、记在心上。这名服务员所体现的是用心服务，关注顾客，为顾客提供了超出顾客本身的期望服务，给顾客创造了一份意外的惊喜。

2．"服务"的具体定义

"SERVICE"是服务的英文，但是它却包含了服务的具体定义。

S—Smile for every one　微笑待客；

E—Excellence in everything you do　精通业务；

R—Reaching out to every customer with hospitality　态度友善；

V—Viewing every customer as special　贵宾礼遇；

I—Inviting your customer to return　欢迎再来；

C—Creating a warm atmosphere　温馨环境；

E—Eye contact that shows we care　眼到心到。

3．"服务"的现代定义

服务是对其他经济单位的个人、商品或服务增加价值，并主要以活动形式表现的使用价值或效用。

二、服务的特性

服务的特性包含了无形性、差异性、不可分离性和不可储存性等特性。

1．无形性

服务在很大程度上是无形的和抽象的。顾客在购买服务前面临一定的风险，因为是无法预知和感觉的。如为了降低风险，搭乘航班的旅客往往会通过航空公司的宣传承诺、网络评价和亲朋好友的消费经验等获得的相关信息来选择航空公司。

2．差异性

服务的差异性体现在以下两个方面。

（1）受到服务人员不同因素的影响　服务人员所受教育、个人性格、人生态度以及当时的身体状况、情绪等差异，都会导致提供的服务品质可能不会始终如一。

（2）受到被服务对象的经验和习惯的影响　顾客对同样的服务的价值评价标准会有所不同。例如，乘务员在为年长旅客服务时，往往会主动上前搀扶，而那些不服老的年长旅客并不接受这项服务。

3.不可分离性

服务的提供（生产）与消费同时进行，通常消费者参与这一过程。航空客运服务产品是服务的生产过程与消费过程同时进行的，也就是说服务人员提供服务给旅客时，也正是旅客消费服务的时刻，两者在时间上不可分离。而且，旅客只有且必须加入到服务的生产过程中才能最终消费到服务。

4.不可储存性

服务过程是一个消费过程，具有不可储存性。航空公司提供给旅客的客运服务产品并不能够因为旅客的多少而储存。客运服务产品的不可分性决定了运力不可储存。旅客一进入客运服务系统，客运服务产品就开始生产；旅客一离开客运服务系统，客运服务产品就被消费完毕。

三、服务的要素

美国社会学家丹尼尔·贝尔（Daniel Bell）说："服务是人与人之间的游戏。"这个游戏能否用好，取决于对服务的理解深度。在服务的期望中，如质量、数量等，一般是对无形商品的期望，如价廉物美的感觉、优雅的礼貌、清洁的环境、显示自我尊容等。

1.服务意识

企业全体员工在与企业利益相关的人或企业的交往中所体现的为其提供热情、周到、主动地服务的欲望和意识，即自觉主动做好服务工作的一种观念和愿望，它发自服务人员的内心。例如以下几种认识。

① 每一次接触客人都是今天的第一次；

② 客人对与错并不重要，重要的是他们的感觉；

③ 好的感受来自好的态度；

④ 做你擅长的并且每天都要做得更好些；

⑤ 客户的需要是我们工作的目标；

⑥ 让客户满意是我们服务的宗旨；

⑦ 用心去服务客户是我们职业的升华；

⑧ 我们从不怀疑——客户永远是对的；

⑨ 永远比旅客想得多一些。

2.规范标准

规范标准又称标准化服务，它是由国家和企业制定并发布的某项服务（工作）应达到的统一标准，要求从事该项服务（工作）的人员必须在规定的时间内按标准进行服务（工作）。包括操作规范、仪容仪表、行为举止、服务用语、时间限制等。

（1）操作规范

① 拿水杯时，应该四指并拢，握于水杯下1/3处，小指可托于杯底，不能用手拿杯子的口部或底部。

② 纸杯提供冷、热饮服务，塑料杯主要提供酒类服务。

③ 开启瓶装碳酸饮料时，缓慢拧开瓶盖，防止喷溅。

④ 送出时应握住水杯中下部，不应触碰到杯口，递送热饮时避免与旅客"手对手"交接。

⑤ 为小孩提供饮料时，冷饮倒五成，热饮征求监护人的意见，并放于监护人处。

……

握水杯姿势
模型

（2）仪容仪表

① 上岗前着统一制服，制服保持整洁。

② 佩戴名牌或胸卡。

③ 头发清洁，女性刘海不能遮眉，长发束起；男性头发前不遮眉，后不压领，鬓角不盖耳。

④ 上班需要化淡妆，并及时补妆。

……

（3）行为举止

① 双手为他人递送物品。

② 打喷嚏、咳嗽应将头转开或低下，并说对不起。

③ 不可在顾客面前掏耳朵、搔痒、脱鞋、卷裤脚衣袖、伸懒腰、哼小调、打哈欠。

④ 提供服务时应面带微笑，和颜悦色，给人亲切感；谈话时应聚精会神，注意倾听，给人以尊重。

⑤ 对于容貌体态奇特或者奇异服装的客户，服务人员切忌交头接耳或者指手画脚，不许背后议论、模仿、讥笑。

……

（4）服务用语

① 称呼语　小姐、先生、女士、阿姨、大伯等。

② 问候语　您好、早上好、下午好、晚上好等。

③ 商量语　……您看这样好不好？

④ 告别语　再见、晚安、祝您一路平安等。

⑤ 道歉语　对不起、请原谅、打扰了、失礼了等。

⑥ 道谢语　谢谢、非常感谢等。

⑦ 应答语　是的、好的、我明白了、不客气、没关系、这是我应该做的等。

⑧ 基本礼貌用语10字　您好、请、谢谢、对不起、再见。

（5）时间限制　有一些规范的标准是可以被量化的。例如，在时间上的要求，根据GB/T 16177—2007《公共航空运输服务质量标准》要求，第一件行李应在飞机抵达停机位后20分钟内交付旅客，全部行李应在1小时内交付完毕。

3.服务技巧

服务技巧正确巧妙地运用直接决定了服务的质量以及客人的满意度。服务技巧可以分为以下四个等级。

① 初级　态度、质量、效率；

② 中级　标准、规范、细化；

③ 高级　主动、亲情、延伸；

④ 超级　个性、差异、超值。

这四个等级由低到高，由浅入深、混合交叉，互为关联。只有采用不同的服务技巧，例如用心观察、善于聆听、热情微笑、巧用沟通等方法，因人而异，灵活运用，就可以达到顾客满意的最佳服务效果。

小结

　　服务业是我国国民经济的重要组成部分，服务业的发展水平是衡量现代社会经济发达程度的重要标志。加快发展服务业，提高服务业在三次产业结构中的比重，尽快使服务业成为国民经济的主导产业，是推进经济结构调整、加快转变经济增长方式的必由之路。

　　大力发展服务业离不开从业人员综合素养的提升。要成为一名优秀的服务人员必须热爱本职岗位，需要具有超前的服务意识、学习和钻研业务的精神，从而使自己具备精湛的服务技能和灵活的应变能力等必备的服务要素。一个优秀的服务企业必须对服务的重要性有深刻的认识。只有把客户始终放在首位，关心客户的期望并不断持续改进服务质量，才能在激烈的市场竞争中保持竞争优势和持续发展力，立于不败之地。

思考题

　　构成服务的要素有哪些？请结合生活中的事例，谈谈服务还有哪些细节需要注意？

第二节　客舱服务阐述

　　客舱服务是指航空公司为乘机旅客在客舱内提供餐饮服务、娱乐节目等具体的服务项目以及微笑、热情、友好等种种表现形式，在为旅客提供能够满足其生理和心理的、物质和精神的需要过程中创造一种和谐的气氛，产生一种精神的心理效应，从而使旅客乐于交流、乐于再次乘坐的一种活动。

一、客舱服务的定义

1.定义

　　从狭义角度看，客舱服务是按照民航服务的内容、规范和要求，以满足旅客需求为目标，为乘机客人提供相应的服务过程，是旅客在享受航空公司服务过程中最长时间的体验。

　　从广义角度看，客舱服务是以客舱为服务场所，以个人的影响力与展示性为特征，将有形的技术服务与无形的情感传递融为一体的综合性活动。这种活动，既强调了客舱服务的技术性，又强调了客舱服务的过程中所不可或缺的情感表达。

2.客舱服务与服务文化

　　随着时代的发展和航空运输旅客需求的不断提升，优质的客舱服务在规范化、法治化和科学化管理的基础上，形成了更贴近旅客空中旅途的服务传统，包括个性化和特色化，使优质的客舱服务发展成客舱文化。例如，新加坡航空（简称新航）给人留下的最深刻印象就是其高水平的服务质量。空乘人员优雅大方的形象、细致贴心的服务，舒适宽敞的客舱座位，精益求精的美食，不断更新的机上娱乐系统等，都成为新航品牌的重要标志。新航打造的服务文化是其树立品牌形象、提升品牌竞争力的重要推动力，使之成为新航持续保持盈利的能力，并在航空业保持领先地位和核心竞争力。

吴尔愉是上海航空公司1995年招收的18名"空嫂"之一，是从纺织行业转岗并培养出的一名优秀乘务员。她爱岗敬业、刻苦专研、悉心探索，上航以她为代表的"家庭式温馨服务"闻名遐迩。她心中有客、眼中有活，强调"服务在旅客开口之前"，形成了自己的一套深受广大旅客喜爱的服务方法——"吴尔愉服务法"，归纳提炼为微笑服务法、亲情服务法、细腻服务法、语言服务法、眼神服务法和应急处置法。"吴尔愉服务法"也是中国民航首个以个人命名的服务法，成为业内学习和培养优秀乘务员的教学指南。

吴尔愉是个传奇。她从一名普通的纺织女工蜕变成一名"空嫂"，从一名空嫂历练成为民航界的服务明星、"全国三八红旗手"、"全国劳动模范"、党的十七大代表，还登上了2009年国庆60周年群众游行中的车，成为民航界的典范人物。

二、客舱服务的意义

1. 客舱服务是彰显航空公司服务能力的重要窗口

客舱服务是旅客体验航空公司服务产品时间最长的一个阶段。客舱服务除了向旅客提供舒适的座椅、可口的餐食、丰富的娱乐设施等硬件服务以外，更为关键的是乘务员对旅客的服务。服务规范，真诚热情、主动及时等服务特色，都是旅客感受企业服务能力最直观的表现。客舱服务已经成为航空公司竞争的关键手段之一。

2. 客舱服务是服务营销的重要组成部分

优质的客舱服务能够有效巩固现有旅客，赢得更多回头客，扩充大量长期忠诚客户，是企业创造经济效益不可忽视的重要方面。例如，航空公司的常旅客能为企业带来更多的客源，从而促进航空公司的销售额不断增长。根据著名的80/20法则，航空公司的80%的利润来源于20%的销售机会，而拥有优质的客舱服务有助于航空公司把握住20%的销售机会，赢得更大利润。

三、客舱服务与一般服务的差异

1. 安全责任重大

由于航空运行的特殊性决定了航空企业的安全责任，所以确保客舱安全是安全运行的基本内容。驾驶舱的机组成员操控飞机，直接掌握飞行安全的生命线，而乘务组的首要职责就是确保客舱的运行安全，也是所有客舱服务的基本要求。

2. 服务环境特殊

由于客舱环境有着设施功能特殊、服务环境相对狭小的特点，乘务员在服务过程中是近距离、长时间地接触旅客，而且还会受到飞行状态和旅客情绪的影响，所以要求乘务员能够有适应特殊环境的能力。

3. 规范性强

客舱服务既有国家规定的服务标准，又必须达到民航安全运行的要求，如为旅客提供饮料时都有严格的标准。一般情况下，倒饮料七～八成满，这不仅是礼仪要求，更是安全的要求。倒热饮时如发生颠簸，要严格遵守五成满的标准，防止因颠簸造成的倾翻和烫伤。客舱服务的规范性是飞行安全的重要构成因素之一，而飞行安全是民航工作的重中之重，牵系着旅客的生命、企业的生存以及国家的形象和声誉。

4.注重个性化服务

客舱拥有不同层次的旅客，上至国家政要，下至平民百姓；既有经常乘坐飞机的商务旅客，又有初次乘机的旅游团队，其实客舱就是一个小社会。乘务员应该根据不同层次、不同要求、不同地区、不同国籍的旅客提供个性化的服务。例如，为"两舱"（指头等舱和公务舱）旅客服务时更注重的是服务细节，如动作的轻柔、沟通的适时、服务"零打扰"；而为团队旅客服务的时候注重的是他们的乘机兴趣，比如向旅客介绍飞机机型、空中沿途风景等。这些个性化服务是提升服务品质的关键。

5.突发情况处置

飞机在高空飞行时，能借助的资源少，一旦发生紧急情况，更需要乘务员的应变能力和处置能力。例如在旅客突发急病时，乘务员的角色就是医生、就是护士。除了给他们必要的安慰以外，最重要的就是对旅客实施急救，想尽一切方法来挽救旅客的生命，减轻旅客的痛苦。例如孕妇在机上分娩，乘务员必须在有限的空间和时间、简单的设备以及机上没有医生的情况下，承担起接生的角色，尽一切可能帮助产妇，以确保产妇和婴儿的平安。

综上所述，客舱服务要求乘务员具备较高的综合素质。除了一般服务行业所需的服务意识、专业知识和服务技巧等以外，还要具备稳定的心理素质以及遇到突发情况时的处置能力和特殊技能，以实现航班的安全运行和服务要求。

四、客舱服务的要点

1.热情真诚

态度决定一切。热情真诚的服务态度是旅客感受服务最直接的体现，而发自内心的微笑服务又是热情真诚最好的表现。航空服务的微笑一向被服务业所推崇，而乘务员的微笑更是服务业首推的职业微笑。上海航空有限公司的"空嫂"吴尔愉被旅客赞誉为"微笑天使"，只要有旅客见到吴尔愉，最深的印象就是她那甜美的微笑。真诚热情的服务还包括耐心聆听旅客的意见和建议。

2.主动、及时

主动、及时的客舱服务是乘务员服务意识的具体表现形式之一，乘务员要善于通过旅客的肢体语言、神情变化和情绪发泄来体察旅客潜在的需求，服务于旅客开口之前。在与旅客的语言交流过程中要注意揣摩旅客心理，第一时间掌握旅客信息和期望，及时提供所需要的服务。例如，当旅客突然打喷嚏正在为身边没有纸巾而身处"窘境"时，这时乘务员应不动声色地立即递送上纸巾，这样既缓解了旅客的尴尬境地，又体现了乘务员主动敏捷的服务反应。

3.有效沟通

俗话说，一句话可以令人勃然大怒，一句话也可以令人舒心感动。沟通的目的在于营造和谐温馨的客舱氛围，了解旅客的需求。

（1）沟通的三要素

① 有一个明确的目标；

② 交流信息、思想和情感；

③ 达成共同的协议。

（2）有效沟通的黄金法则

① 良好的沟通从形象开始；

② 倾听让沟通变得简单；

③ 赞美是沟通的润滑剂；

④ 学会换位思考，减少沟通障碍；

⑤ 懂得积极反馈，搭建沟通桥梁；

⑥ 善用肢体语言，让身体会说话。

 相关链接 **"合一架构"的理论**

安东尼·罗宾，潜能开发专家，他的"合一架构"理论只有三句话：

"我感谢你的意见，同时也……"

"我尊重你的观点，同时也……"

"我同意你的看法，同时也……"

在上面的每一句话里，表达了三件事。

第一，你能站在别人的立场看这件事，而不以"但是"或"不过"的字眼来否定或贬抑他的观点，因而达成契合。

第二，你正建立一个使你们携手合作的架构。

第三，你为自己的看法另开一条不会遭遇抗拒的途径。例如，如果有人对你说："你百分之百地搞错了。"而你反顶了一句："我认为我没错！"你认为双方能平心静气地谈下去吗？那是不可能的，这时反倒会有冲突、有抗拒。相反地，如果你这样说："对于这件事，我十分尊重你的看法，同时也希望你能站在我的立场听听我的看法。"在沟通时你无须赞同他的主张，但是你一定得尊重他的立场，因为毕竟各人有各人的认知方式和情绪反应。

4.细节决定成败

乘务员应该本着以人为本、以客为尊的服务理念，将注重细节渗透在服务流程的每一个环节上，使旅客在空中旅途中感受到无微不至的关怀，甚至有时还会获得意外的惊喜。关怀和惊喜都会让旅客对空中服务留下深刻的印象，树立起对航空公司良好的口碑。所以，注重细节是提升客舱服务品质的重要手段。

全国劳模吴尔愉在执行航班时，发现客舱里走进一位老先生，衣服间隐约露出一条蓝色的宽腰带。迎客完毕后，吴尔愉拿着两条毛毯走到老人面前，微笑地对他说："先生，您的腰是否不太好，给您两条毛毯垫腰好吗？"老先生十分惊讶地说："你怎么知道我的腰不好？"吴尔愉指了指他身上的蓝色腰带说："我父亲与您年龄差不多，也有腰疼病。前些日子，我刚帮他买过一根这样的腰带。"吴尔愉边说边帮他垫好毛毯。老先生感慨地说："你对伤病旅客的服务比护士还细心啊！"

五、客舱服务的内容

1.有形服务和无形服务

从意识形态上，客舱服务包括有形服务和无形服务。

（1）有形服务　通常指的是航空公司提供给旅客的空中的硬件服务，它包括提供的餐饮服务、机供品（书报杂志、毛毯、洗漱品等）服务、视频（音频）服务、客舱环境、客舱设备、座椅舒适（度）等。

（2）无形服务　主要指的心理服务，亦称为精神服务，是一种高层次的服务。其内容包括服务的仪容仪表、气质风度、精神服务、文明礼貌语言艺术及处理服务中的冲突艺术和紧急情况下的处置等。

2.服务流程

从服务流程上，客舱服务包括：

迎客服务→广播服务（按需）→ 安全介绍→ 报纸杂志→ 餐饮服务→ 入境、海关单发放（国际）→ 免税品销售（国际）→ 目的地景点信息告知→落地送客服务。

3.舱位服务

从飞机舱位类型上，客舱服务可分为头等舱服务（F）、公务舱服务（B）和经济舱服务（E）。

小结

　　客舱服务就是通过优良的硬件设施和乘务员优质服务两者的有机结合，为旅客提供家庭式的温馨服务。自然、亲切、主动、及时、耐心的客舱服务能够使旅客切身体验到温馨的客舱就是他们的空中之家。

? 思考题

　　1.简述客舱服务的定义。

　　2.简述客舱服务与一般服务的差别，举例说明。

第二章　客舱乘务员

一、知识目标

1. 了解客舱乘务员以及运营人、局方等名词定义。

2. 了解客舱乘务员的配备标准和资质要求。

二、能力目标

1. 掌握客舱乘务员职业形象和职业素养的内容。

2. 掌握客舱乘务员专业技能的内容与要求。

三、素质目标

1. 帮助学生理解客舱乘务员必备的条件和能力。

2. 提高学生对客舱乘务员职业素养和专业技能重要性的认识。

第一节　客舱乘务员的定义

客舱乘务员被称为"空中小姐""空中先生"，在客舱里负责旅客的乘机安全和服务工作。由于航空服务的特殊性，客舱乘务员的职责要求、训练项目和工作规章与其他服务工作有着较大的区别。

一、专业术语解释

1. 客舱乘务员

客舱乘务员英文名称为cabin attendant、cabin crew或flight attendant，是指出于对旅客安全的考虑，受合格证持有人指派在客舱内执行值勤任务的机组成员。

相关链接　空中小姐的起源

在世界民用航空历史上，空中小姐的首次出现，应该追溯到1930年。当时护士小姐艾伦·丘奇（Ellen Church）拜访了波音航空公司驻旧金山董事史蒂夫·斯廷普森（Steve Stimpson），向他建议在航班上招募年轻的女乘务员以减轻旅客们对乘坐飞机的恐惧和服务的不满。当时航空公司正由于旅客对航班乘务工作牢骚满腹、意见不断而感到烦恼，于是波音航空公司采纳了建议。艾伦·丘奇小姐与其他7名女护士在经过三个月培训后，于1930年5月15日正式就职，成为世界上首批空中小姐飞上了蓝天。在随后的几年，几乎所有的航空公司都充分雇用女乘务员。为了提升专业能力和自身魅力，各地有抱负的青年女子开始尝试在飞行中磨炼自己，空姐作为一种职业群体便由此产生了。

2.《大型飞机公共航空运输承运人运行合格审定规则》

为了对大型飞机公共航空运输承运人进行运行合格审定和持续监督检查，保证其达到并保持规定的运行安全水平，根据《中华人民共和国民用航空法》和《国务院对确需保留的行政许可项目设定行政许可的决定》而制定的规则，简称CCAR-121部。

3. 局方

局方是指中国民用航空局（简称中国民航局或民航局，英文缩写CAAC）和民航地区管理局及其派出的机构，负责对大型飞机公共航空运输承运人的合格审定和运行实施统一监督管理。

4. 运营人

全称"公共航空运输承运人"，又称"合格证持有人"，是指依法设立、获得所属国家资质认可、通过局方运行审核的航空运营人或航空公司。

5. 机组成员

指飞行期间在航空器上执行任务的航空人员，包括飞行机组成员和客舱乘务员。

6. 机长

是指经合格证持有人指定、在飞行时间内对航空器的运行和安全负最终责任的驾驶员。

7. 客舱乘务教员

指满足相应经历要求的、在航空公司经批准的训练大纲中承担客舱安全训练与教学任务的人员。

8. 客舱乘务检查员

指满足相应经历要求的，经局方认可、在航空公司经批准的训练大纲中履行航空公司客舱安全资格检查职责的航空检查人员。

9. 值勤期

是指机组成员在接受合格证持有人安排的飞行任务后，从为了完成该次任务而到指定地点报到时刻开始，到解除任务为止的连续时间段。

二、乘务员的配备

根据《大型飞机公共航空运输承运人运行合格审定规则》（1999年5月5日公布，2024年4月13日第11次修订）的要求，为保证安全运行，合格证持有人在所用每架载运旅客的飞机上，应当按照下列要求配备客舱乘务员。

① 对于旅客座位数量为20 ～ 50的飞机，至少配备1名客舱乘务员。

② 对于旅客座位数量为51 ～ 100的飞机，至少配备2名客舱乘务员。

③ 对于旅客座位数量超过100的飞机，在配备2名客舱乘务员的基础上，按照每增加50个旅客座位增加1名客舱乘务员的方法配备，不足50的余数部分按照50计算。

 相关链接 **最低配备要求**

> 某航空运营人拥有波音737-800型飞机，旅客座位数量为164，根据CCAR-121部规定，旅客座位数量超过100的飞机至少配备2名乘务员；164座-100座=64座，其中每增加50个旅客座位增加1名客舱乘务员；64座-50座=14座，不足50的余数部分按照50计算，还需增加1名乘务员，共计需要4名客舱乘务员。
>
> 上述内容是指该航空运营人符合规章要求配备的客舱乘务员数量，该要求是航空运营人必须遵守的"最低配备要求"。

航空运营人在符合最低配备要求的基础上，会根据机型布局和服务要求，适当增加客舱乘务员的配备数量。

三、乘务员的资质要求

在飞机上担任客舱乘务员的人员，应当通过局方批准的训练大纲所规定的训练科目并经合格证持有人检查合格。

1.应携带的有效证件

客舱乘务员执行航班任务，应携带以下有效证件：

① 《航空人员体检合格证》；

② 《中国民航空勤登机证》；

③ 《中国民用航空客舱乘务员训练合格证》；

④ 国际航班携带《中华人民共和国因公护照》；

⑤ 地区航班携带《因公往来香港、澳门特别行政区通行证》《入台证》。

以上有效证件是根据《大型飞机公共航空运输承运人运行合格审定规则》的要求，必须携带且现行有效。

提示

　　各航空运营人为提高旅客的满意度，在满足局方要求的前提下，会增加客舱乘务员的训练科目和要求，以提升客舱乘务员的专业能力。

2.应携带的业务资料和装具

客舱乘务员执行航班任务，一般应携带以下业务资料和装具：

① 《客舱乘务员手册》；

② 《客舱乘务员广播手册》；

③ 《服务规范手册》；

④ 个人装具，包括姓名牌、笔、化妆品、围裙、丝袜、针线包和眼镜等备用物品以及驻外期间生活用品等。

提示

　　民航局对乘务员视力的一般要求裸视力或矫正视力达到0.5以上，接受近视矫正手术。允许空中乘务员戴隐形眼镜飞行，但同时要求必须携带备用隐形眼镜或框架眼镜以备急用。

以上业务资料和装具是根据各航空运营人经局方合格审定通过后，在手册文件中规定需携带的内容。各航空运营人所要求的携带方式和携带内容会存在差异。

相关链接　**客舱乘务员手册**

　　《客舱乘务员手册》是航空承运人依据《中华人民共和国航空法》《大型飞机公共航空运输承运人运行合格审定规则》以及中国民用航空局发布的其他相关规章文件、航空公司政策规定和程序而制定的规范手册。《客舱乘务员手册》应经局方审核批准后下发。

　　编制《客舱乘务员手册》的目的，是规定客舱安全、应急处置程序及与客舱乘务员工作相关的内容，是为乘务员工作提供的行动指南和规范标准。乘务员在执行航班任务时必须携带。

四、乘务员的形象要求

　　乘务员很大程度上代表着航空公司对外展示的企业形象，因此对乘务员的职业形象有着较高的要求：整体自然清新、端庄典雅、充满活力，富有时代感。

1.制服要求

乘务员在执行航班任务时应穿着企业统一下发的制服和配饰，一般包括帽子、大衣、风衣、外套、衬衣、套裙、西裤、丝巾、领带、领带夹、皮带、皮鞋、姓名牌等。

（1）清洁　制服应干净无污渍，皮鞋保持光亮。

（2）平整　制服应熨烫平整、无皱痕，衬衣应束于裙或西裤内。

（3）完好　制服应完好无脱线，衣扣、拉链完好无缺损，丝袜无钩丝，皮鞋无破损。

2.妆容要求

乘务员的妆容要按照企业要求，保持清新靓丽，符合职业形象。

（1）女乘务员要求　粉底、口红、眼影、胭脂等妆面与肤色协调，眉形柔和，眼线浓淡适度，妆面不夸张；短发不得短于3寸，刘海不过眉，盘发者要求发髻光洁；可使用清新宜人的香水。

（2）男乘务员要求　执行航班必须洗净头发，长度适中，不得短于1厘米，前不遮耳，后不遮领，发型自然，无头屑；剃净胡须、修剪耳/鼻毛，保持面部皮肤滋润。

（3）其他要求

① 乘务员执行航班任务时，不得佩戴造型夸张的饰物和手表。

② 双手保持清洁无污物，不留指甲，指甲保持洁净和光泽。

③ 值勤前不得饮酒、抽烟和吃气味较重的食品，应保持口气清新。

3.微笑及眼神交流的要求

乘务员的形体动作须符合职业特点。男乘务员显谦和，展现稳重细心、和气幽默的风度；女乘务员显温柔，展现亲和大方、优美典雅的气质。

（1）微笑　美学家认为：在人们千姿百态的言行举止中，微笑是最美的，它是表示诚挚、友好和尊重的内心体现。乘务员应找到自己最好的微笑，并像春风一样温暖旅客的心。

① 微笑的要求　乘务员为旅客提供服务时，要始终面带微笑，笑容要自然大方，使人感到亲切、友好、热情；表现出内心的真诚。

② 微笑的训练　面部肌肉自然放松，眼神温和，牙齿轻分，嘴角上扬，唇微启，成月亮形。发出"茄子""whisky"的读音。

相关链接　如何训练微笑

微笑，似沙漠中的绿叶，给人们带来露珠甘泉；微笑，它是无声的祝福，是温馨的千言万语。"微笑训练法"能够帮助你拥有灿烂的微笑，让人看着舒心。

（1）对镜训练法　端坐镜前，衣装整洁，以轻松愉快的心情，调整呼吸自然顺畅；静心3秒，开始微笑：双唇轻闭，使嘴角微微翘起，面部肌肉舒展开来；同时注意眼神的配合，使之达到眉目舒展的微笑面容。如此反复多次。

（2）含箸练习法　这是日式训练法。选用一根洁净、光滑的圆柱形筷子或不太粗的笔，横放在嘴中，用牙轻轻咬住，对着镜子记住这时面部和嘴部的形状，以观察微笑状态。

（3）双眼含笑法　用纸挡住鼻子以下的面部，对着镜子，练习眼睛含笑的微笑感觉，这种微笑应该是发自内心的，不只是嘴咧开。

（4）快乐回忆法　是将回忆中最愉快、最令人喜悦的情景，从记忆中唤醒，使快乐情绪重新袭上心头，以求引起心灵的愉悦和兴奋，让微笑自然而然体现的方法。

（5）观摩欣赏法　这是几个人凑在一起，互相观摩、议论，互相交流，互相鼓励，互相分享开心微笑的一种方法。也可以平时留心观察他人的微笑，把精彩的"镜头"封存记忆中，时时模仿。

（2）目光交流　眼睛是心灵的窗户，乘务员在服务时应与旅客有目光的交流，目光要真诚、和善、自然，带有笑意；不要盯视、斜视、窥视、上下扫视。

① 迎客时，乘务员的目光应关注每一位旅客，真诚表示欢迎，不要仅仅关注旅客手中的登机牌。

② 巡视客舱时，乘务员的目光应温柔谦和，与旅客目光相遇时，要亲切微笑，点头致意，不要躲闪。

③ 与旅客交流时，尽量使目光保持低姿位，平视旅客或低于旅客的眼睛；将目光保持在旅客的额头和两眼之间，更能表达一份诚意。

相关链接　目光礼仪

在交谈时，人们视线接触对方脸部的时间约占全部交谈时间的30%～60%，过长会被认为对其本人比对其谈话的内容更感兴趣；过短则被认为对其本人及其谈话内容都不感兴趣。

目光注视对方应该自然、稳重、柔和，不能紧盯住对方的某一部位上下打量，在不同场合目光注视的范围是不同的。

（1）公务凝视区　即在洽谈业务、贸易谈判或者磋商问题时所使用的一种凝视。这个区域是以两眼为底线、额中为顶角形成的一个三角区。在公务交谈时，如果看着对方的这个区域就会显得严肃认真，对方也会觉得有诚意；在交谈时，如果目光总是落在这个凝视区，就会把握谈话的主动权和控制权。

（2）社交凝视区　即以两眼为底线、唇心为下顶点所形成的倒三角区域，通常在社交场所使用这种凝视。当和他人谈话时注视着对方的这个部位，能给人一种平等而轻松的感觉，营造出一种良好的社交气氛。如在一些茶话会、舞会和各种友谊聚会的场合中，就适合采用这种凝视。

（3）亲密凝视区　即亲人、恋人之间使用的一种凝视。这个位置是从双眼、唇到胸部之间。这种凝视往往带有亲昵和爱恋的感情色彩。

4.站、走、蹲、坐的各类要求

（1）站姿　身形正直，耳、肩、臂、胯成一线，下颚微收，胸部稍挺，小腹收拢，两手自然下垂，整个形体显得庄重平稳。身体的重心平均于两脚上，不要身歪体斜；头不宜向后仰，不能双腿分开；注意手的姿势。

① 女乘务员　双手可自然重叠于腹部，右手在上，四指并拢交叉，双腿并拢，两脚成"V"字形或丁字形，禁止叉开双腿（图2-1）。

② 男乘务员　双臂自然下垂，或重叠于腹部，左手在上，两脚微开。

（2）走姿　上身挺直，头正目平，收腹立腰，摆臂自然，步态优美，步伐稳健，动作协调，走成直线。行走时，脚步不宜过重、

图2-1　乘务员站姿

过大、过急，不要左右摇晃和拖沓（图2-2）。

① 巡视客舱　缓慢地巡视客舱，步态优美，目光与旅客相遇时，自然地点头微笑。

② 客舱相遇　在客舱内乘务员相遇，需采用"交叉走"：微笑示意，背对背而过，注意视线留在客舱内。

③ 基本走姿　自然摆臂走、端盘走或两手腹前相握走等（图2-3）。

图2-2　乘务员基本走姿　　　　图2-3　两手腹前相握走

（3）下蹲　乘务员从餐车内拿取餐盒、客舱内拾物以及与旅客交流（时间超过1分钟）时都需要采用下蹲的姿势（图2-4）。

① 下蹲时，上身应尽量保持垂直，双膝有高低，要轻蹲轻起、直蹲直起，不要深弯腰。女乘务员应注意双腿紧靠。

② 拾物时，应采用侧身位，不要弯腰翘臀。左手拾物应左腿低，右手拾物应右腿低，另一只手放于腿上，保持姿态优雅（图2-5）。

与旅客交流
蹲姿模型

图2-4　乘务员蹲姿　　　　图2-5　客舱拾物蹲姿

③ 与旅客交流时，可采用稍弯腰，稍屈膝或下蹲等动作来调节体态与高度；与旅客的距离适当，一般保持在45～100厘米（图2-6）。

 民航客舱服务与管理

（4）坐姿

① 基本要求　表情自然，目光平视。上身端正而稍向前倾，女乘务员双手自然交叉放于双腿上，双膝合拢，双腿放在中间或稍向左右，不可分开；男乘务员双手平放于双腿上，两脚与肩同宽（图2-7，图2-8）。

女乘务员坐姿

图2-6　与旅客交流蹲姿　　　　图2-7　男乘务员坐姿　　　　图2-8　女乘务员坐姿

② 面对旅客　乘务员坐在旅客对面时，应注意入座姿势规范，与旅客要有目光交流；入座、起身前应与对面旅客微笑、点头示意；坐在乘务员座位上与旅客交谈时，上身应微微前倾，以示对旅客的尊重。

 小结

乘务员除了要符合民航对客舱乘务员的资质要求外，各家航空公司对乘务员有各自不同的要求。总体来说，乘务员应具备良好的职业形象、扎实的专业知识和娴熟的业务技能，从而才能够符合客舱乘务员的岗位要求。

? 思考题

1.机组成员、机长、客舱乘务员的定义。

2.客舱乘务员的配备要求。

3.客舱乘务员的资质要求。

4.客舱乘务员的形象要求。

5.微笑、眼神交流的练习。

6.站、走、蹲、坐的练习。

第二节　客舱乘务员的职业素养

职业素养是人类在社会活动中需要遵守的行为规范，职业素养是一个人职业生涯成败的关键因素，体现了一个人在职场中成功的素质和智慧。职业素养可量化为"职商"（英文career quotient，简称CQ）。乘务员要具备良好的职业素养，拥有敬业的精神和合作的态度，在职业道德、职业意识、职业行为与职业技能上努力提高，展现客舱乘务员的良好的职业素养和精神面貌。

一、职业素养的内容

1.素养

素养即为修习涵养，是指一个人所拥有的素质与教养，包含个人的才智、能力和内在涵养，也可以称为平时所养成的良好习惯和为人方式，是才干和道德的力量。

素养涵盖的范畴很广泛，包括责任、修养、情操、品德、涵养、阅历和人格魅力等。中华民族灿烂的文化和五千年的悠久历史，造就了无数具有高尚情操、优秀品德的典范人物，他们的道德修养让后人敬仰，是我们学习的楷模典范。

2.职业素养

职业素养鼻祖San Francisco 在其著作《职业素养》中这样定义：职业素养是人类在社会活动中需要遵守的行为规范，是职业内在的要求，是一个人在职业过程中表现出来的综合品质。

（1）职业素养的体现

① 敬业精神　是职业素养的原动力，拥有敬业精神的人会始终热爱工作，并孜孜不倦地追求将工作做到最好。具有敬业精神的员工能够焕发出对工作的热情，能够激发出对知识的渴望，能够创造出无限的灵感，更能够迸发出心灵的火花。

② 合作态度　是职业素养的核心力，合作的态度是积极正面的态度，拥有合作态度的员工会更加负责自信与乐于助人。员工是企业的细胞，每个细胞组成一个个企业的子系统，员工彼此能够高度融合，企业的各个系统才能运作正常。对一名员工来说合作的态度会赢得团队的尊重，会带来阳光的心态，会获取重要的讯息，会实现自我的价值。

相关链接　乘务组需要高度的合作

客舱的任何一项工作都需要由乘务组共同完成，团队间的合作程度决定了一个航班的服务质量高低。乘务长是航班的管理者，乘务员在乘务组中分别担任各号位工作，履行该号位的岗位职责，每一名乘务员都必须认真履行岗位职责，才能保证航班的顺利完成。

例如，机上旅客心脏病突发需要急救，乘务长要立即组织开展旅客的抢救工作。这时广播员要负责客舱广播，寻找医生和护士的配合，部分乘务员要采取心肺复苏等急救措施，传递氧气瓶，对旅客实施急救，同时要将最新的情况报告乘务长和机长；其余乘务员要做好客舱内其他旅客的安抚和服务工作。在急救旅客的过程中需要乘务组的高度合作，精诚配合才能够实现旅客的成功救助和航班正常运行的目标。

（2）职业素养的构成　职业素养由职业道德、职业意识、职业行为与职业技能四方面构成。

职业道德、职业意识属世界观、人生观、价值观范畴的产物，是职业素养中最重要的基础；职业行为、职业技能是通过学习培训、习惯养成、企业文化熏陶获得的产物，是职业素养的具体表现形式。

越来越多的企业高层开始认识到：员工所拥有的职业道德、职业意识的程度对企业的成功发展越来越重要。如果一个员工基本的职业素养不符合要求，比如说忠诚度不高的员工，那么随着其技能越高，其隐含的风险越大。

相关链接　"大树理论"

把企业员工比作一棵树，树根就是职业道德，树干就是职业意识，而树根、树叶就是职业行为与职业技能，一棵树要想枝繁叶茂，首先必须根系发达，才能有丰富的营养提供树生长所需要的能量。所以要成为一名优秀的员工，首先必须要具备良好的职业道德与职业意识，通过刻苦学习获得精湛的职业技能，才能展示出优秀的职业行为。

3. 乘务员的职业素养

客舱乘务员的职业素养具体表现在以下几个方面。

（1）吃苦耐劳的职业精神　吃苦耐劳的职业精神指的是：不怕苦、不怕累、不怕烦、不怕脏的"四不怕精神"。

① 不怕苦　客舱是乘务员的工作场所，由于空气干燥、客舱压力以及飞行噪声都会对乘务员的身心造成一定的影响。乘务员一般一周飞行4～5天，一天飞行3～4个航段，如果执行早晨8点的航班，乘务员可能在凌晨四、五点就要离开家前往公司驻地，航班结束往往已到晚上或深夜，真可谓是披星戴月。乘务员要学会在繁忙辛苦的工作中找寻到奉献的快乐。

② 不怕累　乘务员的服务要求高，工作量大。执行航班任务时，还要受到起飞、下降和加速度的影响，身体容易产生疲劳。尤其当执行通宵航班和国际远程航班任务时，人体的生物钟被打乱，还要调整时差，更加会感到身体疲倦、精力下降。因此，乘务员要学会休息，正常进餐，注意补充营养，从而保持充沛的精力执行航班任务。

③ 不怕烦　飞行工作中旅客往往会向乘务员提出各种各样的服务需求，或者询问相关问题，此时乘务员要不怕麻烦，耐心细致地回答旅客的问题，及时满足旅客的服务需要。特别是遇到无法解决和满足旅客的服务需求时，乘务员更加要克服烦躁的情绪，调整好心情，绝不能够在旅客面前流露出不耐烦的表情。

④ 不怕脏　为旅客创造清洁卫生的客舱环境是乘务员服务工作的主要内容之一。乘务员在进行客舱服务时要及时回收餐盒、清洁盥洗室，遇到晕机呕吐的旅客，有时还要帮助清理呕吐在地上的污物，这就要求乘务员克服怕脏畏难的情绪，及时做好客舱的各项清洁工作，保持干净整洁的客舱环境。

案例 呕吐物中找假牙

在一次航班飞行途中，一位老年乘客由于身体不适而呕吐不止，乘务员及时送上清洁袋、热水和热毛巾，并不断嘘寒问暖。等呕吐过后老年乘客发现他的假牙不见了，非常焦急并告诉了乘务员。

乘务员急乘客之所急，不顾难闻的气味和污秽，把已经装入垃圾袋的清洁袋一个个打开，用手在污物中摸索寻找，功夫不负有心人，乘务员最终在一个呕吐袋里摸到了老年乘客的假牙并清洗干净。当乘务员将假牙送到老年乘客的手中时，他激动万分，连声向乘务员表示感谢。

点评

这个案例体现了乘务员不怕脏，视乘客为亲人的优秀品质，构筑了乘务员崇高的敬业精神。

（2）高度尽职的安全意识　安全是航空公司的最高职责，客舱乘务员不仅要做好客舱的服务工作，还要承担起保证旅客安全的重要职责。一名合格的乘务员应该具备高度的安全意识和对突发事件的正确判断和处置能力。

① 安全意识强　乘务员在执行航班任务时，要时刻保持高度的安全意识和防范的预见性，及时发现和处置存在的各种安全隐患，尽力避免不安全事件的发生。如2001年9月11日早上，美国航空公司的华裔乘务员邓月薇在第11号班机上经济舱值勤，该航班起飞后不久即被恐怖分子劫持，大约8时20分，邓月薇在劫匪胁迫和恐怖的情况下，沉着冷静地向地面控制中心拨通紧急电话，她向话务员说明了自己的身份，报告了两名座位在头等舱2A和2B的旅客进入驾驶室，机长无法联络，头等舱的旅客全部被赶出来，两位商务舱的乘务员被刺伤，飞机摇晃不定。她的完整表述帮助地面人员迅速通知紧急中心并确定为劫机事件，及时取消了这条航线的所有班机。邓月薇履行职责，在第一时间报告机上情况，"9·11"事件调查委员会称她是美国英雄。旧金山市长布朗将9月21日命名为"旧金山邓月薇日"。由此可见，乘务员具备的高度安全意识可以挽救航空公司，挽救成百上千的旅客生命，甚至可以保护国家的安全。

② 处置能力强　航班运行中有时会遇到一些不安全事件，乘务员要沉着冷静，运用平时训练的技能，安全、及时、妥善处置，全力保证旅客的安全。如2007年中国台湾"华航"120号客机从中国台北起飞，在冲绳那霸机场着陆后8分钟突然起火，乘务员立即打开紧急逃生滑梯，并大声呼喊，引导旅客从应急出口撤离飞机，仅用了不到90秒的时间，机上157名旅客和8名机组人员全部安全撤离。在危难时刻，由于乘务员具备精湛的专业技能和高度的责任意识，正确判断，迅速采取措施，为旅客和机组全体人员的安全撤离赢得了宝贵的时间，这是一个反映乘务员迅速判断、正确处置的典型案例。

（3）精湛娴熟的专业技能　乘务员具备精湛娴熟的专业技能是做好航班安全服务工作的必要保证。同时还要注意加强知识面的拓宽，培养学习的兴趣和爱好，丰富自身的知识内涵，才能更好地做好本职工作，提供超出旅客期望的高品质服务。

① 娴熟技能　乘务员娴熟的技能在服务过程中发挥着重要的作用。如遇到外籍旅客时，乘务员良好的外语能力，能增进与旅客的沟通，拉近与旅客的距离；遇到旅客对安全规章不理解时，乘务员通过详细的讲解，为旅客释疑解惑，让旅客产生安全感和信任感，取得旅客对安全管理工作的支持；遇到听障旅客时，乘务员可以运用掌握的哑语手势，为特殊旅客提供个性化的服务。总之，乘务员要具备娴熟的技能，才能为旅客更好地服务。

② 学习提高　乘务员除了要掌握精湛的业务知识外，还应该养成良好的学习习惯，加强其他知识的学习，不断提升自身的服务能力。上海航空公司的全国劳模吴尔愉，一次在执行航班时遇到了一对青年夫妇到上海来旅游，她发现抱在母亲怀中的幼儿头部耷拉着，无法支撑起来。吴尔愉凭着日常生活积累的经验，判断该幼儿存在缺钙的问题并且比较严重，于是她主动建议这对夫妇到上海儿童医院去就诊，经检查该幼儿果然患有钙吸收障碍引起的软骨病，由于吴尔愉的提醒，幼儿得到了及时的治疗，这对夫妇对吴尔愉表示了衷心的感谢。由此可见，乘务员具有丰富的知识能够在航班中为旅客提供超值的服务，使旅客留下深刻的印象。

（4）以客为尊的服务理念　客舱服务是民航运输服务的重要组成部分，为旅客提供优质的服务是乘务员的本职要求。树立以客为尊的服务理念是乘务员做好客舱服务的前提，是乘务员必须具备的职业素养。在激烈的航空市场竞争中，以客为尊的服务理念和优质的客舱服务将对航空公司占领市场份额，赢得更多的回头客发挥着至关重要的作用。

① 良好的服务意识　乘务员要具备良好的服务意识，加强和提示重服务意识的培养和锻炼。要怀着感恩的心，珍惜每一次航班与旅客相聚的机会，尊重旅客、感恩旅客、服务旅客，让每一位旅客在体验客舱服务的过程中，成为企业的忠诚客户。

相关链接 不顾污秽清理马桶

在一次国际航班中，离目的地机场还有三个小时，由于盥洗室内的马桶突发故障失效，七个盥洗室均无法正常使用，如果旅客无法正常使用盥洗室，飞机将面临备降的可能，旅客的行程将受到影响。此时，该航班乘务长为了保证航班正常运行和旅客需求，主动承担起人工清理盥洗室马桶内污物的工作。每当一名旅客使用过盥洗室后，乘务长就进入盥洗室用杯子将马桶里的污物进行清理，保证了盥洗室的正常使用，直至航班抵达目的地机场。乘务长良好的服务意识和崇高的敬业精神，深深打动了旅客和整个乘务组，她的行为使人感动、令人敬佩。

② 宾至如归的服务　乘务员为旅客提供热情周到、无微不至、温馨细致的服务，能让旅客感受到宾至如归。有些优秀的乘务员还总结提炼为特殊旅客服务的"五好服务"经验，即：老年旅客的好儿女、伤残旅客的好护士、特殊旅客的好帮手、儿童旅客的好阿姨、外地旅客的好向导，让旅客充分享受到以客为尊的服务体验。

案例 照顾老人如家人

航班中有一位腿脚不便的孤身老太太由于尿急和行动不便，脸涨得通红，非常难受和着急。细心的乘务员在巡视客舱时发现后，立即上前问明情况，并拉着老人的手，搀扶她去洗手间，一边帮助老人脱衣、穿裤和洗手清洁，一边还亲切地安慰老人，然后帮助她返回座位。乘务员宾至如归的服务让这位老太太非常感动，拉着乘务员的手动情地说："你真像我的女儿一样！"

点评

小小的案例反映了乘务员的用心服务和细致观察，体现了宾至如归的空中服务。

（5）端庄优雅的言行举止　乘务员在客舱里服务，与旅客是近距离的接触，其一言一行都会引起旅客的关注。端庄优雅、彬彬有礼的言行举止会给旅客带来愉悦的视觉感受和心理上的满足。

① 内外兼修　乘务员端庄优雅、彬彬有礼的言行举止并不完全是与生俱来，需要通过平时严格的训练和日常积累而养成。因此，乘务员要注重内外兼修，不仅要注意仪态形象的端庄优雅，更要注重内在素质的修炼和提高，包括树立正确的人生价值、提升道德修养和文化知识的积累，达到秀外慧中、大家风范的绅士和淑女品位。

② 注重训练　乘务员要注重平时言行举止的训练和实践，养成良好的行为习惯。女乘务员可以经常参加芭蕾舞、游泳、瑜伽等各项形体训练，练习身体的柔韧性和舒展性，保持亭亭玉立的体型身材；男乘务员可以参加长跑、球类等体能和肌肉训练，锻炼出强健的体魄、挺拔的身姿。当航空公司的机组成员在候机楼精神饱满地整齐进场时，一定会成为被广大旅客瞩目的亮丽风景线。

（6）积极阳光的心理素质　乘务员在飞机上要接触性格迥异的众多旅客，也会遇到各种意想不到的突发情况，如果没有良好的心理素质、热情开朗和积极乐观的性格，就很难胜任此项工作。

① 换位思考　乘务员在服务工作中具有换位思考的意识是非常重要的。换位思考就是要

乘务员站在旅客的角度去思考问题，顾及旅客的感受和想法。如天气原因造成航班长时间的延误，耽误了旅客的行程，影响了旅客的工作，此时，旅客难免有焦急烦躁的情绪，将怨气发泄在乘务员的身上，有时会谩骂乘务员，甚至有粗鲁的行为。乘务员要从旅客角度出发，调整心态，避免因旅客的干扰而影响自己的情绪，对服务造成不良影响。乘务员学会了换位思考就会用微笑和阳光心态来面对工作的压力和各种突发情况，更好地投入工作。

② 宽容豁达　宽容豁达是一种健康良好的生活态度，乘务员需要拥有宽容、乐观豁达的态度，要学会正面思考，培养面对困难的勇气和心理素养。如遇到旅客不满意，对乘务员进行批评时，乘务员要大度宽容、耐心听取、虚心接受，对自身工作的不足与问题，要真诚致歉，思考反省，在后续的服务中及时改进；当旅客提出的抱怨批评非乘务员主观原因时，乘务员也要虚心听取、宽容接受，不抱怨旅客的不理解。乘务员只有学会宽容与豁达，才能积极面对航班中各种困难和压力，促进自己进步成长。

（7）强健活力的身体素质　乘务员在万米高空工作，要承受低气压、高紫外线，高噪声、缺氧环境、极地飞行、颠簸、晕机等影响，要始终在旅客面前保持良好的精神状态，就必须具备良好的身体素质和健康体魄。

① 注意劳逸结合　对空中乘务员而言身体素质的意义非同小可。乘务员的身体素质就像可靠的硬件，给予乘务员工作的能量和精力。所以乘务员要注意休息调整和坚持体育锻炼，避免出现以睡觉代替休息，过于沉湎网络而忽视锻炼的现象。注意劳逸结合，形成良性循环。

② 良好的膳食习惯　乘务员要建立良好的膳食习惯，保证身体必需的营养和能量。由于乘务员的工作特点，往往不能保持正常的用餐规律，所以乘务员要合理膳食、绿色膳食，避免挑食、偏食、节食和暴饮暴食，同时要禁烟控酒，注意保养肠胃，爱惜身体。

✈ 相关链接　健康饮食金字塔

为了从日常饮食中获取更多的营养，或是改变自身的健康难题，人们开始对食物越来越挑剔、越来越苛求，因为一分一厘的取舍对于人们来说都至关重要，直接影响着人类的健康。

20多年前，美国农业部开始根据"美国人饮食指南"建立了日常食物金字塔。不久前，又推出了新的食物金字塔，纠正了过去的一些疏漏。据悉，金字塔的建立者，包括科学家、营养师、职员以及顾问。

哈佛大学公共健康学院的专家们依靠所获得的最科学的证据，根据食物与健康之间的关系，建立了新的健康饮食金字塔。它修补了美国农业部日常食物金字塔的基础漏洞，在关于吃什么的问题上，提出了更好的建议。

健康饮食金字塔是建立在每日运动和控制体重的基础之上的，因为这两个因素对人们保持健康来说十分重要。它们也会影响人们吃什么和如何吃的问题，以及人们吃的食物又如何影响自身的健康。从健康饮食金字塔的底座往上看，其中包括全麦食品、植物油、蔬菜、鱼、禽、蛋、坚果和带壳豆、奶制品和代用钙、红肉和奶油（慎用）、大米、白面包、土豆、意大利通心粉、甜品（慎用）、多种维生素、酒精类（适量）。

健康饮食金字塔总结了当今最好的饮食信息，它不是空中楼阁，或者一成不变的，随着时代的发展、研究的深入与多样化，健康饮食金字塔会与时俱进地反映最新、最重要的研究成果。

二、职业素养的养成

1.树立爱岗敬业的精神

爱岗敬业是乘务员养成良好职业素养的关键因素。爱岗就是热爱自己的工作岗位，热爱本职工作，敬业就是要用一种恭敬严肃的态度对待自己的工作。在2003年"非典疫情"来袭之际，乘务员们挺身而出，奋战在航班一线，冒着被疫情感染的危险，积极做好疫区旅客的体温测量工作，将一批批的旅客安全送到目的地，看似平凡的乘务员工作，实则体现了乘务员的伟大精神，展现了乘务员良好的职业素养。

2.坚持诚实守信的作风

诚实守信是乘务员养成良好职业素养的立足点。乘务员要开阔自己的胸襟，培养高尚的人格，树立实事求是和以诚待人的意识。当乘务员与旅客沟通时要尊重旅客，实事求是、亲和友善；当遇到旅客不理解服务工作时要换位思考，站在旅客的角度去理解与关心，答应旅客的事一定要尽力去做到最好，体现良好的道德品质和道德信念，展现乘务员的风采。

 小结

乘务员职业素养的形成是一个长期学习和不断积累的过程，不可能一蹴而就。因此，乘务员要正确理解乘务员职业的本质要求，树立正确的人生观、价值观和职业观，要遵守社会公德和职业道德，树立爱岗敬业的精神，加强学习，注重修炼，完善自我。

? 思考题

1.简述素养、职业素养的定义。

2.乘务员要具备哪些素养？

3.针对1～2个素养，详细谈谈你的认识。

4.如何养成良好的职业素养？

第三节　乘务员的专业技能

乘务员具备娴熟全面的专业技能是旅客乘机安全和获得良好服务体验的保证。航空公司依据民航局批准的《乘务员训练大纲》，组织开展各类训练科目的训练与考核评价工作，确保乘务员接受各项专业能力训练并获得胜任岗位的资质。

一、专业训练内容

1.新员工训练

新员工训练是指新雇佣的人员，或者已经雇佣但没有在客舱乘务员工作岗位上工作过的人员，在进入客舱乘务员工作岗位之前需要进行的训练。新员工训练包括基础理论教育(地面训练)和针对特定机型和岗位的训练。

（1）安全训练　航空公司根据局方审批同意的《客舱乘务员训练大纲》对初始新员工进行培训，训练科目包括：运行规则、乘务工作职责、机上通用设备/系统训练、特定机型设备/系统训练、应急程序训练、应急操作训练、机上急救训练、应急生存训练等科目。

完成地面初始新员工训练后，需进行每种机型至少4个航段不少于7个小时的带飞训练，并在经局方认可的客舱乘务检查员的监督下履行规定的职责至少达到2个航段不少于5小时，经检查合格后，方可视为完全完成全部初始新员工训练，由航空公司颁发有效的训练合格证。

图2-9　服务训练

（2）服务训练　航空公司为提高客舱乘务员职业素养，提高旅客满意度而制定的服务训练科目，在进行初始新员工训练，还设置服务训练课程，包括：礼仪训练、职业形象、商务知识、旅客服务心理、服务程序、服务技能、广播能力、语言沟通等科目（图2-9）。

2.转机型训练

转机型训练是指需要在某一新机型上担任客舱乘务员岗位前必须完成的训练。受训人需进行每种机型至少4个航段不少于15个小时的带飞训练，并在经局方认可的客舱乘务检查员的监督下履行规定的职责至少达到2个航段不少于5个小时，经检查合格后，方可视为完成转机型训练。

3.定期复训

定期复训是指已经训练合格的在岗客舱乘务员，为满足新近经历熟练水平，必须在每12个日历月内完成不少于10或16个小时的复训，并通过考核。

4.重新获得资格训练

重新获得资格训练是指未按照规定期限完成定期复训局方或合格证持有人检查未通过等原因而失去资格的客舱乘务员，为恢复其客舱乘务员资格而进行的训练。

5.差异训练

差异训练是指对于已在某一特定类别的飞机上经审定合格并服务过的客舱乘务员，当局方认为其使用的同类飞机与原服务过的飞机在性能、设备或操作程序等方面存在差异时，需要进行补充性的差异训练。

6.客舱机组与飞机机组联合训练

客舱机组与飞机机组联合训练是指航空公司为使客舱机组和飞机机组在正常和应急情况下建立良好的沟通和协同配合而建立的训练，该项训练可能包含在初始新雇员训练的"应急生存训练"类别中。

相关链接　**客舱乘务员初始新雇员训练课程设置**

分类	科目	分类	科目	分类	科目
安全	危险品运输	服务	服务理念	综合	乘务英语
	安全规则		职业形象		企业文化教育
	机型训练		服务程序		航班模拟训练
	应急程序		特殊服务		安保培训
	机上急救		服务心理		案例教学

二、专业技能要求

乘务员要更好地服务旅客，应掌握以下专业技能要求。

1.语言沟通要求

客舱乘务员在为旅客服务时，除了眼神、微笑、动作的交流之外，更多的是通过语言的交流，语言沟通能力是客舱乘务员必备的业务技能。在与旅客沟通交流时要注意有礼有节、语气语调、场合时间、把握分寸、掌握主动，做到"尊重、清晰、倾听、礼貌"。

2.应急处置要求

飞行过程中有时会发生各种突发事件，乘务员应具备较强的应急处置能力，在有限的时间内进行处置，将危害降到最低程度，一般来说，应急处置要遵循以下三原则。

（1）冷静判断原则　客舱乘务员在应急情况发生时要沉着冷静，进行自我情绪控制，同时也要控制旅客的情绪，根据事件情况做好正确判断才能采取正确的解决方法。

（2）明确职责原则　安全第一是最高职责，客舱乘务员要时刻明确自身岗位的职责和要求，航前准备要认真回顾各项安全规章和各项标准，在发生应急事件时坚守岗位、分工合作、灵活应变。

（3）运用程序原则　客舱应急处置有基本的处置程序和操作标准，乘务员要熟练掌握和灵活运用各类处置程序，积极发挥程序的作用，提高处置突发事件的能力和效率。

3.良好服务要求

良好的服务能力是乘务员必须具备的专业能力，它能够让旅客感受到宾至如归、温馨如家的服务体验，良好的服务能力表现在以下几方面。

（1）热情服务　热情服务是一种能力，是做好服务工作的基础。例如，航程中遇到年轻父母抱着婴儿乘机，乘务员要热情主动帮助婴儿母亲冲奶粉、泡奶瓶，在婴儿哭闹的时候给予安慰和帮助，减轻母亲的焦虑，为旅客排忧解难。具备一颗为旅客热情服务的心，就是急旅客所急，想旅客所想，尽力提供亲切温馨、主动关爱的服务。

（2）细腻服务　乘务员要学会细致观察旅客需求，细心揣摩旅客心理，做到眼中有活，服务于旅客开口之前。例如，老年旅客去盥洗室、离开座位时，要主动关心并搀扶老人，给予适时的帮助。

（3）专业技能　乘务员要有精湛良好的专业能力，成为服务专家。能够正确判断和处置服务中的棘手问题，从而建立旅客的信任感，让旅客放心、安心。

 相关链接　巧解耳压痛

有一对首次乘机的老夫妇发生了压耳的症状，气压的因素使他们感觉耳朵疼痛、听力下降，整个人感觉很不舒服，导致这对老夫妇的情绪很紧张。

乘务员在巡视客舱时发现了旅客不舒服的状况，立即上前热情仔细询问，了解到旅客感觉耳朵疼痛难受后，就判断旅客是由于压力导致耳蜗内陷引起的听力下降和耳朵疼痛。于是，乘务员一方面让老夫妇放松情绪，另一方面给老夫妇送上糖果，并及时指导他们用吞咽和鼓气的方法来缓解，短短几分钟他们的耳痛得以解决。

在接下来的航程中，乘务员时刻关心老夫妇的情况，还周到地将发生压耳的原因和注意事项向其他旅客进行了详细说明。乘务员良好的专业能力和热情周到的服务帮助旅客解决了困难，获得了旅客的信任和赞扬。

4.善于学习要求

乘务员要建立终身学习的目标，不仅要掌握民航法规、行业规章和手册规范要求，还要学习与服务相关的知识，如茶酒文化、西餐礼仪、服务心理学、各国风土人情等。不断汲取新的知识和文化养料，为使自己成为一名优秀的乘务员奠定扎实的基础。

 小结

乘务员必须按照《乘务员训练大纲》的要求，完成各项科目的训练并考核合格。同时要认真学习掌握相关的服务知识和要领，具备娴熟的专业技能，掌握过硬的服务本领，使自己成为一名乘务专业的行家里手。

思考题

1. 简述乘务员的专业训练内容。
2. 简述乘务员的专业训练要求。
3. 选取课文中的2～3个案例进行分析。

第三章　客舱服务实施

一、知识目标

1.了解客舱服务的基本内容。

2.了解客舱服务的意义和要点。

二、能力目标

1.理解迎送服务的作用，并能正确进行迎送服务操作。

2.理解餐饮服务的意义，并能正确进行餐饮服务操作。

3.理解广播服务的重要性，熟练掌握机上中英文广播。

4.了解机上娱乐服务的作用。

三、素质目标

1.培养学生的沟通交往、语言表达、服务他人的意识和能力。

2.培养和提高学生的劳动意识和动手能力。

第一节　迎送服务

迎送是社交礼节的基本形式之一。在航班中，迎送服务既表达着乘务员对旅客的欢迎、感谢、尊重之情，也是体现乘务员礼仪素养的重要环节。正确认识迎送服务的重要性，充分把握迎送服务的契机，使旅客在第一时间内对乘务员留下美好的印象，为后续客舱服务奠定良好的基础。

一、迎接旅客

1.首轮效应

首轮效应也称首因效应、第一印象效应。其核心是：人们在日常生活中初次接触某人、物、事所产生的即刻印象，通常会在对该人、物、事的认知方面发挥明显的，甚至是举足轻重的作用。对于人际交往而言，这种认知往往直接影响着交往双方的关系。首轮效应对个人形象、企业形象的形成起着先入为主的作用，其在服务业的应用尤为重要。

首轮效应由第一印象、心理定势、制约因素三个主要部分组成。当人们在第一次接触陌生人的时候，决定其是否能够接受对方的最大因素就是"第一印象"。根据心理学有关方面的研究发现：第一印象在见面7秒的瞬间就已决定。先出现的信息对总体印象形成具有较大的决定力。第一印象一旦形成，就会在人的头脑中占据主导地位，而且不会轻易改变。人们的相互第一印象主要来自三个方面（图3-1）。

从图3-1可以发现，在第一印象形成过程中，非语言因素的影响高达93%，而言谈内容本身仅占7%。乘务员首次为旅

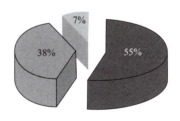

- 55% 外表包括服装、面貌、体形、发色等
- 38% 自我表现，包括语气、语调、声音、手势、姿势、站式、动作、坐式等
- 7% 言谈的内容

图3-1　第一印象的构成

客服务的接触点是迎客阶段，此时应充分利用首轮效应，把握好"7秒"的机会，充分展示完美的职业形象，赢得旅客的好感。

2.迎客前准备

（1）检查形象　迎客前，乘务员应根据仪容仪表、服饰着装等要求，进行自查或互查。如发现脱妆应及时补妆，以保持整体的精神面貌与形象的端庄、典雅。

（2）检查客舱　旅客登机前，乘务员应按照安全运行和客舱清洁的要求，确认客舱内没有与飞行无关的人员和物品，确保客舱环境干净、整洁（图3-2～图3-4）。

图3-2　检查客舱（一）　　　　　图3-3　检查客舱（二）

（3）播放乐曲　一般来说，登机时间会持续30～45分钟。在这段时间里，播放轻松、欢快的乐曲能调节沉闷、枯燥的气氛，同时表达全体机组人员对旅客到来的欢迎之情。

① 乘务员通过机载设备，以视频（图3-5）或音频（图3-6）形式播放指定的登机音乐。

图3-4　检查客舱（三）　　　图3-5　检查视频　　图3-6　检查音频

② 播放时音量适中，以不影响旅客交谈为宜。

③ 旅客登机完毕后关闭音乐。

（4）营造环境

① 客舱灯光　一般调节至明亮状态（图3-7）。

② 客舱温度　一般保持在22～24℃，以旅客体感舒适为宜。

（5）迎候旅客　乘务员应在指定区域内，站姿端正，面带微笑，等候旅客登机。

图3-7　客舱灯光调节

　　（6）两舱服务　两舱服务对象是指购买头等舱和公务舱的旅客。在两舱旅客登机前，乘务员需要做好以下准备工作。

　　① 准备饮品　根据航线准备迎宾酒和饮料，使用专用玻璃杯，确保杯内外清洁、完好无损（图3-8）。

　　② 准备毛巾（图3-9）

　　a.预先湿润毛巾（根据不同季节控制水温），以挤压不出水为宜。

　　b.毛巾应放于专用毛巾篮内（预备的毛巾数须多于实际需求数）。

　　c.摆放时要求整齐、美观，确保毛巾不受过分挤压而变形。

　　d.不同规格或种类的毛巾不能混放于同一毛巾篮内。

　　e.毛巾不可放入烤箱内加热或保温。

　　③ 整理衣帽间（图3-10）

　　a.保持衣帽间清洁、无杂物。

　　b.准备好挂衣架和标识牌。

　　④ 了解信息　乘务员应根据信息平台或地面服务人员提供的两舱旅客名单，事先了解并记住旅客姓名、职务、座位号等信息，以便首次问候旅客时可以提供"姓氏服务"或"职务称呼"，并准确引导旅客入座。凸显服务的亲切与个性化、表达对旅客的尊敬之意。

图3-8　饮品的准备

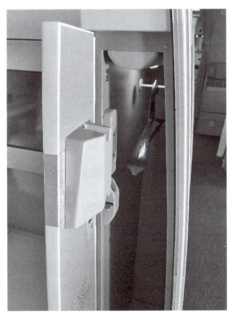

图3-10　整理衣帽间

图3-9　毛巾的准备

3.服务要点

（1）主动问候

基本要求如下。

a.面带微笑，热情主动地问候每一位踏进客舱的旅客。

b.应与旅客有视线交流，并主动引导旅客尽快入座。

c.问候时应注意与旅客保持适当距离。

 相关链接 空间距离

美国人类学家霍尔通过研究后，提出：在沟通时，互动双方空间由近及远可以分为亲密距离、个人距离、社交距离和公众距离。

（1）亲密距离（0～44厘米） 该距离是高度私密的，适合夫妻、情侣、父母与子女以及知己密友。沟通时，更多地依赖触摸觉，而不是视觉和听觉。

（2）个人距离（44～120厘米） 在非正式场合下，适合朋友和熟人之间的交谈、聚会等。沟通时，身体接触很有限，主要依赖视觉和听觉。

（3）社交距离（120～360厘米） 适合正式的社交活动、商业会谈、职场交往等。沟通时，需要更清楚的语言表达和充分的目光接触。

（4）公众距离（360～760厘米） 适合陌生人之间、演讲者与公众之间进行沟通等。

对于沟通时距离的处理，除了受相互了解和亲密程度的影响外，还会受到文化背景、社会地位、性别等因素的制约。

（2）礼貌用语

① 基本作用 礼貌用语在迎客服务中既是尊重他人的具体表现，也是与他人建立友好关系的敲门砖。

② 使用要求 原则上使用普通话和英语向旅客问候。如果能确认旅客的国籍，使用其母语问候，对旅客而言会感到分外欣喜。问候时，注意语气的亲切自然、语调略微上扬。

（3）迎客礼 迎客礼是鞠躬礼的一种形式，表达对旅客的尊敬和诚意。直挺挺地站立与稍弯腰的服务姿态比较而言，容易令人产生距离感，不愿与之接近。

 动作要领

取基本站姿，上身前倾15度～30度，要做到"微笑到、视线到、语言到、动作到"。

 相关链接 鞠躬礼的由来

"鞠躬礼"起源于中国，商代有一种祭天仪式"鞠祭"。祭品为猪、牛、羊等，不切成块，而是将祭品整体弯卷成圆的鞠形，再摆到祭处奉祭，以此来表达祭祀者的恭敬与虔诚。

这种形式逐步演变为鞠躬，人们以此来表达自己对地位崇高者或长辈的崇敬。鞠躬，意思是弯身行礼，是表示对他人敬重的一种正式礼节。这种礼节一般是下级对上级或同级之间、学生向老师、晚辈向长辈、服务人员向宾客表达由衷的敬意。它既适用于庄严肃穆或喜庆欢乐的仪式，又适用于普通的社交场合和商务活动中。

（4）引导入座　面带微笑，上前询问并查看旅客登机牌上的座位号，主动引导入座或告知旅客其座位在客舱内的大致方位。

引导入座
模型

 **动作要领**

五指并拢，小臂带动大臂，手心微斜，指示座位的方向。根据指示距离远近调整手臂弯曲程度，身体随着手的方向自然转动，目光与所指方向保持一致。

相关链接　手势礼仪

手势可以反映一个人的修养、性格。所以，在人际交往中要注意手势的幅度、次数和力度等。

手势礼仪之一：幅度适中。在社交场合，应注意手势的大小幅度。手势的上界一般不应超过对方的视线，下界不低于自己的胸区。左右摆的范围不要太宽，应在人的胸前或右方进行。一般场合，手势动作幅度不宜过大，次数不宜过多，不宜重复。

手势礼仪之二：自然亲切。与人交往时，多用柔和曲线条的手势，少用生硬的直线条手势，以求拉近相互间的心理距离。

手势礼仪之三：避免不良手势。例如，①与人交谈，讲到自己时不要用手指自己的鼻尖，而应将手掌按在胸口上；②谈到别人时，不可用手指别人，更忌讳背后对人指点等不礼貌的手势；③避免挠头发、玩饰物、掏鼻孔、拉袖子等手势动作。

（5）过道疏通　为了尽可能缩短旅客登机所耗费的时间，迎客时每一位乘务员都应主动承担起"疏导"职责，做到"眼明手快""灵活应对"。

① 积极寻找　时刻关注过道上的旅客，在第一时间找到堵塞点。

② 判断原因　旅客大多因放置行李或寻找座位而占据通道，只有找到堵塞的原因，才能采取相应的疏通措施。

③ 帮助解决　针对原因，灵活应对。例如，如果因个别旅客放置行李而堵塞过道，乘务员应帮助寻找合适的行李摆放位置，并提示旅客尽快入座。只是一味地催促旅客，并不能真正解决问题。

④ 表示感谢　对于旅客的配合及时予以感谢。

（6）行李摆放　"行李"指旅客在旅行中为了穿着、使用、舒适或方便的需要而携带的物品和其他个人财物。根据《中国民用航空旅客、行李运输规则》相关规定：乘坐国内航班头等舱的旅客允许随身携带2件行李，公务舱和经济舱旅客允许随身携带1件行李。每件行李的体积不得超过20厘米×40厘米×55厘米，重量不超过5公斤；国际航班根据各航空公司要求而有所不同，超过承运人规定重量或尺寸的行李不得带入客舱。

① 基本要求

a.乘务员在引导旅客入座时，应主动协助或帮助需要的旅客将行李摆放在行李架等中国民用航空局批准的储藏区域内（图3-11）。

b.所有旅客的手提行李应放置在许可的储藏区域内，

图3-11　帮助旅客摆放行李

图3-12 座位下行李的放置

确保其不会对旅客通过或穿越通道产生障碍，也不会影响到应急出口的使用。

c.手提行李不得置于影响机组人员接近应急设备或阻挡旅客看到信号标示的任何区域。

d.存放应急设备的区域均不得放置任何物品，同时乘务员在航班运行中应加强对上述区域的监控。

e.放置于旅客座位下的行李必须受行李挡杆的限制，防止行李物品在紧急着陆时所产生的极限惯性作用下从侧面滑到通道上（图3-12）。

f.不封闭的衣帽间仅用于悬挂衣物。

② 安全提示

a.告知旅客避免叠放行李，如需叠放时应考虑行李的尺寸/外形/材质等因素，避免向外滑出的可能。

b.提醒旅客看管好自己的行李。

③ 注意事项

a.帮助旅客将行李安放在其视线范围以外时，必须将具体放置位置明确告诉旅客，同时要防止旅客间错拿行李。

b.对于不符合尺寸、重量要求的手提行李应及时通知带班乘务长，交由地面工作人员办理托运。

c.原则上不要为旅客保管易碎及贵重物品。

d.为旅客保管冷藏食品，要了解冷藏的要求。冷藏食品应独立存放，如果无法满足冷藏要求时应向旅客说明情况。为旅客保管物品要做到全程负责。

 提 示

药品不得冷藏在厨房区域内，可提供冰块让旅客自行保管。

e.关登机门前，乘务员必须检查确认所有旅客行李已存放妥当并关好行李架。

动作要领

关闭行李架时要做到姿势优雅，必要时可踮起脚后跟以增加身体高度，保持身体的稳定，并侧身对旅客。

（7）目视评估（仅限经济舱）在发生紧急情况时，坐在出口座位上的旅客应能协助机组成员组织撤离。为保证这些旅客能胜任其职责，负责出口座位的乘务员应对其进行目视评估（图3-13、图3-14）。

基本要求如下。

① 正确判断 确认该旅客是否符合坐在出口座位旅客的条件。

图3-13 向出口座位旅客
介绍注意事项（一）

图3-14 向出口座位旅客
介绍注意事项（二）

相关链接 出口座位旅客应具备的能力

（1）确认应急出口的位置；

（2）辨认应急出口开启机构；

（3）理解操作应急出口的指示；

（4）操作应急出口；

（5）评估打开应急出口是否会增加由于暴露旅客而带来的伤害；

（6）遵循机组成员给予的口头指示或手势；

（7）收藏或固定应急出口门，以便不妨碍使用该出口；

（8）评估滑梯的状态，操作滑梯，并在其展开后稳定滑梯，协助他人从滑梯离开；

（9）迅速地通过应急出口；

（10）评估、选择和沿着安全线路从应急出口离开。

② 逐一介绍 使用规范用语向出口座位旅客逐一介绍出口座位的注意事项和紧急情况下的应急操作方法等，并确认该旅客已明确上述全部内容。

③ 核实确认 确认出口座位旅客是否愿意履行相应的责任和义务。如旅客不愿履行，必须将该旅客重新安排至其他非出口座位，并不得要求其说明理由。

④ 及时汇报 在登机门关闭前，及时将出口座位确认情况汇报给客舱经理或乘务长。

（8）核对人数

① 乘务员使用计数器（图3-15）进行点数（有些航空公司利用离港系统计算人数）。

② 客舱经理或乘务长必须确认旅客人数与载重平衡表保持一致。

③ 如果出现不符，应立即重新核对旅客人数，避免因此延误航班。

图3-15　计数器

提示

1. 核对人数时应要求旅客在座位上坐好，不要随意走动；

2. 带小孩的旅客将小孩抱好；

3. 确认盥洗室内无人。

相关链接 载重平衡表

载重平衡表（Balance sheet）是航班载运旅客、行李、邮件、货物和集装设备重量的记录，是运输服务部门和机组之间、航线各站之间交接载量的凭证，也是统计实际发运量的根据，它记载着飞机各种重量数据。

（9）两舱服务

① 引导入座

a.两舱旅客登机时，乘务员应主动上前迎候。迎候时，根据旅客名单或登机牌（图3-16）旅客姓名显示，使用"姓氏服务"或"职务称呼"。

b.主动帮助提拿行李，准确引导入座（图3-17）。

c.主动协助旅客摆放行李。

d.乘务员主动向旅客作简短的自我介绍。

② 存放衣物（图3-18）

a.旅客交于存放衣物时，乘务员应检查确认是否有污损，提醒乘客贵重物品自行保管。

b.使用标识牌，做好座位号的记录。

c.航程中妥善保管衣物，避免污损。

图3-16　登机牌　　　　　　图3-17　引导入座　　　　　图3-18　存放衣物

 案例 疏忽大意惹抱怨

　　某航班，两舱乘务员为头等舱一位女士存放衣服时，看到其白色大衣胸前有类似口红的印记，但乘务员没有及时与该女士进行确认。当乘务员归还衣服时，旅客认为是乘务员弄脏了她的衣服，并为此提出赔偿。

点评

　　存放旅客衣物时应做好必要的确认。本案例中由于乘务员没有按照存放衣物的要求操作，最终导致旅客不满，同时使自己处于被动的局面。

③ 提供毛巾和迎宾饮品

a.旅客入座后及时提供毛巾。

 动作要领

　　四指并拢托于毛巾篮底部，大拇指放于篮的两边，毛巾篮平放于小腹部位，不要紧贴身体，上臂下垂，大小臂夹紧（图3-19）；送时需使用毛巾夹（图3-20）。

　　b.提供迎宾饮品时，摆上杯垫，将饮料杯置于杯垫上。

图3-19　提供毛巾（一）　　　图3-20　提供毛巾（二）

动作要领

　　四指并拢托于盘底，大拇指放于托盘两边；托盘平放于小腹部位，不要紧贴身体；上臂下垂，大小臂夹紧（图3-21）；送时应拿杯身的下1/3处或杯颈处，不可拿杯口（图3-22）。

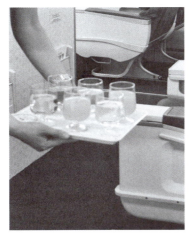
图3-21　提供饮品（一）

图3-22　提供饮品（二）

　　c.征得旅客同意后，及时收回旅客用完的毛巾和饮料杯。

动作要领

　　拿空托盘时，应四指并拢托于盘底，大拇指放于托盘的窄边，将托盘放于身体的一侧，不要让托盘随身体晃动，也不要紧贴身体（图3-23）；使用毛巾夹回收毛巾（图3-24）。

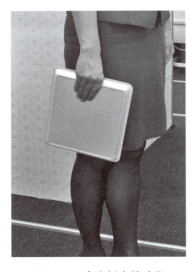
图3-23　拿空托盘的动作

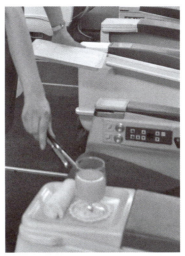
图3-24　收回毛巾

　　④ 提供报纸（杂志）
　　a.发放报纸（杂志）时，应主动向旅客介绍配备的品种。

将报纸（杂志）摆成扇形放在左手臂上，右手（手心朝上）轻扶报纸（杂志）的边缘；到达旅客面前时，呈标准站姿，面带微笑；取出时，右手食指在上、拇指在下，将报纸（杂志）移出，反手，拇指在上，四指在下，正面递送给旅客（图3-25）。

b.根据光线情况，为需要的旅客打开阅读灯。

 动作要领

五指并拢，单手上举，手心向上，按阅读灯的按钮（图3-26）。

图3-25　提供报纸

图3-26　打开阅读灯

c.当旅客的需要无法满足时，应真诚地表示歉意，做好解释工作，并设法以其他方式弥补，争取旅客的谅解。

⑤ 提供拖鞋

a.时机选择　两舱旅客登机后，乘务员挑选合适的时机为其提供拖鞋服务。

b.发放方式　送至旅客手中（图3-27）或放于座椅前面的插袋内（图3-28）。

图3-27　发放方式（一）

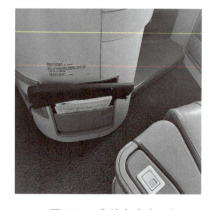

图3-28　发放方式（二）

c.发放要点　主动询问旅客是否需要更换拖鞋，帮助其打开包装，将拖鞋摆放于合适位置（图3-29），并协助旅客将换下的鞋子妥善放于规定的存储空间（图3-30）。

图3-29　放于合适位置　　　　图3-30　置于规定的存储空间

二、送别旅客

飞机到达停机位后，发动机关车，"系好安全带"标示灯熄灭，乘务员正常打开舱门，安排旅客离机事宜。

1.服务要点

（1）归还物品　及时归还为旅客保管的行李物品，并做好必要的确认。

（2）播放乐曲　在旅客离机时，播放舒缓、悦耳的乐曲，以表达全体机组人员对旅客的感谢之情、送别之意，并期待与旅客的再次相见。

①乘务员通过机载设备，以视频或音频形式播放指定的离机音乐。

②播放离机音乐时要求音量适中，以不影响旅客交谈为宜。

③旅客全部下机完毕后关闭音乐。

（3）灯光调节　客舱灯光一般调节至明亮状态。

（4）相关提醒

①提醒旅客不要遗漏随身携带物品。

②如果到达站与起飞站两地温差较大，应提醒旅客适当增减衣物。

（5）热情道别

①在指定送客区送别每一位旅客，并向旅客表示感谢。

②送客礼与迎客礼的基本要求一致。

③两舱旅客一般优先下机，乘务员应使用"姓氏服务"或"职务称呼"方式，逐一向两舱旅客表达感谢，热情道别，并由衷地表示期待能再次为旅客服务。

（6）主动帮助

①一般应主动询问特殊旅客是否需要帮助。

②协助任何需要帮助的旅客下机。

（7）清舱检查

①两舱旅客下机后，乘务员应及时对两舱区域进行清舱检查。

②旅客全部下机后，乘务员检查是否有旅客遗留物品并进行清舱检查，完成后及时汇报给客舱经理或乘务长。

③如发现旅客遗留物品，应立即交还旅客或与地面服务人员办理交接。旅客遗留物品交接单如图3-31所示。

2."末轮效应"

在本节一开始介绍了"首轮效应"，阐述了迎客服务的重要性。而送客服务与迎客服务同样重要，它是乘务员与旅客之间的最后一个服务接触点，体现的则是"末轮效应"。

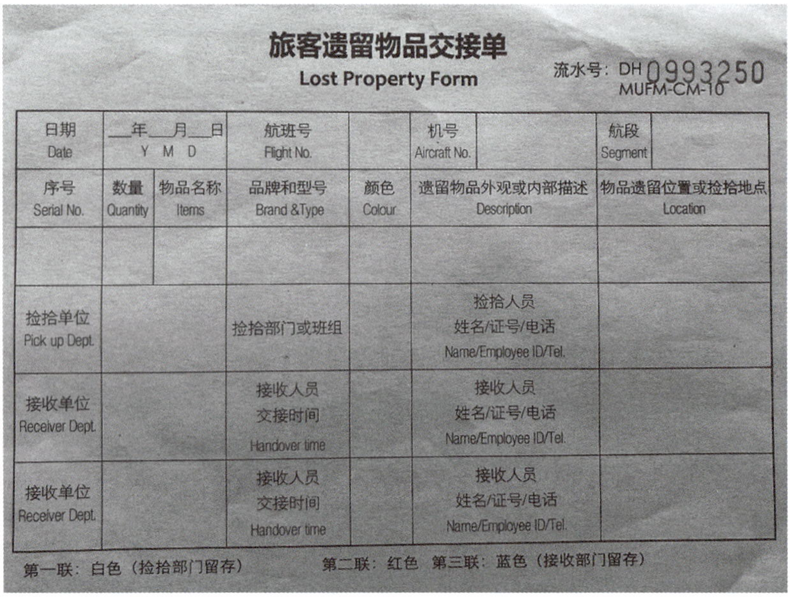

旅客遗留物品交接单

Lost Property Form

流水号：DH 0993250

MUFM-CM-10

日期 Date	___年___月___日 Y M D		航班号 Flight No.		机号 Aircraft No.	航段 Segment	
序号 Serial No.	数量 Quantity	物品名称 Items	品牌和型号 Brand &Type	颜色 Colour	遗留物品外观或内部描述 Description	物品遗留位置或捡拾地点 Location	
捡拾单位 Pick up Dept.			捡拾部门或班组		捡拾人员 姓名/证号/电话 Name/Employee ID/Tel.		
接收单位 Receiver Dept.			接收人员 交接时间 Handover time		接收人员 姓名/证号/电话 Name/Employee ID/Tel.		
接收单位 Receiver Dept.			接收人员 交接时间 Handover time		接收人员 姓名/证号/电话 Name/Employee ID/Tel.		

第一联：白色（捡拾部门留存） 第二联：红色 第三联：蓝色（接收部门留存）

图3-31 旅客遗留物品交接单

相对于“首轮效应”而言，“末轮效应”强调服务结尾的完美和完善，其核心内容是：在人际交往中，留给交往对象最后的记忆，是整体印象的重要组成部分。它甚至直接决定着企业或个人整体形象是否完美以及完美的整体形象能否继续得以维持。

乘务员应充分利用“末轮效应”，在送别旅客时以完美的形象、专业的表现，加深客舱服务留给旅客的记忆，用出色的送客服务体现优质服务的“有始有终”，为客舱服务画上圆满的句号。

小结

客舱服务中，迎送阶段是乘务员服务工作较为忙碌的时间段。乘务员要完成引导旅客入座、过道疏通、行李摆放、目视评估、送别旅客、清舱检查等多项工作。在较短的时间内，有条不紊地做好迎送服务工作，在旅客面前展示出乘务员的最佳职业素养，从而体现一个航空企业的良好形象。充分发挥“首轮效应”和“末轮效应”，能让旅客留下美好的印象。

思考题

1. 简述首轮效应对客舱服务的重要性，并举例说明。
2. 简述过道疏通的技巧。
3. 简述目视评估的步骤。
4. 简述迎客阶段两舱服务要点。

第二节 广播服务

广播服务是乘务员通过机载广播器传送声音，为旅客提供各类信息的服务。它贯穿于航班服务始末，具有覆盖面广、传播速度快、功能多样、感染力强等特点。

一、广播服务的重要性

机上广播水平的高低直接影响着旅客对航班服务质量的整体评价。随着国内外航空公司客舱服务理念的提升、客舱服务产品的创新以及旅客期望值的提高，广播服务作为衡量服务品质高低的指标，其重要性已日益凸显出来，主要体现在以下几方面。

1.广播服务是反映航空公司和乘务组专业素质、服务能力、精神面貌等方面的一个直观窗口

清晰的、流利的、悦耳的广播，能准确传递信息，展现乘务员的服务素质，树立良好的服务形象，提升旅客对服务的认可度；反之，刺耳的、生硬的、生疏的广播会使旅客的满意度大打折扣。

2.广播服务是乘务员和旅客沟通的渠道与纽带

通过广播，可以为旅客提供乘机相关信息，如机型设备介绍、飞行距离、飞行时间、延误起飞、航班取消、遇有颠簸等，既满足了旅客的知情权，体现了航空公司对旅客的重视与尊重，又能使旅客及时掌握信息，主动协助并配合乘务员做好航班运行相关工作。

3.广播服务是拉近距离、安抚情绪的有效手段

正常情况下，客舱广播通过声情并茂、生动悦耳的声音传递，能够让旅客拥有一份愉悦的好心情，产生宾至如归的感觉；当航班延误时，及时、诚恳、亲切的广播能取得旅客的理解，安抚旅客急切的心情；一旦发生紧急情况，赋予广播更强的感染力，还能起到稳定情绪、凝聚力量的作用。

二、广播员的职责及广播要求

1.客舱广播员的职责

广播员必须经过专项培训方可上岗，其职责主要如下所述。

① 在执行航班任务时，应携带公司下发的乘务广播手册。

② 登机后，测试广播器是否处于良好状态。若发现有故障，及时汇报给客舱经理或乘务长。

③ 正确使用、爱护广播设备。

④ 根据公司规定的广播内容、顺序和航班运行情况，准确、适时地向旅客进行广播。

乘务长广播
动画

2.客舱广播的要求

为了确保广播质量，广播员应遵循以下要求。

（1）基本要求

① 广播员应当按照公司广播手册内容，落实各项广播。在特殊情况下，根据航班情况的不同可临时组织广播词。

② 广播时要求吐字清晰、音调柔和、速度适中。正常情况下，较为适宜的中文播音速度建议为每分钟200～220字，英文播音速度为每分钟120～150词。

③ 当长航线、夜航或大多数旅客休息时，应酌情减少广播或缩短广播内容。

④ 夜航或头等舱、公务舱旅客休息时，在条件允许的情况下，根据机型分舱广播，避免打扰旅客休息。

⑤ 当航班延误时应及时广播，告知旅客相关信息。

⑥ 遇有颠簸应及时提醒旅客，必要时重复广播。

（2）注意事项

① 控制语速　语速指的是乘务员在广播时给旅客听觉的一种接受速度，客舱广播应采用标准语速。若广播语速过快，会让旅客听不清楚，无法理解广播内容；若广播语速过慢，会给旅客一种拖沓、生疏之感。节奏的快慢在实际广播中受多方面因素制约，如广播时的情绪、对广

播内容的熟悉度等。

对于不同性质的广播内容，还要掌握语气，做到声情并茂。让旅客切实感受到广播内容的价值，收到事半功倍的效果。

② 表达流利　流利是指广播时吐字清晰，发音标准，内容表达连贯顺畅。广播时，乘务员与旅客间并不是面对面的交流，不能借助手势、表情等辅助手段，只有发准每一个字、词的读音，才能使旅客准确地接收广播中传递的信息。如果广播时发音不准、吐字不清、语言表达不连贯，会使旅客不能正确理解广播内容，从而影响广播的效果。

因此，乘务员应有意识地加强广播基本功的训练，提高广播水平。例如，借助广播录音带进行标准跟读，学习播音员的标准发音、练习绕口令来掌握咬字的准确性等，以增强语言的流利性。

③ 及时准确　广播是快速传递信息的一种有效途径，是从点到面的单向传播。为了达到广播效果，必须确保广播的及时性和准确性。在航空运输过程中，旅客通过广播获得航班运行相关信息，尤其是遇有航班延误等突发事件，旅客最想了解的是延误原因、目前状况、预计等待时间等。此时确切信息的及时发布能使旅客安排好自身行程，达到安抚旅客情绪、取得旅客谅解的效果。及时准确的广播还有助于让旅客协助并配合乘务员工作，从而真正发挥广播的作用。如在飞行中，如果遭遇强气流，会对飞机造成较大的空中颠簸，此时，乘务员应立即进行广播，准确传递颠簸信息，才能在最短的时间内通知到所有旅客，提醒旅客注意安全，并根据要求做好安全防范措施。

④ 赋予情感　广播质量不仅仅局限于语速、语音、语调，充满情感、富有人情味的广播更易被听众接受。广播时若缺乏感情、语调平淡，给人感觉不亲切，让人失去兴趣，会使旅客产生一定的排斥心理；相反，如果把握好广播时的情感，就能引起旅客注意，使广播达到预期效果。

所谓"读书百遍，其义自见"。任何一段广播都应先做到"熟读"，只有熟悉广播词，才能赋予恰当的情感，从而真正地体现广播的生命力。一个好的广播员不能仅仅停留在"读"广播词，能做到"脱口而出、声情并茂"是每一个广播员追求的目标。

 相关链接　**正常情况下的客舱广播**

正常情况下的客舱广播，主要包括：登机广播、关闭舱门前广播、安全演示、欢迎词、起飞安全检查、起飞前再次确认安全带、起飞后广播、供餐前广播、颠簸、免税品销售（仅限国际、地区航班）、填写入境单/申报单（仅限国际、地区航班）、入境相关规定（仅限国际、地区航班）、预报到达时间和目的地天气、下降致谢、落地前再次确认安全带、到达广播、旅客就座提醒、下机广播等。

在预报目的地温度时，通常会根据旅客不同的使用习惯，同时使用华氏度（Fahrenheit）和摄氏度（Centigrade）两种计量单位。包括我国在内的世界上很多国家都习惯使用摄氏度，美国和其他一些英语国家使用华氏度而较少使用摄氏度。它们的换算方法是：

$$C=（F-32）/1.8 \qquad F=C×1.8+32$$

C 代表摄氏度，F 代表华氏度。

三、机上广播

1. 常用广播

（1）登机广播

女士们、先生们，欢迎搭乘____班机。

座位号码在行李架边缘，请将手提物品妥善放置在行李架上或座椅下挡杆区域内。摆放行李时，请保持过道通畅。如果您需要帮助，我们会尽快协助您。谢谢。

Ladies and gentlemen, welcome aboard _____ Airlines.

Please place your hand-carried items in the overhead compartment or under the seat in front of you. Please keep the aisles clear, and we will assist you if you need any help. Thank you!

（2）关闭舱门前广播

女士们、先生们：

您乘坐的是_____航班，飞往_____（目的地机场）。为了飞行安全，请您在飞机上不要使用充电宝等锂电池移动电源。本次航班的（头等舱/公务舱/超级经济舱）还有个别座位可供升舱，如果您需要办理，请联系客舱乘务员。谢谢！

Ladies and gentlemen：

Our flight _____ is bound for _____.For safety reasons, you are not permitted to use the portable power banks onboard. If you want upgrade (first-class/business-class/premium economy class). Please contact our cabin crew. Thank you!

（3）安全设备示范

女士们、先生们：

由于本架飞机录像系统出现故障，现在我们为您进行客舱安全设备示范，请您注意观看。救生衣在您座椅下面。使用时取出，经头部穿好。将带子扣好、系紧。然后，打开充气阀门，但在客舱内请不要充气。充气不足时，可将救生衣上的人工充气管拉出，用嘴向里充气。氧气面罩储藏在您座椅上方。当发生客舱释压时，面罩会自动脱落。氧气面罩脱落后，要用力向下拉面罩。将面罩罩在口鼻处，带子套在头上，进行正常呼吸。如您的周围有小旅客，请先戴好您的面罩，然后再帮助他。这是您座椅上的安全带，使用时，将连接片插入锁扣内。根据您的需要，调节安全带的松紧。解开时，先将锁扣打开，拉出连接片。本架飞机除了正常出口外，在客舱的左、右侧还有应急出口，分别写有应急出口的明显标志。客舱通道及出口处都设有应急照明灯，紧急情况下请按指示灯路线撤离飞机。安全说明书在您座椅前面的口袋里，请您仔细阅读。感谢您的关注！

Ladies and Gentlemen:

We regret to inform you that we are not able to display video programs due to a breakdown of the video system. Please pay attention to the following demonstration. Your life-vest is located under your seat. To put on the life-vest, slip it over your head. Fasten the buckle and to tighten it, pull the straps around your waist. To inflate the life-vest, pull the inflation tab firmly downwards. You should inflate your life-vest only at the exit door. Your life-vest can be further inflated by blowing into the mouthpieces. The oxygen mask is in the compartment over your head. In case of decompression, oxygen masks will automatically drop from the compartments above. Pull the mask towards you to start the flow of oxygen. Place the mask over your nose and mouth, slip the elastic band over your head. Masks are available for children. Please attend to yourself first, and then assist your children. To fasten your seat belt, insert the link into the buckle. To be effective, the seat belt should be tightly fastened. To unfasten the seat belt, lift this buckle. Emergency exits are located on each side of the aircraft. All exits are clearly marked. In an emergency, follow the floor lights to the nearest exits. The Safety Instruction Leaflet in your seat pocket contains additional information. Please read it carefully before take-off. Thank you for your attention.

（4）安全检查

女士们、先生们：

现在飞机已经开始滑行，请您系好安全带，收起小桌板，调直椅背，打开遮光板，取下耳机，并确认您的手机关闭或处于飞行模式。同时，全程禁止使用充电宝或锂电池移动电源为电子设备充电，并确保充电宝电源处于关闭状态。对于您放置在行李架或随身行李内装有锂电池的电子设备，请妥善安置并关闭电源。如果您的电子设备滑落到座椅内，请您联系乘务员协助寻找，不要自行移动座椅，以免设备损坏。飞行全程中禁止吸烟，包括电子烟及同类产品（禁止触碰、损坏盥洗室内烟雾探测器）。为防止意外颠簸，请您全程系好安全带。在飞机到达巡航高度前，机上洗手间将停止使用。感谢您的配合！

Ladies and Gentlemen:

We are ready for departure. Please fasten your seat belt, open the window shade, secure your tray table, bring your seat back upright and unplug your headphones and electronic devices. Mobile phones must remain switched off or set to airplane mode. Power banks are not allowed during the whole flight. For laptops and other lithium battery electronic devices please properly place and turn off the power. If your electronic device slips into the seat, please contact cabin crew. Do not move the seat to avoid damaging the device. Smoking onboard is forbidden, including e-cigarettes and similar products. (Don't touch or damage the smoke detector in the lavatory). Please keep your seat belt fastened in case of sudden turbulence. Thank you for your cooperation.

（5）滑行等待

女士们、先生们：

我们的飞机已进入滑行道，仍在等待航空管制的起飞指令。（目前，仍有___架飞机排在我们前面。有进一步的消息，我们会立刻告知您）请您在座位上稍加休息，并系好安全带。感谢您的配合！

Ladies and Gentlemen:

We are now taxing on the runway and waiting for the take off clearance.（There are___ aircrafts ahead of us. We will keep you informed any update.）For your safety, please remain seated with your seat belt fastened. Thank you for your cooperation.

（6）起飞再确认安全带

女士们、先生们：

飞机即将起飞，请再次确认安全带已经系好。谢谢！

Ladies and Gentlemen:

We are ready for take-off, please double-check your seat belt is securely fastened. Thank you.

（7）平飞广播

女士们、先生们：

飞机已进入平飞状态。我们为您准备了____（早餐/午餐/晚餐/便餐/点心）稍后您就可以享用了。（餐后，我们还将销售免税商品。）为了防止意外颠簸，就座时请系好安全带。如您需要服务，请随时告诉我们。祝您旅途愉快。

Ladies and Gentlemen:

Our aircraft has left___. We will provide you with ___（breakfast/lunch/dinner/snack/refreshment）service shortly.（And the duty free sales will begin after the meal.）Please keep your seatbelt fastened when seated in case of sudden turbulence. We will be by your side any time you need anything from us. We wish you a pleasant trip.

（8）空中颠簸

女士们、先生们：

飞机受到气流影响，正在颠簸。请您不用担心，但请务必系好安全带。机上洗手间暂停使用，正在使用洗手间的旅客，请您抓好扶手。（①中度以上颠簸：颠簸期间，我们将暂停客舱服务。谢谢。②严重颠簸后：女士们、先生们：我们的飞机由于遭遇强气流，刚刚经历了严重颠簸。如果您感到身体有不适，请与客舱乘务员联系。谢谢。）

Ladies and Gentlemen:

We are experiencing some turbulence. Please don't worry. But fasten the seat belt tight and low. The bathrooms shouldn't be used right now, and passengers in the bathrooms, please hold the handrail. （①Mode rate turbulence and above :Cabin service will be suspended during this period. Thank you. ②After The Serious Turbulence: Ladies and Gentlemen: We just hit some serious chop there, but now we've reached to the smooth altitude. If you feel any discomfort, please contact our flight crew. Thank you.）

（9）预报时间、天气和下降致谢

女士们、先生们：

现在是（目的地）当地时间___点___分。我们会在___分钟后到达___机场（并停靠在___号候机楼）。地面温度为___摄氏度，___华氏度。（由于温差较大，下机前，您可适当调整衣物）。飞机（已经/即将）开始下降。谢谢您在这段旅途中给我们的支持。现在，请您系好安全带，收起小桌板，调直椅背，打开遮光板，取下耳机以及连接在座椅电源上的数据连接线，妥善存放笔记本电脑等大型便携式电子设备。机上洗手间（将）停止使用。谢谢！

Ladies and Gentlemen: It is___ local time. We will be landing at ___Airport in about ___minutes. （Our flight will be parking at Terminal ___）.The ground temperature is ___degrees Celsius, or ___ degrees Fahrenheit.（Before disembarkation, you may change your clothes according to the outside temperature.）We will start to descend in few minutes. Please fasten your seat belt, open the window shade, put the tray table in place, bring your seat back up right and unplug your headphone and electronic devices. Please make sure the large portable electronic devices are stowed properly. Thank you!

（10）落地前再次确认安全带

女士们、先生们：

飞机即将着陆，请再次确认安全带已经系好。谢谢！

Ladies and Gentlemen:

We are ready for landing, please double-check your seat belt is securely fastened. Thank you.

（11）到达站落地广播和中途站落地广播

女士们、先生们：

欢迎抵达目的地。为了您的安全，在"系好安全带"指示灯熄灭前，请不要打开手机，保持安全带系好。下机前打开行李架时，请您特别留意，以免行李滑落。（①国内过站：继续乘坐本次航班前往___的旅客，请您带上所有随身物品下机。凭机票或登机牌向地服人员换取转机牌。我们大约在本站停留约___分钟，具体登机时间请留意候机厅广播。②国际过站：继续乘坐本次航班前往___的旅客，请带好您的护照、证件在本站办理边防及检疫手续。您所托运的行李可以不用领取，但您的手提行李务必携带下机，接受海关的检查。对于您遗留在飞机上的物品，我们将交由地面工作人员处理。③澳大利亚禁用手机提醒：请留意澳大利亚机场当局的规定，在候机室的大部分区域请不要使用移动电话，具体包括：海关、移民局、卫生检疫区、行李安检区域及在联检区域接受政府公务员询问的时候。）感谢您搭乘航空班机。下次旅途再会。

Ladies and Gentlemen:

Welcome to the destination. For your safety, please keep your seat belt fastened and mobile phone powered off until the seat belt sign is off. When opening the overhead compartment, please take care to ensure the contents do not fall out.（① Domestic Transfer Flight: Passengers continuing to___, please take all your belongings with you and change your transit boarding pass with the ground staff. Our aircraft will stop here for___ minutes. Please pay attention to the boarding announcement. ②International Transfer Flight: Passengers continuing to___ , please take your passport and travel documents to go through immigration and quarantine procedures at this airport. You have no need to collect your checked baggage, but all your carry-on luggage should be taken with you for inspection. Item sleft onboard will be handed over to the ground staff. ③Restriction Of Using Cell phone In Australia :According to the requirements of the Australian Airport Authority, mobile phones are not to be used when you are going through the Immigration and Customs procedures or at any time in the terminal Customs Hall.）Thank you for flying with Airlines .See you next time !

（12）落地滑行

女士们、先生们：

飞机还将继续滑行，请您（不要站起来）保持安全带扣好，直到安全带指示灯熄灭。感谢您的配合。

Ladies and Gentlemen:

The aircraft is still taxiing. Please keep your seat belt fastened until the seat belt sign is turned off. Thank you for your cooperation.

（13）客梯车/摆渡车/廊桥未到

女士们、先生们：

由于___机场的（摆渡车/客梯车/廊桥）还没有到位，我们暂时还不能下机，请您在座位上休息等候片刻。感谢您的理解！

Ladies and Gentlemen:

Please remain seated while waiting for the（ shuttle bus/ ramp / boarding bridge ）at ___Airport. Thank you for your cooperation.

（14）下机提醒

女士们、先生们：

（现在为您播报本次航班托运行李的信息。下机后，请到___号行李转盘提取您的托运行李。）如您需要转机，可前往就近的中转服务柜台或向地面工作人员寻求帮助。（机外正在下雨/下雪，带有雨具的旅客可以提前做好准备。地面湿滑，请您当心脚下。）谢谢！

Ladies and Gentlemen:

（We are broadcasting the carousel information. You may collect your checked baggage at carousel Number___.）To any customer who has the connecting flight, please go to your nearest "Transfer service counter", you may also contact the ground staff for further assistance.（As it is raining / snowing outside, please prepare your umbrella or raincoat for disembark, and mind your steps.）Thank you!

2.特殊情况广播

（1）寻找医生

女士们、先生们：

现在，飞机上有一位（生病的旅客/ 旅客即将分娩）需要帮助。如果您是医生或护士，请立即与乘务员联系。谢谢！

Ladies and Gentlemen:

May I have your attention, please. One of our passengers on board needs immediate medical attention. If you are medicalcertified personnel, please identify yourself to flight crew. Thank you!

（2）除冰/除雪

女士们、先生们：

（这里是客舱经理/乘务长广播。）接到机长通知，由于（飞机/跑道）需要（除冰/除霜），为了确保飞行安全，我们会在（除冰/除霜）完毕后起飞。（需关闭飞机电源：除冰液有刺鼻气味，属化学用品。为防止有毒气体进入客舱，我们将暂时关闭发动机及空调系统。）请您稍等片刻。感谢您的理解。

Ladies and Gentlemen:

（This is cabin manager/purser speaking）due to de-icing procedures, we will still be waiting on the ground for a while. （ Need to Shut Down APU: The de-icing liquid is harmful to human body. The captain will shut down the engines and air-condition systems to protect you from the chemicals. This situation will be improved after the procedure is completed）Thank you for your understanding.

（3）航空管制

女士们、先生们：

（这里是客舱经理/乘务长广播）接到机长通知，由于航路交通管制，本次航班还没有得到放行的指令。我们仍需等待一段时间。（目前，有___架飞机排在我们前面。）请各位在座位上休息等候，（机长会积极与塔台保持联络，）有进一步的消息，我们会立刻告知您。（在此期间，我们将为您播放影音节目/提供餐饮服务）。感谢您的耐心与谅解！

Ladies and Gentlemen:

（This is cabin manager/purser speaking）due to air traffic control, We are requested to hold our current position. We still need to wait here for a period of time.（There are___ aircrafts ahead of us heading ）Please remain seated and we will keep you informed any update.（During this period, the in-flight entertainment system is on. / we will provide the beverage/meal service.）Thank you for your patience and understanding.

（4）娱乐系统故障

女士们、先生们：

非常抱歉，为了确保航班正点起飞，机上娱乐系统没能及时修复，因此造成___舱第___排到第___排的旅客无法观看机上娱乐节目。给您带来不便，我们深表歉意。感谢您的谅解！

Ladies and Gentlemen:

We regret to inform you that in flight entertainment system has not been able to be fixed. To ensure our flight departs on time, passengers from Row _ to Row _ in _ class will not be able to watch video entertainment programs. We apologize for any inconvenience caused, and your understanding will be much appreciated.

3.应急情况广播

（1）客舱失火

女士们、先生们：

现在客舱有一处失火，我们正在组织灭火，请大家不要惊慌，听从乘务员指挥，我们将调整火源附近旅客的座位，其他旅客不要在客舱内走动。

Ladies and Gentlemen:

We have encountered a minor fire in the（front/center/rear）section of the cabin and we are quickly containing this situation. please keep clam and follow the instructions of the flight attendants. We will relocate passengers near the area of the fire. All other passengers do remain in your seats with your seat belts securely fastened.

（2）灭火后

女士们、先生们：

现在，客舱火势已经得到控制，飞机处于良好状态。但飞机仍需要尽快着陆，以便进一步检查。我们预计在___点___分到达___机场。给您带来不便，我们深表歉意。感谢您的合作！

Ladies and Gentlemen:

The fire in the cabin has been completely contained and the aircraft is in good condition. However, we shall be landing the aircraft as soon as possible to carry out further inspection. The estimated arrival time at___Airport is___am（pm）.We sincerely apologize for any inconvenience but trust you can understand our reason for taking this decision. Thank you for your assistance and cooperation.

（3）客舱烟雾

女士们、先生们，请注意！

为确保您的健康，避免吸入客舱中的烟雾，请您低下头，弯下腰，用衣物、手帕捂住口鼻。请保持安静，听从乘务员指挥。

Ladies and Gentlemen, Attention please!

It is smoky in the（front/center/rear）cabin. For your safety, please remain seated with your seat belt fastened. Keep calm and quiet. Bend forward and cover your nose and mouth with a handkerchief or clothes. Please follow the instruction of the flight attendants.

（4）客舱释压及氧气面罩的使用

女士们、先生们，请注意！

现在飞机客舱发生释压，请用力拉下头顶上方的氧气面罩，罩在口鼻处，正常呼吸，系紧安全带。飞机将紧急下降，大家不要惊慌，听从乘务员指挥。

Ladies and Gentlemen, Attention please!

Our aircraft loosing pressure and is now becoming depressurized. Please fasten your seat belt, pull down the oxygen mask, place it over nose and mouth and breathe normally. Our aircraft will be descending due to this emergency loss of pressure. Please follow the instructions of the flight attendants and remain calm.

（5）释压后到达安全高度

女士们、先生们：

现在，飞机已经到达安全高度，您可以摘下氧气面罩。如果您感到身体不适，请与我们的乘务员联系。谢谢！

Ladies and Gentlemen:

Our aircraft has reached the safety altitude. You can now remove the oxygen masks and breathe normally. If there is anything else we can help you with, please do not hesitate to get the attention of a cabin attendant.Thank you for your cooperation！

（6）紧急下降

女士们、先生们：

现在，飞机开始紧急下降，请您系紧安全带，收起小桌板，调整座椅靠背，请将身边的行李放入前排座位下方的行李挡杆内。谢谢！

Ladies and Gentlemen:

This is an emergency descent. Please remain seated with your seat belt securely fastened, stow your tray table and return your seat to the upright position, and put your carry-on baggage under the seat in front of you.Thank you for your cooperation.

（7）紧急着陆

女士们、先生们：

根据机长的指示，请大家做好防冲击姿势，并保持这种姿势，直到飞机完全停稳。飞机着陆时将有多次撞击，请始终系紧您的安全带，直到飞机完全停稳。

Ladies and Gentlemen:

We will be landing immediately, please make sure your seat belt is securely fastened and keep the BRACE position until the aircraft comes to a complete stop.

（8）安全紧急着陆后

女士们、先生们：

现在飞机已经安全着陆，请大家保持安全带扣好系紧，保持安静并听从乘务员的指挥。

Ladies and Gentlemen:

The aircraft has safely landed. please remain seated and keep your seat belt tightly fastened. Please keep calm and follow the instructions of the cabin attendants.

（9）飞机冲出跑道

女士们、先生们：

由于飞机（冲出跑道/偏离跑道），请您不要离开座位，保持安静并请听从乘务员的指挥。

Ladies and Gentlemen:

The aircraft has taxied out（run off the edge）of the runway. Please remain calm, stay in your seat and wait for further instructions. Thank you.

 小结

及时性、准确性、流利性、情感性是广播服务的基本要求。乘务员应充分利用广播这一有效工具，使其在客舱安全管理、服务质量提升等方面发挥积极、关键的作用，与旅客建立良好关系、创造轻松愉悦的乘机氛围。

？ 思考题

1.简述广播服务的重要性，并举例说明。

2.绕口令练习。

（1）白石白又滑，搬来白石搭白塔。白石塔，白石搭，白石搭石塔，白塔白石搭。搭好白石塔，白塔白又滑。

（2）四和十，十和四，十四和四十，四十和十四。说好四和十得靠舌头和牙齿。谁说四十是"细席"，他的舌头没用力；谁说十四是"适时"，他的舌头没伸直。认真学，常练习，十四、四十、四十四。

（3）东洞庭，西洞庭，洞庭山上一根藤，藤上挂铜铃。风吹藤动铜铃动，风停藤定铜铃静。

3.广播词朗读

（1）返航

女士们、先生们：

刚接到机长通知，由于（航路天气恶劣/＿＿＿机场关闭/机上有患者需要急救），我们必须返回＿＿＿机场，预计到达＿＿＿机场时间是＿＿＿点＿＿＿分。返航后的有关事宜，我们会及时通知您。感谢您的配合。

Ladies and Gentlemen：

We have been informed by the captain that we have to return back to ＿＿＿Airport due to（bad weather along the route/＿＿＿Airport is closed /emergency of a patient）.We have to return to ＿＿＿Airport at ＿＿＿.We will keep you informed the following matters concerned.Thank you.

（2）安全演示

氧气面罩	现在由乘务员向大家介绍氧气面罩、安全带的使用方法和紧急出口的位置。 Now we will explain the use of oxygen mask and seat belt as well as the location of the exits. 氧气面罩储藏在您的座椅上方。发生紧急情况时面罩会自动脱落。氧气面罩脱落后，请用力向下拉面罩，将面罩罩在口鼻处，把带子套在头上进行正常呼吸。 Your oxygen mask is stored in the overhead compartment.It will drop in front of you automatically when needed.If you see the mask，pull it toward you，make it cover your nose and mouth and slip the elastic band over your head.Within a few seconds the oxygen flow will begin.
安全带	座位上安全带使用时请将连接片插入锁扣内，当飞机起飞、着陆和飞行中遇到颠簸以及"系好安全带"指示灯亮时，请您将安全带扣好系紧。解开时，先将锁扣打开，然后拉出连接片。 Please make sure that your seat belt is securely fastened during taxiing，take-off，landing and encountering air turbulence or whenever the Fasten Seat Belt signs are in the ON position.
救生衣	救生衣储藏在您座椅下方/上方，使用时取出，经头部穿好，将带子扣好系紧，在客舱内请不要充气。当您到达机舱门口时，拉下救生衣两侧的红色充气手柄；充气不足时，请将救生衣上部的两个人工充气管拉出，用嘴向里充气。在夜间撤离时请拔出救生衣上的电池销。 Your life vest is in the compartment under your seat/over your head.To put the vest on，slip it over your head，then fasten the buckles and pull the straps tight around your waist.Please do not press the inflation tab until you reach the cabin entrance.If your vest is not inflated enough，you can pull out the artificial gas-filled tubes and huff them with your mouth.Pull out the bolt of the battery once you leave the plane at night.

第三节　餐饮服务

餐饮服务是客舱服务的重要组成部分，不仅影响旅客对航空公司服务的满意度，也反映了航空公司的服务能力。乘务员在做好餐饮服务"规范化"和"标准化"的同时，更要注重服务的"个性化"和"差异化"。

一、餐饮服务的意义

餐饮服务是乘务员与旅客接触时间最长的服务阶段，其重要性如下。

1.是企业服务能力的重要体现

机上餐食从食材选购到配送上机经过的环节多，周转时间相对较长，卫生质量要求严，旅客对餐食品质的期望值较高。所以，为旅客提供可口满意的餐食是反映航空企业服务能力的一个考量指标。

民以食为天。餐饮服务对旅客的旅途体验有着较大的影响力，细微处可体现客舱服务的质量与品位。近年来，为了不断提升餐饮品质，有些航空公司通过与知名餐饮企业合作，将特色餐饮与航空餐食结合，让中外旅客在空中也能享用到美味佳肴。例如，中国台湾中华航空公司特别与日本东京米其林一星主厨合作，在头等舱及公务舱推出全新的中式套餐。该中式套餐，结合传统与创新，运用甜薯、香草猪等台湾地道食材，以少油、健康的方式烹饪，并强调食材完整运用，环保不浪费，让旅客在旅途中也能享受到轻松无负担的美食。

航空公司借助与知名餐饮企业间的合作，既树立了航空企业的品牌形象，也是提升服务能力的有效途径。

2.是乘务员服务技能的综合反映

餐饮服务阶段是乘务员综合运用"端、拿、倒、送"，食材烤制，沟通技巧，西餐礼仪，茶文化，酒文化等知识和技能的过程，也是检验乘务员服务能力高低的重要环节。因此，乘务员要全面掌握和熟练运用上述的知识和技能，为旅客提供高品质的餐饮服务。

（1）端、拿、倒、送　"端、拿、倒、送"是乘务员应具备的基本服务技能。在每一次的服务过程中，精准、娴熟、规范的动作是保证服务质量的基础和前提。如果乘务员"端、拿、倒、送"动作操作不熟练，在递送热饮的过程中不慎洒在旅客身上，不但会烫伤旅客，还会给旅客带来不愉快的乘机感受。过硬的服务技能会使服务差错的发生概率大大降低；相反，则容易造成旅客不满，从而影响旅客对客舱服务的整体印象。

（2）食材烤制　机上的餐食要经过二次烤制，故乘务员在进行餐食烘烤时，要做好充分的准备工作，了解旅客对餐食的个性化需求，针对不同的食材，把握好不同的烘烤时间和温度，才能让旅客品尝到色香味俱全的餐食。例如，在加热牛排时，要根据旅客对牛肉生熟程度的要求，准确选择烤制温度和时间，才能烤制出令人满意的牛排。

（3）沟通技巧　餐饮服务是乘务员与旅客进行沟通的一次很好的机会，乘务员应抓住这一契机，与旅客建立良好的感情沟通。

（4）茶酒文化　在飞机上饮茶已受到越来越多人的欢迎，是人们对健康生活的一种追求。为了保证茶的口感，泡茶时，乘务员要根据不同茶叶的特点，调整水的温度、浸润时间和茶叶用量，从而使茶的香味、色泽、滋味得以充分地发挥；酒和食物的搭配千变万化，有传统的经典组合，也有依个人不同口味而搭配。通过恰当的搭配，才可以让酒和菜肴更具美味，提高旅客对餐食的满意度。

（5）西餐文化　提供两舱餐饮服务时，一般遵循西餐礼仪中的相关要求，如餐具的摆放、用餐程序等。只有掌握更多的专业知识，才能将西餐的精髓传递给每一个旅客，更好地将西餐礼仪、西餐文化与机上餐饮服务融合在一起。

乘务员除了要掌握以上餐饮服务要求外，还需要根据不同的旅客提供个性化餐饮服务。例如，老年旅客牙口和消化功能相对较差，乘务员应尽可能为其提供温热的饮品、松软的餐点，保证其用餐后的舒适度；孕妇旅客一般比较反感油腻、口味重的餐食，乘务员应尽可能为其准备口味清淡的餐食；部分旅客因为健康或宗教信仰原因，对餐食有特别需求，如对于糖尿病患者来说，不能食用含糖或含糖量高的食物，因此在为糖尿病患者服务时，要主动征询旅客对餐食的意见，同时尽可能推荐低糖、低脂肪含量的食品。

综上所述，看似简单的餐饮服务却包含了乘务员专业知识和服务技能的综合应用。乘务员在餐饮服务过程中展现的综合能力的差异，给旅客带来的用餐享受也是截然不同的。

3.与旅客建立良好关系的契机

在世界各地，人们一般都会用精心烹饪的美食招待来访的客人，以表达对客人的热情欢迎，让其产生愉悦的心情，更好地尽到"地主之谊"。同样，航空公司为旅客用心准备餐饮，除了表达欢迎之意，营造"宾至如归"的客舱氛围，还能体现"以客为尊"的理念，使旅客获得心理上的满足，产生亲切感和愉悦感。

餐饮服务是整个客舱服务过程中最具特色的环节，乘务员在此过程中与旅客交流最多、最直接。乘务员应灵活利用这一契机，与旅客进行充分的沟通。特别对于两舱旅客，不仅要了解、满足旅客的餐饮需求，还要借此掌握旅客其他的服务喜好信息，为提供个性化服务提供支持；沟通有时在弥补服务缺陷或服务差错方面也能起到很大作用，如对于食物配备不能满足旅客需求时，通过语言沟通、解释说明，架起沟通的桥梁，取得旅客的谅解。

二、餐饮类别

为了提高旅客满意度，航空公司一般会根据所飞国家或城市的餐食口味、旅客性质等精心搭配机上餐食和饮料。

1.餐食的种类

（1）按餐食的类别分　一般可分为：正餐、早餐和点心。

正餐（DNR），包括午餐（LCH）和晚餐（SPR）；早餐（BRF），早上9：00前起飞的航班供应；点心（REF），非正餐时间段供应。

（2）按餐食供应的时间分　一般可分为：早餐、午餐和晚餐。

早餐，06：30～09：00；午餐，10：30～13：30；晚餐，16：30～19：30。

相关链接　机上餐食的卫生管理

（1）餐食装机后，乘务员应在航前做好餐食数量与质量的清点和检查，确认餐车或餐盒上的生产日期及离开冷库的时间标记。如果发现餐食过期或无时间标记，出现异味、变质、变色等，应及时与地面工作人员联系重新更换。

（2）用干冰冷藏的餐车在供餐之前不得随便开启，以保证冷藏效果。

（3）有冷藏设施的机型，餐食可在机上保存12个小时，但这期间温度不得超过10℃；对于没有冷藏设施的机型，机上餐食的保存时间不得超过4个小时；如遇航班延误超过上述时间限制，乘务员应及时报告机长，联系配餐公司重新更换。

（4）航班中乘务员如发现餐食出现异味、变质、变色等，不得提供给任何人食用，并及时上报机长。

（5）食品废弃物不得与机上其他食品接触，抵达机场后作为垃圾交由地面人员处理。非一次性的餐饮用具回收后应存放在餐车内，运回配餐公司处理。

2.饮料的分类

（1）按照饮用温度分类

① 冷饮　可乐、雪碧、果汁等。

② 热饮 绿茶、红茶、咖啡等。

（2）按照是否含有酒精分类

① 含酒精饮料 啤酒、葡萄酒等。

② 非酒精饮料（又称软饮料） 各类果汁。

 **相关链接**

机上常用酒、饮料名称

类别	英文名称	中文名称
酒精饮料	Brandy	白兰地
	Cognac	干邑白兰地
	Whisky	威士忌
	Scotch	苏格兰威士忌
	Gin	金酒（又名杜松子酒）
	Vodka	伏特加
	Champagne	香槟酒
	Sparkling Wine	含汽葡萄酒
	White Wine	白葡萄酒
	Red Wine	红葡萄酒
	Beer	啤酒
	Bailey's	百利甜酒
	Peppermint	薄荷甜酒
软饮料	Orange juice	橙汁
	Pineapple juice	菠萝汁
	Apple juice	苹果汁
	Tomato juice	番茄汁
	Coke	可口可乐
	Sprite	雪碧
	7UP	七喜
	Mineral water	矿泉水
	Ginger ale	干姜水
	Tonic water	汤力水
	Soda water	苏打水

三、两舱餐饮服务

两舱餐饮服务遵循西餐礼仪的相关要求，下面以国际远程航线头等舱正餐供餐程序为例。

1.餐前准备

充分、细致的餐前准备工作是做好餐饮服务工作的重要保障。

① 餐饮准备期间必须拉合厨房门帘，准备餐食、饮品时动作要轻，声音要低，避免打扰旅客。

拉合门帘的动作要领：细握门帘的上端，若有旅客注视，请与旅客微笑点头示意后再轻轻将帘子拉上。

② 乘务员在烘烤餐食和供餐前应洗净双手。

③ 检查用品、用具是否清洁无污渍。热食盘、咖啡杯、面包碟等放入烤箱或用热水预热。

④ 根据旅客需求和餐食种类，确认烘烤温度和时间。

种类	温度范围/摄氏度	烘烤时间/分钟
面包	150～175或中温	7～10
肉类	175～200或中温	15～20
海鲜类	175～200或中温	15～20
蔬菜类	150～175或中温	7～10
牛扒类	三成熟：150或中温	15
	五成熟：175或中温	20
	八成熟：200或中温	25
点心/早餐	150～200或中温	10～15

提示

以上烘烤温度、时间仅供参考，需视机型、烤制数量等情况而定；热食不能叠放烤制，烘烤前应检查包装锡纸，发现破损及时更换；蔬菜和肉类混合，以肉类烘烤时间为准，加热后及时打开锡纸盖避免蔬菜变黄；随时关注烤制时间，确保餐食的色泽和口感。

2.送毛巾

美观干净、温度适中的餐前毛巾服务，使旅客能做好用餐的准备。

3.订餐服务

航空公司会根据所飞区域和航线，提供不同的餐食、饮料品种，供两舱旅客选择。

① 提供餐谱、酒水单，并主动向旅客介绍餐食内容及饮料酒水等。

 动作要领

将餐谱置于左手小臂内侧（低于肘关节位）；打开餐谱相应页，递送给旅客（图3-32、图3-33）。

图3-32　提供餐谱（一）　　　　图3-33　提供餐谱（二）　　　　图3-34　提供餐谱（三）

②餐谱、酒水单发放后5～10分钟，乘务员进行订餐服务。订餐时，乘务员应主动征询旅客对饮料、酒类、餐食品种、主菜烤制的要求以及其具体用餐时间（图3-34）。

③根据旅客预订的主食，主动向其介绍相应酒的品种、产地、口味。

④准确记录旅客的选择要求。

相关链接　酒类与食物的搭配

酒搭配食物是一门学问，也是一门艺术。一般来说最粗浅的搭配法是："红酒配红肉、白酒配白肉"。如果更进一步，则食物与酒的搭配要讲求口味协调，也就是说味道重的食物要搭配味道浓郁厚重的酒，味道清淡的食物应搭配味道清新淡雅的酒。酒与食物的基本搭配如下。

（1）红葡萄酒　牛肉、羊肉、鸭肉、鹅肉、野味（肉色深）、味重的奶酪等。

（2）白葡萄酒　海鲜、蜗牛、鹅肝、鱼肉、鸡肉、猪肉、野味（肉色浅）、味淡的奶酪、沙拉、水果等。

（3）香槟　前菜、海鲜、家禽、甜点、水果等。

4.铺桌布

铺桌布是西餐服务程序中不可缺少的步骤，美观、干净、平整的桌布为旅客营造良好的用餐环境。

①将桌布悬挂于手臂（桌布数须多于实际需求数）。

②协助旅客打开小桌板。

③铺桌布时，动作熟练、优雅，亲切，礼貌地与旅客进行沟通。

 动作要领

将桌布悬挂于外侧手臂上，轻轻拉开桌布边缘，将桌布平铺在桌板上（图3-35、图3-36）。

图3-35　铺桌布（一）　　　　　　图3-36　铺桌布（二）

图3-37　餐前酒吧

图3-38　酒水、果仁和纸巾

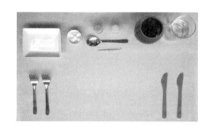

图3-39　餐具

图3-40　面包篮中面包摆放

5.摆放餐前酒吧（图3-37）

餐前酒（APERITIF）又称开胃酒，能够起到刺激胃口、增加食欲的效果。

① 摆放各类酒水、物品，要求"整齐、美观、安全"。摆放时，由低到高，可呈扇形、斜形，方便拿取。

② 酒类可提供：威士忌、白兰地、金酒、伏特加、红葡萄酒、白葡萄酒、薄荷酒、咖啡酒、香槟酒、啤酒等（其中白葡萄酒、香槟酒和啤酒需要冰镇）。

③ 饮料可包括：软饮料、配酒饮料、矿泉水等。

④ 物品包括：鲜花、饮料杯、葡萄酒杯、白兰地杯、果仁、餐巾纸、杯垫、配酒点缀物、搅拌棒、冰桶等。

6.送餐前酒水、果仁和纸巾（图3-38）

① 主动向旅客介绍各类酒水。

② 准备好旅客需要的酒水、餐巾纸、果仁等。

③ 饮料杯通常应置于旅客小桌板右侧。

7.摆放餐具（图3-39）

摆放刀、叉、勺、黄油碟、面包盘、盐、胡椒、牙签等，要求位置正确、动作轻柔。

8.送面包

① 所有面包须加热（手感微烫）。

② 在面包篮中摆放面包时，将蒜蓉面包与其他面包隔开，避免串味（图3-40）。

③ 面包篮送出时应低于旅客视线，便于旅客选择。

④ 主动介绍面包品种。

⑤ 根据旅客选择用面包夹夹取后放于面包碟上，夹时不宜用力过大，以防面包变形（图3-41、图3-42）。

⑥ 保持面包的温度和外形，在后续服务中主动询问旅客是否需要添加面包。

图3-41　面包的夹取

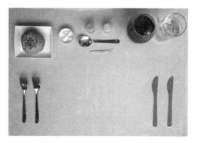

图3-42　面包置于碟中

面包介绍

中文名称	英文名称	中文名称	英文名称
三角面包	Croissant	黑面包	Rye Bread
棒状面包	Baguette	蒜蓉面包片	Garlic Slices
全麦面包	Whole Wheat	白芝麻面包	White Sesame Seed Rolls
硬面包	Hard Rolls		
软面包	Soft Rolls	法国面包	French Bread
小圆面包	Bun	葡萄面包	Raisin Bread

9.送汤（图3-43）

① 主动向旅客介绍汤的种类。

② 在旅客面前打开汤盖。

10.送冷盘（图3-44）

将冷盘中的主菜对着旅客。

图3-43　送汤

图3-44　送冷盘

11.送沙拉

① 将沙拉汁倒入专用容器内、附带汁勺，置于托盘上。

② 主动向旅客介绍沙拉汁的品名、味道及产地。

③ 将沙拉汁搅拌后均匀地浇在沙拉上提供给旅客。

沙拉汁介绍

名称	配料	颜色	形态	味道
千岛汁 Thousand Island dressing	美乃滋、番茄沙司、梅林辣酱油、柠檬汁、蛋碎、酸黄瓜碎、洋葱碎碎巴、糖	橘红色	半流体状	甜、酸
意大利汁 Italian dressing	美乃滋、橄榄油、白酒醋、动物性鲜奶油、法式芥末酱、蛋碎、柳橙、柠檬、果糖、盐、白胡椒粉	橘黄色	半流体状	酸、甜

名称	配料	颜色	形态	味道
法式酱汁 French dressing	牛高汤、沙拉油、红酒醋、法式芥末酱、洋葱碎、巴西里碎、香菜碎、糖、盐、黑胡椒粗粉、匈牙利红椒粉	青褐色	流体状	酸
麻酱汁 Sesame-soy sauce	芝麻酱、酱油、麻油、白糖、味精、醋	酱色	流体状	酸、甜

12. 配送主菜（图3-45）

① 主菜盘需要事先加热。

② 主菜搭配原则为由左至右、由浅入深。

③ 主菜盘边缘及配菜之间要留有空隙，要求摆放美观。

④ 送时将主菜对着旅客。

⑤ 提供旅客预选的酒类。

图3-45　配送主菜

13. 用折叠车配送水果、奶酪

① 提供时，车上层放置水果和奶酪；车下层放置瓷盘、刀叉。要求摆放美观、用具齐全。

② 主动向旅客介绍水果的种类，根据旅客需要使用三叉摆盘。提供时，同时送上刀叉。

③ 主动向旅客介绍奶酪的名称、产地、特征和味道。

相关链接　奶酪介绍

1. 常见的几种奶酪

（1）Camembert　产地法国，形状扁平圆形，外皮灰白色、里层柔韧呈黄色。有独特的味道，柔和适口。

（2）Blue cheese　产地法国，形状为三角形，呈青点儿斑纹状，与大理石模样相似，有强烈的刺鼻味道和咸味。

（3）Cheddar　产地英国，形状为长方形，有发酵孔，浅黄色，酸味，较硬。

（4）Edam　产地荷兰，形状扁平，外皮由红色蜡脂包裹，内部呈白色，味道温和有点咸，外皮不能食用。

（5）Emmenthal　产地瑞士，形状为长方形，富有弹性，味道柔和甘美，网状有无数的大孔。

（6）Danish blue　产地丹麦，有刺舌的味道，外部和内部有青绿色斑点。

（7）Garlic cheese　由锡纸包装，质地松软，含青绿色斑点，有蒜香味道。

2. 什么酒和水果与奶酪最相配

葡萄酒与乳酪，堪称是最能彼此激发出醉人美味的最佳搭档。搭配方式上可从滋味的浓淡相近上入手，比方说：Camembert可搭配浓郁的红酒；Blue cheese可配强劲浓厚的红酒或Muscat、Sauternes等甜白酒。此外，咸度高的奶酪与略酸的葡萄酒、脂肪含量多的奶酪与较干的葡萄酒，彼此具有中和作用，同样十分相配。

葡萄、苹果、梨等水果配较清淡的奶酪；杏仁、核桃等坚果则配较硬的奶酪。

④ 配送奶酪时，一种奶酪使用一把刀，以防串味。使用七寸盘，要求摆放标准、配制齐全（芹菜、红根条、干果、饼干）。

提示

1. 奶酪的切法

（1）圆形奶酪如Camembert 从奶酪中心向外切，以每块分为六份为宜。

（2）Edam切法 先去掉红外皮，首先沿斜角切，再垂直切以取得三角形，每块以宽1厘米、长6厘米为宜。

（3）Cheddar切法 沿对角切后再直身快切，每块以宽1厘米、长6厘米为宜。

2. 注意事项

切奶酪时，刀从上直切下去，不要左右摇晃，切好后从奶酪下方拉出刀，动作要干净利索。

⑤ 提供时，奶酪对着旅客，同时送上刀叉，并主动询问旅客是否需要红葡萄酒。

相关链接 葡萄酒服务

（1）示瓶 供酒前，根据旅客的选择，用桌布衬垫酒瓶，露出酒标，向旅客展示介绍酒的产地和年份（图3-46）。

（2）开瓶 不同的开瓶器有不同的使用方法，在旋转开瓶器时要注意的是使其底部与瓶口密合，并保持垂直的角度向下转，才不易使木塞断裂，打开后需擦拭瓶口（图3-47）。

（3）斟酒 手臂伸直，右手握住瓶身的正面（1/3处），在酒杯中倒入一口量的葡萄酒后立即将瓶口略抬起，顺时针旋转的同时擦拭瓶口，收回酒瓶至原位。得到旅客认可后，再添加至1/2左右。

图3-46 示瓶

图3-47 开瓶

14. 用折叠车配送甜品、热饮

① 车上层放置茶壶、咖啡壶、奶杯、糖缸、甜品及蛋糕铲；车下层放置加热的咖啡杯、杯托、瓷盘、叉、勺。要求摆放美观、物品齐全。

② 主动向旅客介绍甜品的种类，用蛋糕铲切送，动作干净、利落。使用七寸盘摆放，要求标准、美观。送出时，将蛋糕的切面面对旅客，同时提供叉。

③ 征询旅客对咖啡、茶等热饮的需求。送出时，将杯把平行置于旅客右手侧。

15. 送毛巾

确保毛巾的温度与湿度，并及时收回旅客用完的毛巾。

16. 回收餐具、餐布

① 观察、识别或询问旅客是否用餐完毕。

② 用餐完毕后，应及时收回所有餐具和服务用品。

③ 回收时应将餐具适当整理，摆放整齐，防止汤汁外溢。

17. 餐后酒车的摆放及提供

① 餐后酒包括薄荷酒、咖啡酒、白兰地、百利甜酒等。

② 摆放时要求："美观""安全""物品齐全"。

③ 将餐后酒、巧克力或甜品、用具及酒杯摆在车上同时提供。

④ 主动介绍各种餐后酒，根据旅客需要提供。

⑤ 及时收回旅客用完的餐具。

四、经济舱餐饮服务

1. 餐前准备

① 餐饮准备期间必须拉合厨房隔帘，做到"三轻"：说话轻、动作轻、脚步轻。

② 乘务员在烘烤餐食和供餐前应洗净双手。

③ 根据餐食种类确认烘烤时间和温度。

④ 冲泡热饮（图3-48）。

热饮主要有茶类和咖啡，在冲泡时应注意：避免在飞机爬升阶段准备热饮；冲泡热饮时，水位高度不得超过壶嘴，以防止颠簸时溢出，

水温控制在60～70摄氏度。

⑤ 餐车摆放　摆放时，要求"安全""整齐""美观""方便"。

a. 饮料车摆放时，饮料标签朝向旅客，便于旅客选择（图3-49）。

b. 热食摆放时，不要叠放过高（以3～4层为宜），避免滑落（图3-50）。

图3-48　冲泡热饮

2. 服务要点

提供服务时，一般遵循窗口座位优先、老弱妇孺优先的原则。

（1）推拉餐车（图3-51）

① 手指并拢，两手扶住餐车的两侧进行推拉。在拉餐车时还可运用拉住车扶手的方法进行操作。

② 掌握适当的速度，避免碰撞旅客、座椅或其他客舱设施。

③ 单人推车时，始终站在面对旅客一侧，同时确保另一侧车门锁闭。

图3-49　饮料车摆放

饮料车摆放
模型

热食摆放模型

图3-50　热食摆放　　　　　　　　图3-51　推拉餐车

提示

　　停车踩刹车，行车松刹车，严禁将餐车独自留在通道走廊。

（2）送饮料

①开启带汽类饮料时，可用毛巾捂住或放于餐车内打开，防止喷溅（图3-52）；开启果汁类饮料时，应先轻轻摇匀，幅度不可过大。

②为需要的旅客打开小桌板（图3-53）。

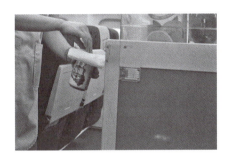

图3-52　开启带汽类饮料　　　　　　图3-53　打开小桌板

③倒冷饮料时，应先询问是否需要添加冰块（先放冰块，再倒饮料）（图3-54）。

④倒饮料时，应将饮料瓶或壶从餐车上取下，低于餐车位进行倾倒，壶嘴/瓶嘴对着过道，必要时可退后一步倒。倒热饮时，不可过急，以免将水花溅到旅客身上；倒冷饮时，杯口不可碰到瓶口，倒带汽饮料时杯子倾斜一定的角度（图3-55～图3-57）。

图3-54　倒冷饮料　　　　　　　　图3-55　倒饮料（一）

图3-56　倒饮料（二）

图3-57　倒饮料（三）

　提 示

一般纸杯为盛热饮之用，塑料杯为盛冷饮及酒类之用。

⑤ 倒饮料时，一般以水杯的七八成满为宜，轻度颠簸时则以杯子的五成为宜。为年幼旅客提供饮料时，冷饮以五成为宜，热饮先征求监护人的意见，并放于监护人处。

⑥ 送出时应握住水杯下1/3处，不应触碰到杯口，递送热饮时避免与旅客手对手交接。

✈ **动作要领**

拿水杯时手指并拢，小指可托于杯底，不可大把抓（图3-58）。

（3）送餐食

① 主动向旅客介绍餐食种类，供旅客选择。

② 发送餐盒时，将餐盒盖折叠整齐，送至旅客的小桌板上或递送于旅客手中（图3-59）。

③ 如配备热食，为确保服务安全，与旅客交接时必须加强语言提醒，不要将热食直接摆放在餐盒上送出，以免热食滑落。递送时可将热食放在托盘上，以免旅客烫手（图3-60、图3-61）。

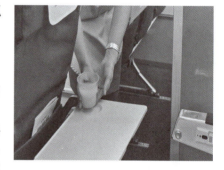
图3-58　规范操作

（4）回收餐具（图3-62）

① 视旅客用餐情况及时回收餐具。

② 回收餐具时，应先征询旅客意见，确认后方可收取。

图3-59　送餐盒

图3-60　送热食（一）

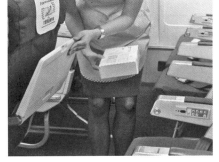

图3-61　送热食（二）	图3-62　回收餐具

③ 避免汤汁、饮料等洒落在旅客身上。

④ 收取完毕后，帮助旅客清理并收起小桌板。

3.服务与安全

2024年8月28日，民航局发布了《关于进一步加强和改进新时期客舱安全管理工作的意见》（民航发〔2024〕30号），其中针对"优化服务与安全平衡"的问题提出以下要求。

（1）明确服务与安全的关系　文件强调，要在保障安全的基础上制定符合实际情况的客舱服务标准，合理引导旅客预期，切实减轻客舱乘务员心理负担。

（2）合理设计服务程序　各运输航空公司应综合考虑规章规定和特定航线运行区域、飞行时间、飞行高度等因素，明确开始和完成客舱服务的时间节点，合理设计服务程序。

（3）调整服务时间　不再硬性要求飞机起飞后20分钟、降落前30分钟不提供服务，乘务员可根据公司规定、航前预测以及实际颠簸情况，调整客舱服务开始与结束的时间。

（4）减少对乘务员工作的干扰　重点关注乘务员客舱安全职责履行情况，不得开展客舱服务现场评审，减少对客舱乘务员的工作干扰。

（5）完善投诉处理机制　针对各类客舱服务投诉，公司应秉承实事求是、客观公正的态度，妥善甄别和处理，并以"谁主张、谁举证"为原则，完善被投诉人员申诉机制，降低无效或恶意投诉给机组成员正常履职带来的负面影响。

五、特殊餐服务

旅客如有饮食习惯或宗教信仰对餐食有特别需求，可向航空公司申请提供特殊餐食。

1.常见特殊餐介绍（表3-1）

表3-1　常见的特殊餐

代码	餐食种类	详情
AVML	亚洲素食	主要为以印度为中心的亚洲地区素食主义者提供的餐食。餐食不含肉类、鱼类、贝类、蛋类及乳制品，但多使用香辣辅料
ORVG	东方素食	以中式制备及烹饪的素食，不含肉、鱼、奶等动物或动物制品，或任何生长在地下的根茎类蔬菜
VGML	严格西素	为西方国家的素食主义者提供的餐食，西式烹饪不含各种肉类和乳制品
VLML	不严格西素	为西方国家的素食主义者提供的餐食，西式烹饪不含各种肉类，含乳制品

代码	餐食种类	详情
BBML	婴儿餐	适用于10个月以上的婴儿，提供一种小孩吃的去渣的肉食和蔬菜，一种小儿甜点和婴儿果汁等（图3-63）
CHML	儿童餐	多是一些儿童喜欢的食品，如鱼排、香肠、春卷、比萨等；开胃菜通常是鲜果、巧克力布丁、果料甜点等（图3-64）
HNML	印度餐	一种印度式菜肴，牛肉是绝对被禁止的，可含羊肉、家禽、其他肉类、鱼类及奶类制品。严格的印度教徒一般几乎是素食者
KSML	犹太餐	专门为犹太正信教徒准备的餐食，按照犹太教的规定，烹饪必须在祷告后完成，因此罐头食品成为主要餐食内容，除鸡肉和鱼肉外有时还有被称为"matzos"的面包。犹太教禁止食用猪肉和火腿。其他食品只有是在犹太教教士的监督下屠宰的才可接受
MOML	穆斯林餐	专门为不食用猪肉的伊斯兰教徒准备的餐食。严守教规的穆斯林希望肉食是依教规屠宰的，牛羊肉可接受，鱼是允许的。烹调过程中一般不使用酒精
DBML	糖尿病餐	包含脂肪含量较少的瘦肉、高纤维食品、新鲜的蔬菜水果、面包和谷物等，此种餐食对于是否需要依赖胰岛素的糖尿病患者都适用
BLML	溃疡餐	不含能引起肠胃不适的食物，此种餐食含极少的食用纤维及低脂肪
NLML	无乳糖餐	不包括任何乳类制品
LSML	低盐餐	适合高血压、心脏病和肾脏病患者的特殊餐食。餐食严格控制食品的钠含量，主要以生鲜蔬菜、饼干、面糊、低脂肪的瘦肉、低热量的黄油、高纤维低盐的面包、水果、沙拉等食物为主
FPML	鲜水果餐	只含新鲜水果，无添加糖分的加工水果或水果干

图3-63　婴儿餐

图3-64　儿童餐

2.特殊餐预订

旅客应在起飞前至少24小时向售票点或售票网站提出申请预订。

3.特殊餐供应

① 乘务员应起飞前清点验收特殊餐食的数量、种类，确认旅客座位，并与地面服务人员交接。

② 特殊餐应优先于正常餐提供。

③ 如遇旅客在机上临时提出特殊餐食需求，应利用机上现有资源为旅客配备一份合适的餐食，并提示旅客下次乘机时可提前预订特殊餐食。

④ 婴幼儿的用餐应根据其监护人的要求适时提供。

六、国内与国际航线的差异

国际航线与国内航线相比，由于市场竞争更加激烈、客源更加多元化与国际化、中远程航线飞行时间相对较长等因素存在，因此在餐饮服务方面，国际航线与国内航线存在一定的差异性。

国际航线与国内航线相比，有以下特点。

1.国际航线餐饮品种更多样化

为了满足国际航线来自不同国家、不同地区旅客的餐饮喜好，航空公司一般会针对不同的国际航线，提供更多样化的选择。例如，新加坡航空在印度航线上，提供过 Shahi Thali 这一印度独有的传统佳肴，它由多种著名的传统印度美食所组成，包括一道开胃菜、两种酸辣酱（印度调味品）以及四道小菜、印度烤饼（面包）等。在饮料方面，还配合餐食提供 Lassi（一种酸奶饮料）和玛夏拉红茶（Masala）。

2.国际航线餐饮服务流程更复杂

国际中远程航线飞行时间相对较长，一般又多是跨时区飞行，因此航空公司会相应增加供餐频次，涉及的餐食种类也较多。如同一航班上既提供正餐又提供早餐或点心餐，满足旅客在不同时段对餐饮的不同需求。因此，国际航线餐饮服务流程相对而言较为复杂。

3.国际航线餐饮服务对乘务员要求更高

因为在国际航线上，客源更国际化。首先，餐饮服务是需要乘务员不断与旅客进行沟通，才能真正了解旅客的喜好，并提供相应的个性化服务，因此对乘务员外语水平要求相对较高；其次，鸡尾酒文化源自西方，在西方也更普及、更受欢迎，一般在国际航线上酒类饮品会有所增加，乘务员就需要掌握更丰富的酒类知识，尤其是两舱乘务员；再次，乘务员要对各国风土人情有所了解，尊重不同国家或地区旅客的宗教信仰、饮食习惯等，例如在提供犹太餐时，餐食应在完好无损的盒中保存，整套提供给旅客，供其打开检查。打开后应由旅客本人将餐食交给乘务员加热，餐食由锡纸封严，加热后送给旅客时必须确保封严完好无损。

 小结

"健康、营养、绿色、环保"是未来餐饮的发展趋势。为了不断满足旅客对餐饮的需求，航空公司会不断创新餐饮产品、改进餐具品质、完善供餐流程、营造用餐环境，以此来提升机上的餐饮质量和服务水平，为旅客带来享受美食的体验。

? 思考题

1.简述两舱与经济舱餐饮服务的差异。

2.简述机上饮料的分类及常见饮料品种。

3.某航班提供正餐时，经济舱有米饭和面条两种选择。当其中一种热食品种已送完，在旅客没有选择的情况下，如何做好后续供餐工作？

第四节　机上娱乐服务

随着现代技术的飞速发展，旅客需求日趋多元化。在确保飞行安全的前提下，航空公司力图为旅客带来更加丰富多样的娱乐体验。特别在远程航线上，大多数旅客除了对餐饮品质的要求外，也非常关注长时间飞行中消遣娱乐的方式。机上娱乐服务的主要作用在于让旅途变得愉快、轻松，减少长途飞行的烦闷、疲劳。

机上娱乐服务主要包括电子娱乐服务和报纸杂志服务。

一、电子娱乐服务

经常搭乘飞机旅行的旅客早已熟悉机上娱乐系统（In-flight Entertainment，简称IFE），目前IFE已经从简单的屏幕式电影播放走入了互联网时代。以IFE为主的电子娱乐服务，其提供形式也日趋多样化，主要以提供视频和音频服务为主（图3-83）。

1.IFE的演变与发展

IFE的官方定义是指"航空旅行中，在机舱内为旅客提供任何可能的娱乐实现手段"。世界上第一次推行机上娱乐概念的是海空航空。1921年，它首次在飞机上为旅客播放了屏幕式电影 *Howdy Chicago*。1932年，环球航空第一次在机舱内放置电视机（In-flight television）。1936年，IFE开始逐渐系统化，跨大西洋远程航线的飞机上开始出现电影、钢琴、酒吧等设备。1985年，个人音响播放设备被首次引入机舱内。直至20世纪90年代，IFE系统逐渐成为飞机制造商设计时的重要参考指标，现代化的IFE几乎已经配备在了全球每一架宽体客机上。以旅客需求和科技发展为导向的机上娱乐系统正经历着前所未有的革新。

 相关链接　具有里程碑意义的事件

1.第一次开通宽带互联网

2003年1月16日，德国汉莎航空公司在一架从法兰克福至华盛顿的客机上开通了宽带互联网，成为世界上首家在飞机上为旅客提供上网服务的航空公司。

2.第一次开通移动电话

2008年3月21日，在阿联酋航空从迪拜飞往卡萨布兰卡的一架A340-300客机上，数百名旅客第一次体验到了在9000多米高空的机舱里，通过移动电话与地面进行语音通话的奇妙感觉。阿联酋航空也因此成为世界上首家开通机上移动电话使用功能的航空公司。

3.第一次提供iPad租赁

2011年11月18日，首屈一指的低票价航空公司——澳大利亚捷星航空，在飞机上开始提供iPad租赁服务，成为全球首家拥有iPad定制应用程序的航空公司。该项服务最初面向飞行时间长于2小时的航班，可以让旅客观看时下最新的电影、电视节目，欣赏来自好莱坞的最新音乐，体验最新一代的游戏，观看电子书和电子杂志等。

2.视频服务

视频服务是指乘务员通过机载影音设备为旅客播放电影、新闻、音乐、电视等节目

（图3-65），并提供订餐、免税品购买、各类资讯查询等服务。

图3-65　客舱视频

（1）基本作用

① 安全提示　通过视频系统播放乘机《安全须知》录像，向旅客做好起飞前的各项安全简介。

② 传递信息　旅客可以通过视频看到航行景观，及时了解外界情况。例如，飞经城市及主要地标、目前所处位置、飞行高度、飞行时间、目的地城市天气状况、机场航站楼信息等。同时，旅客还可以通过浏览航空公司页面，了解更多公司概况，并获取有价值的出行信息（如航班时刻、酒店预订、目的地旅行攻略等）。

③ 娱乐休闲　旅客可以通过视频，不仅在飞机上享受舒适的服务、购物的乐趣，实现餐点预选、乘务员呼叫、免税品销售等服务，而且旅客可自行选择IFE中存储的电视、电影、音乐、游戏等节目，甚至是互联网接入。

（2）服务要点

① 旅客登机前，乘务员应完成对机载影音设备的正常测试。如发现故障，及时报告客舱经理或乘务长。客舱经理或乘务长填写"客舱记录本"，并通知机务人员进行修复。

② 飞行中，如果机载影音设备出现故障，未能及时修复，应及时告知旅客，真诚地致歉，取得旅客的谅解。

③ 由指定的乘务员负责设备操作，并对播放情况进行有效监控。

④ 对儿童、老人、残疾等特殊旅客，提供指导并帮助他们正确操作、合理使用机上的相关电子娱乐设备。

3.音频服务

音频服务是指乘务员通过机载音频设备为旅客播放各类乐曲，使旅客通过欣赏音乐、放松心情。提供的音乐类型多样、风格各异，主要有流行音乐、古典音乐、乡村音乐、交响乐、摇滚乐、轻音乐等，以满足不同旅客的不同需求。

（1）基本作用

① 调节氛围　迎送旅客时，通过播放轻松、欢快的乐曲能调节沉闷、枯燥的气氛，同时表达全体机组人员对旅客的欢迎之情、答谢之意。

② 音乐欣赏　旅客可以根据个人喜好，选择喜欢的音乐类型。

图3-66　耳机的配备

（2）耳机配备　为了降低飞机发动机带来的噪声影响，减少对周围环境的干扰，航空公司为旅客提供耳机服务，以营造令人满意的视听氛围。随着科技的不断发展，飞机上配备的耳机在功能性、舒适性、耐用性等方面都有了较大进步，受到旅客的普遍欢迎（图3-66）。

① 发放形式　送至旅客手中或放于座椅前面的插袋内。

② 服务要点

a.航前确认耳机配备数量，并完成必要的质量验收。

b.发放时，主动询问旅客是否需要使用耳机，根据需要帮助旅客打开包装，并介绍使用方法（图3-67）。

图3-67　向旅客介绍耳机使用方法

c.落地前收回耳机或提示旅客将耳机妥善放置于座椅前口袋内，以免成为紧急撤离的障碍。

二、报纸、杂志服务

报纸、杂志服务是机上娱乐服务中不可或缺的部分，一直深受广大旅客尤其是老年旅客的欢迎。机上的报纸、杂志大多分为财经类、体育类、时尚娱乐类以及综合类，刊载有当今的热门话题、与生活息息相关的实用文章等。报纸、杂志能让旅客随时获取相关信息，满足不同旅客的需求，是旅客的旅途伙伴。

1.主要优势
① 可随时阅读，不受飞行时间段的限制。
② 可以互相传阅、反复使用。
③ 简便易使用。与电子类娱乐设施相比，报纸、杂志因其操作携带方便而受到欢迎。

2.发放形式
（1）报纸发放　送至旅客手中或在指定位置摆放于折叠小推车、书报架上等，供旅客自行选择（图3-68）。

为了方便旅客取阅，发放时应注意：
① 露出刊头；
② 合并同类；
③ 确保报纸的数量和品种（必须有外文报）。

（2）杂志发放　杂志送至旅客手中或放于座椅前口袋内、书报架上，供旅客取阅。

图3-68　报纸发放

 小结

当下，无论是大型的航空公司，还是中小型的航空公司，都在加紧步伐，加大资金投入，加强机上娱乐设施的建设，使机上娱乐服务标准提升到新的高度。只有不断提升每一个环节的服务水平、完善软硬件的服务功能，才能不断满足旅客的需求、积极适应市场竞争的需要。

❓ 思考题

1.简述机上娱乐服务的重要性，并举例说明。
2.简述电子娱乐服务的优势，并举例说明。
3.与电子娱乐服务相比，报纸、杂志服务的优势在哪里？

第四章　国际航班服务

一、知识目标

1.了解国际航班相关定义和内容。

2.了解海关、边防和检疫概念。

二、能力目标

1.掌握免税品服务要求，并能独立完成基本操作。

2.了解国际航班服务注意事项。

三、素质目标

1.帮助学生提高对海关、边防、卫生检疫重要性的认识，提高懂法守法的自觉行为。

2.帮助学生提高遵守他国和各民族风俗习惯重要性的认识，培养自觉维护国家形象的意识和行为。

第一节　国际航班的定义

国际航班与国内航班存在着航程时间长、机型大、遵守的法规多、乘务员技能要求高的差异特点。执行国际航班的乘务员要掌握国际航班的相关定义，了解海关、检疫和移民局的规定，了解民航相关组织，学习相关外交名词，体现中国乘务员的职业素养和职业技能。

一、国际航班相关内容

（1）国际航线　是指飞行路线起止点、经停点不在同一国家的航线。

（2）地区航线　目前我国的地区航线特指内地与中国香港特别行政区、中国澳门特别行政区和中国台湾地区之间飞行的航线。

（3）通关　是指进出境旅客向海关申报，海关依法查验行李物品并办理进出境物品征税或免税验放手续，或其他有关监管手续之总称。

（4）申报　是指进出境旅客为履行中华人民共和国海关相关法规规定的义务，对其携运进出境的行李物品实际情况依法向海关所作的书面申明。

（5）海关申报　指旅客、机组遵守出发地和目的地国家海关规定的自主申报。包含了姓名、出生日期和地点、国籍、航班号、居住国、永久地址、在逗留国家的住址、随行家属姓名及与本人关系、签证日期、签证地点，随身携带物品（如现金、支票、手表、摄影机、摄像机、黄金、珠宝、香烟、酒、古董等）。

（6）边防检查　指对出入国境人员的护照、证件、签证、出入境登记卡、出入境人员携带的行李物品和财物的检查。

（7）检疫　指对出入境人员依法实施如下主要卫生检疫内容：入境和出境的微生物、人体组织、生物制品、血液及其制品等特殊物品的携带人、托运人或者邮递人，必须向卫生检疫机关申报并接受卫生检疫，未经卫生检疫机关许可，不准入境、出境。海关凭卫生检疫机关签发的特殊物品审批单放行。

（8）出入境卡 出入境卡包含航班号、来自何处、全名、姓、出生日期和地点、性别、职业、国籍、所在国家的地址、家庭地址、护照号码、本人签名，有的还要填写邀请单位或个人的住址及电话号码。出入境卡填写姓名要用外文大写字母，无论前往哪个国家均可用英文填写（图4-1）。

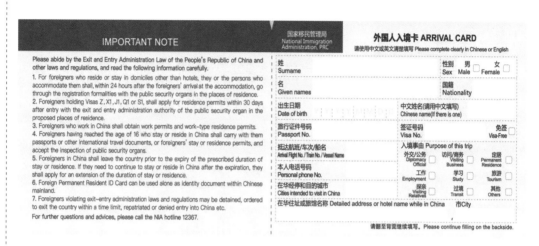

图4-1 中国出入境卡

二、国际航班相关法律、法规及相关条款

1.《中华人民共和国海关法》

第八十二条 违反本法及有关法律、行政法规，逃避海关监管，偷逃应纳税款、逃避国家有关进出境的禁止性或者限制性管理，有下列情形之一的，是走私行为：

（一）运输、携带、邮寄国家禁止或者限制进出境货物、物品或者依法应当缴纳税款的货物、物品进出境的；

（二）未经海关许可并且未缴纳应纳税款、交验有关许可证件，擅自将保税货物、特定减免税货物以及其他海关监管货物、物品、进境的境外运输工具，在境内销售的；

（三）有逃避海关监管，构成走私的其他行为的。

有前款所列行为之一，尚不构成犯罪的，由海关没收走私货物、物品及违法所得，可以并处罚款；专门或者多次用于掩护走私的货物、物品，专门或者多次用于走私的运输工具，予以没收，藏匿走私货物、物品的特制设备，责令拆毁或者没收。

有第一款所列行为之一，构成犯罪的，依法追究刑事责任。

2.《中华人民共和国出境入境边防检查条例》

第八条 出境、入境的人员有下列情形之一的，边防检查站有权阻止其出境、入境：

（一）未持出境、入境证件的；

（二）持有无效出境、入境证件的；

（三）持用他人出境、入境证件的；

（四）持用伪造或者涂改的出境、入境证件的；

（五）拒绝接受边防检查的；

（六）未在限定口岸通行的；

（七）国务院公安部门、国家安全部门通知不准出境、入境的；

（八）法律、行政法规规定不准出境、入境的。

出境、入境的人员有前款第（三）项、第（四）项或者中国公民有前款第（七）项、第（八）项所列情形之一的，边防检查站可以扣留或者收缴其出境、入境证件。

第十七条　交通运输工具的负责人或者有关交通运输部门，应当事先将出境、入境的船舶、航空器、火车离、抵口岸的时间、停留地点和载运人员、货物情况，向有关的边防检查站报告。

交通运输工具抵达口岸时，船长、机长或者其代理人必须向边防检查站申报员工和旅客的名单；列车长及其他交通运输工具的负责人必须申报员工和旅客的人数。

第三十七条　交通运输工具有下列情形之一的，对其负责人处以10000元以上30000元以下的罚款：

（一）离、抵口岸时，未经边防检查站同意，擅自出境、入境的；

（二）未按照规定向边防检查站申报员工、旅客和货物情况的，或者拒绝协助检查的；

（三）交通运输工具在入境后到入境检查前、出境检查后到出境前，未经边防检查站许可，上下人员、装卸物品的。

三、外交名词简介

1.大使

全称为"特命全权大使"，是最高的驻外使节，是以国家的名义派驻另一国的全权代表，可以随时请见驻在国的元首。

大使的主要职责是：促进两国关系的正常发展，研究驻在国的情况和内外政策，保护本国国家利益和自然人及法人的利益。

大使享有代表本国进行外事活动的权力，享有外交豁免权和外交优遇。同时也有尊重驻在国法律秩序、风俗和遵守不干涉该国内政原则的义务。

2.公使

全称为"特命全权公使"。是等级仅次于大使的外交代表，关于公使的特权、义务和基本职责参见大使条。

3.外交官

由政府授权与外国代表进行谈判或发生外交关系的人员，包括大使、公使、代办、参赞、秘书、随员以及海陆空军武官、商务代表等，外交官在驻在国享有某种特权和优遇。

4.外交邮袋

一国政府与该国驻外代表机构间往来的一切文件置于特制的口袋中，严密加封，外盖火漆或铅封印记，这种口袋称为外交邮袋。

5.外交信使

即外交递信员，是政府委派递交信件的人员。根据国际法和国际惯例，外交信使不可侵犯，不受拘留、逮捕、搜查和外交法律裁判，所携带外交邮袋不可侵犯，外国政府应给予外交信使以保护和帮助。

6.外交特权

是一国赋予驻在本国境内的外交官的特殊权利或优遇。包括人身和住所不可侵犯，刑事、民事和行政等不可裁判及特别豁免，此外还享有通信自由、使用外交信使、不纳税、不服兵役等优遇。除外交代表外，外交官家属也享有外交特权。

7.代办

是低于大使和公使级的外交代表，代办是由外交部长向驻在国外交部长派遣，当大使或公使有病或离任时，用使馆正式人员中等级最高者代理职务，代理者称临时代办。

8.武官

大使馆或公使馆的武官，是本国军事主管机关向驻在国军事主管派遣的代表。

武官的任务是实现两国主管机关之间的经常联系，武官同时又是外交代表在军事上的顾问，在军事性质的检阅、演习等典礼上，武官代表本国的军队和本国的军事主管机关，武官的外交等级在参赞之后。

9.特使

一个国家或国家元首派遣赴他国有特殊使命的短期的使节，这些使节通常是礼节性的，如参加加冕、大庆、元首丧葬、祝贺和通知非常重要的事件等。

10.领事

由一国政府派驻国外某一城市或地区的外交官员，任务是保护本国与他国侨民的权益和处理侨民事务。

 小结

乘务员在执行国际航班任务前，应认真学习和掌握国家海关规定、出入境边防检查规则和卫生检疫规定并严格执行相关要求，做到既懂法又守法。同时还要熟悉各类外交名词，在工作中做到有礼有节，从而维护国家形象。

？ 思考题

1.简述国际航班、地区航班的定义。

2.讨论遵守海关、边防和检疫法规的重要性。

3.简述外交名词的定义。

第二节　免税品服务

免税品服务是国际航班特有的空中服务项目，是旅客享受相关免税待遇的权利。乘务员要了解免税品服务的意义，做好免税品销售服务，让旅客满意，让公司获利。

一、免税品服务的意义

1.定义

免税品英文名为duty-free，由航空公司在国际航班上为旅客提供物超所值的免税品购物服务项目，所有商品都以低于市价的免税价格出售。

2.意义

（1）方便旅客，完善空中服务项目　很多航空公司都有自己的免税品销售服务，因为免税品服务能丰富旅客的旅途生活。由于销售的都是相同品牌的产品，因此更为便宜的机上免税品自然而然地得到了旅客的青睐。

登机后旅客可以阅读座椅口袋内的机上免税品购物指南，从容不迫地轻松购物，从中挑选心仪的商品。由于机上提供现金、刷卡消费等多种付款途径，所以免税品服务因其便捷快速而受到旅客的欢迎。

（2）创造效益，提高公司飞航收入　飞机上免税品销售服务的良好开展，不管从经济角度还是机上服务水平拓展的范围上，都是一项企业和旅客双赢业务；一方面空中乘务员通过销售免税品，加强了与旅客的交流，提高了空中服务水平；另一方面免税品销售可为航空公司创造良好的经济效益。

（3）打造品牌，提升旅客满意度　越来越多的航空公司清醒地意识到，免税品服务可以打造品牌，值得进一步大力拓展。例如新加坡航空公司的名酒销售、大韩航空的红参销售都已经成为服务品牌，免税品服务应该是国际航班上丰富旅客生活的最佳方式之一，将提升旅客对航空公司的服务满意度。

二、免税品服务的要求

1.航前准备

① 航前应由客舱经理或乘务长指定两名乘务员负责免税品销售。

② 乘务员要检查免税品车铅封是否完整无损，确认铅封号与核单表（机上免税品出售后填写的表格，用于海关核销进口免税品）一致后，方可打开免税品车。

③ 乘务员应与地面有关人员按核销单进行逐一清点，确认外包装完好、数量正确和当日货币牌价的汇率。

④ 乘务员应对备用金进行清点，做好销售辅助用品，如对POS机、打印纸、电池板、计算器、塑封袋、铅封、小折页等的清点。

⑤ 核对完毕，乘务员对免税品车进行上锁并铅封放置在规定位置。

2.机上免税品销售服务

① 免税品目录应事先插放在旅客座椅袋内，销售服务前应广播介绍免税品的种类及规定使用的货币。

② 乘务员在销售时，要提供免税品价格表，介绍免税品的品牌、产地等，供旅客选购时参考。

③ 乘务员免税品销售推车应由前向后移动，所有免税品必须商标朝旅客，摆放整齐。

④ 销售时，按当天汇率准确计算，收取免税品货款。乘务员应具备识别假币的能力。

3.销售完毕

① 负责销售乘务员要在落地前完成销售账目核算，将免税品车内物品的数量、种类、铅封号及存放位置记录交给客舱经理或乘务长。

② 客舱经理或乘务长在填好的《核销表》上签名，将乘务联留底备查，并妥善保管免税品车的钥匙。

③ 在境外过夜航班，应按照规定要求做好与下一机组的交接。如果没有航班衔接，应指定专人保管账目、现金，免税品车必须上锁和铅封。

4.收款方式

机上免税品收款方式有三种：现金、信用卡和旅行支票。

（1）现金收款　机上免税品销售接受人民币、美元、日元、韩元、欧元、港元，可为旅客填开收据。

（2）信用卡收款

① 机上一般收四种信用卡：AMERICAN EXPRESS-AE（美国运通卡）；JAPAN CRED-IT-JCB（日本JCB卡）；VISA CARD（维萨卡）；MASTER CARD-MASKA（万事达卡）。

② 乘务员要掌握POS机使用方法，事先录入航班号，熟悉各类免税品标号。

③ 在进行信用卡收款时，首先核对信用卡左下方的有效期，在近有效期15天内，不能使用。

④ 刷卡前，乘务员必须比对信用卡姓名与护照姓名、旅客签名是否一致，只限旅客使用本人卡，一个人只能刷一张卡。

（3）旅行支票

① 目前机上仅限于美元支票。

② 乘务员应确认上方是否有旅客签名，支票下方的签名处应是空白，否则该张支票不能使用。

③ 旅客签名后要核实两次签名的笔体是否一致，如字迹不清可核对护照上的签名。

④ 乘务员检查签名的同时，将旅客的护照号码和国籍、出生年月填写在支票后面。

三、免税品服务的注意事项

（1）广播通知　机上免税品销售服务前应广播通知旅客。

（2）两舱优先　两舱旅客可以优先购买，由乘务员向旅客进行介绍，免税品车不得进入两舱区域。

（3）环境控制　乘务员在进行免税品销售服务时应避免大声喧哗；夜间飞行时销售服务时间不宜过长，以免影响旅客休息。

（4）清账仔细　负责销售的两名乘务员要熟悉当日比价，必须共同结算，并保证货物、金额无误后签名，不收太脏、太破、字迹模糊的货币及残币。

（5）遵守规定　乘务员要掌握各国海关规定，在各国境内飞行期间、地面等待期间不得销售机上免税品。未经当地海关许可，不得打开免税车。

 小结

免税品服务既受到旅客的欢迎，又能为航空公司增加效益，是一项增值服务。乘务员要了解免税品的服务流程和要求，掌握POS机使用和现金识别技能，认真做好交接与清账工作，提高旅客满意度。

❓ 思考题

1. 免税品的定义？

2. 做好免税品服务的意义？

3. 免税品服务流程？

4. 免税品服务的注意事项？

第三节　国际航班注意事项

乘务员执行国际航班来往于各个国家之间，应严格遵守各国的CIQ（即海关、边防、检疫）规定，尊重他国的宗教信仰和风俗习惯，乘务员要始终牢记：个人的言行举止代表着国家形象和国民素养。

一、航班管理要求

1.做好文件交接

客舱经理或乘务长要认真与地面工作人员做好国际航班文件的交接工作。交接工作一般包括：总申报单（简称GD单）、旅客名单、卫生检疫放行单、舱单、货单和票证单据等，具有严肃性和法规性要求。一旦发生遗漏或者错误，可能会造成航班滞留等待，甚至旅客无法入境的后果。要确认文件数量和日期、航班号，避免发生遗漏和错收文件的情况。

2.加强证件管理

护照、通行证等证件是执行国际（地区）航线乘务员的身份证明，在每一次执行国际航班任务时都必须携带，在办理出入境相关手续过程中，乘务员应自觉出示证件并接受机场官员检查。乘务员在国外要认真保管各类证件、护照和通行证，航班任务结束后必须归还。

3.遵守规章制度

执行国际航班的乘务员要认真掌握各国CIQ规定，严格遵守各国法规、职业道德和外事纪律，不得接受境外色情刊物、书报等宣传品，不得围观反动团体的宣传活动，不得参加境外社团集会、赌博等活动；要友善礼貌，尊重当地的工作人员，始终维护国家形象，体现中华民族精神和乘务员良好的职业形象。

执行驻外航班的乘务员在驻外期间必须服从机长的领导，严禁单独外出，如需外出应得到机长同意，回到驻地后及时销假。

二、尊重各国文化习俗

中国有句俗话：入乡随俗。世界各国风俗习惯繁多，乘务员执行国际航班要事先了解所到达国家的政治、经济、文化及风俗习惯，要注意尊重各国的风俗习惯和宗教信仰。

 **相关链接** 部分国家风俗与禁忌

（1）中东信奉伊斯兰教的国家每年有斋月，斋月是按回历推算的。在斋月里日落之后、日出之前不能吃喝，所以来访、出访时都要尽量避开这个时期。虔诚的穆斯林每天都要面向圣城麦加方向祈祷5次。碰到这种情况应给予理解，不要新鲜好奇、看热闹或笑话人家，要注意避开他们朝拜的方向。进入清真寺前要脱鞋，在参观清真寺时一定要注意不要穿破损的袜子。

（2）穆斯林忌讳用左手给人传递物品，特别是食物。在穆斯林家里做客，主人有时用右手抓一些肉、米饭分给大家，这时不要拒绝，不能表现出为难、不愿意接受的样子。在穆斯林地区接受主人递茶的时候，要注意不要双手接，要用右手接。给穆斯林递东西时，千万注意不要用左手。另外女士不能与男士握手，如果说一时忘了把手伸出来了，那么就势把手变成致意的一种姿势。

（3）穆斯林禁食猪肉、狗肉、猫肉，一般也禁食鱼肉、马肉、驴肉。多数的阿拉伯人不喜欢吃海参、螃蟹等食物，也不食无鳞鱼。《古兰经》规定，穆斯林在正式场合严禁饮用含有酒精的一切饮料。

（4）有些信奉伊斯兰教国家，如伊朗、沙特阿拉伯，妇女外出时必须要穿一种能将头部及全身罩住的黑色长袍。对于外国妇女虽然不强制，但一定要戴头巾，这个头巾一般都为黑色、白色、咖啡色，把整个头发要包起来。如果穿连衣裙，必须要长袖的，不能穿紧身的、显露线条的，而且要穿素色的。穿裙子的话，要穿深色的长筒袜，如果是浅色的，不能是透明的。

（5）信仰印度教的国家（比如印度、尼泊尔等国）奉牛为神，牛在大街小巷上行走时，人与车辆一定要避让。在印度、尼泊尔很多人不吃牛肉，而且也忌讳用牛皮制成的皮鞋、皮带。在尼泊尔黄牛被视为国兽，颈后带驼峰的牛被视为神牛，受到尼泊尔人，特别是印度教徒的尊重。尼泊尔的法律规定，神牛和母黄牛受到法律保护，一律不得宰杀。

（6）在信奉佛教的国家（如缅甸、泰国等东南亚一带）人们非常敬重僧侣。僧侣乘车、坐船，人们都要起立、让位。家家户户都要奉斋，黎明时准备好饭菜，等待僧侣的光临。另外他们忌讳别人提着物品从头上掠过。长辈在座，晚辈不能高于他们的头部。小孩子头部也不能随便抚摸，有些中国人喜欢摸小孩的头部，这是犯忌讳的。他们认为除了佛、僧侣和父母能摸小孩的头，算是祝福，别人摸了就不吉利，会生病的。泰国人还比较忌讳跷二郎腿、把脚底冲着他人。

（7）各国对数字还有一些忌讳，比如日本人忌讳"4"，因为日文中"4"与"死"的读音相似，意味着倒霉和不幸。在日常生活中礼品不送4件、剧场中的座位不用4号。

（8）手势、动作表示不同的意义：比如拇指和食指合成一个圈，其余三个手指向上立起，在美国这表示OK，但在巴西，这是不文明的手势。在中国，我们表示赞赏时会跷起大拇指，但在伊朗，这个手势是对人的一种侮辱。在我国摇头一般表示不赞同，但在尼泊尔摇头却表示很高兴、很赞同。

小结

　　乘务员要严格执行国际航班的管理规定，严格遵守各国法规要求，尊重各国文化习俗和宗教礼仪；服从机长与乘务长的管理，展示良好的中国乘务员素养；要注意做好国际航班时差的调整和休息，以充沛的精力完成航班任务。

？ 思考题

　　1.简述国际航班的注意事项。

　　2.谈谈如何成为一名合格的国际航班乘务员？

第五章　特殊旅客服务

一、知识目标
1.了解特殊旅客的基本含义和对象。
2.了解特殊旅客服务的基本要点。
二、能力目标
1.掌握无成人陪伴儿童的运输条件和服务要点，并会进行基本处置。
2.掌握孕妇及残障旅客的运输条件和服务要点，并会进行基本处置。
3.了解老年旅客的运输条件和服务要点，并会进行相关处置。
三、素质目标
1.培养学生关心弱势群体的爱心和主动意识。
2.提高学生对特殊旅客服务重要性的认识和特殊旅客服务的能力。

第一节　需要专门照顾的特殊旅客

特殊旅客是指在接受旅客运输和旅客在运输过程中，承运人需给予特别礼遇或照顾、需特别关注或需符合承运人规定的运输条件方可承运的旅客。特殊旅客一般分为两大类别：需要专门照顾的旅客和需要特殊关注的旅客。

一、无成人陪伴儿童

1.无成人陪伴儿童

无成人陪伴儿童是指年龄满5周岁（含）但不满12周岁，无18周岁以上成人陪伴单独乘机的儿童旅客。

佩戴证件的
无陪儿童
模型

> **提示**
>
> 1.儿童旅客是指年龄在2周岁以上（含）但未满12周岁（含）的旅客。
> 2.未满18周岁的单独乘机也可申请无成人陪伴儿童服务项目。

2.运输条件

① 可以在不换飞机的前提下独自旅行。

② 可以在不备降或预计非天气原因改程或直飞目的地的航班上独自旅行。

③ 座位必须已经确认。

④ 必须有成人陪同，直到无成人陪伴儿童上机时为止；必须佩戴装有在到达站机场指定接儿童的成人姓名、地址的相关交接单据和有效证件的资料袋，且资料袋上必须有清晰的"UM"标志。

⑤ 无成人陪伴儿童不可安排在出口座位处。

⑥ 每个航班按机型限定可接收的无成人陪伴儿童人数（表5-1）。

表5-1　按机型限定的无成人陪伴儿童人数

机型	A777	A330	A320	B787	B737
人数/个	5	5	3	5	3

注：表中A代表空客，B代表波音。

3.无成人陪伴儿童的特点

① 活泼好动，凡事好奇。

② 判断能力差，做事不计后果。

③ 恐惧和害怕（高空环境）。

④ 孤独和寂寞（陌生环境）。

4.服务要点

① 无成人陪伴儿童可安排先于其他旅客登机。

② 客舱经理或乘务长必须查看无成人陪伴儿童的资料袋（乘机证件、机票、登机牌以及交接单上的细则），核对行李以及交运行李牌，与地面服务人员做好交接工作。

 相关链接

无成人陪伴儿童交接单
Unaccompanied Minor Application Forms

乘机人信息 Minor's information：

姓名 Name：年龄 Age：性别 Sex：

住址 Permanent address：电话号码：Telephone No.：

其他联系方式 Other contacts：

航班详细资料 Flight details information

日期 Date　　　　　　航班号 Flight No.

自 from　　　　　　　至 to

座位号 Seat No.　　　行李件数 Baggage

始发站旅客送机人员（旅客亲属）信息

Person（relatives of passengers）seeing off on departure

姓名 Name：　　电话号码 Telephone No.：

地址 Address：

经停/衔接站接送人员（旅客亲属）信息

Person（relatives of passengers）meeting and seeing off at stopover point

姓名 Name：电话号码 Telephone No.：

地址 Address：

到达站接机人员（旅客亲属）信息

Person（relatives of passengers）meeting on arrival

姓名 Name：电话号码 Telephone No.：

地址 Address：

机上安全和个人生活记录（In-flight safety & activities）

特殊情况（Special circumstance）

地服人员（Signature of ground staffs）_____

空中乘务员（In-flight service）_____

到达站人员签字（Signature of arrival）_____

注：《无成人陪伴儿童交接单》一共一式三联，第一联，始发站地服人员；第二联，空中乘务员；第三联，到达站地服人员转接机家属。

③ 无成人陪伴儿童乘坐的航班是在中途作短暂停留的经停航班，可不下飞机，并由当班指定的乘务员在飞机上照料无成人陪伴儿童。

④ 如果停留时间很长、航班延误或者取消等特殊情况时，客舱经理或乘务长应和地面服务人员联系，必要时将无成人陪伴儿童和相关资料移交给地面工作人员。

⑤ 飞行中应该指定一名乘务员负责照料无成人陪伴儿童，用小旅客能理解的语言介绍安全带、呼唤铃、阅读灯的使用方法以及最近洗手间的位置（但要防止触碰飞机上的应急设备以及会危害或者影响飞行安全的设备），详尽告诉小旅客远离厨房且勿在客舱内随意奔跑。

⑥ 服务时，可称呼小旅客的乳名，仔细观察他们的面部表情，给予亲切的问候；根据年龄和性格特点，提供机上玩具、儿童读物。

⑦ 及时了解无成人陪伴儿童的冷暖，并为其增减衣物；饮食上尽量根据交接单上填写的儿童生活习惯以满足小旅客的个性需求。用餐食时可帮助小旅客将食物分成小份，就餐时尽可能使用勺，不要使用刀叉等尖利餐具。提供饮料时以果汁等冷饮为主，如果需要提供热饮，建议不要太烫，冷热饮均以半杯为宜。

⑧ 飞机下降前，叫醒正在睡觉的小旅客并妥善照料，以免压耳。乘务员要根据当地的温度为无成人陪伴儿童穿好适时的衣服，并帮助整理行李，如是国际航班，还要帮助填写好入境单和海关申报单。

⑨ 随时掌握无成人陪伴儿童的空中生活情况，及时填写空中个人生活记录。如遇到小旅客身体不适，要给予母亲般的照顾，必要时可抱起孩子给他（她）一种温暖和关心，消除恐惧。

⑩ 下机时，客舱经理或乘务长应和地面人员做好资料交接，并如实反映无成人陪伴儿童的空中生活情况。

二、孕妇旅客

1.运输条件

① 怀孕不足32周的孕妇乘机，除医生诊断不适宜乘机者外，可按照一般旅客运输（此类旅客运输不受限制）。

② 怀孕32周（含）以上，36周（含）以下的健康孕妇，如有特殊情况需要乘机，乘机时必须持有效的医疗证明，且应在乘机前72小时内交验由市、县级或者相当于这一级（如国家二等甲级）以上医疗单位盖章和医生签字的"诊断证明书"。"诊断证明书"一式三份，且注明在××日前适宜乘机有效，内容包括旅客姓名、年龄、怀孕时期、预产期、航程和日期、适应于乘机以及在机上需要提供特殊照料的事项，经航空公司同意后方可购票乘机（此类旅客运输受限制）。

③ 怀孕36周以上的孕妇、预产期临近但无法确定准确日期，已知为多胎分娩或者预计有分娩并发症者和顺产后不足7天者，难产以及早产经医生诊断不宜乘机者，航空公司一般不予接受运输。

　　④ 孕妇的座位应安排在较宽敞和便于乘务员照顾的座位（例如靠近舱门的位置）上，但不得安排在飞机紧急出口座位。

　　⑤ 如遇空中分娩，应及时报告机长。客舱乘务员将孕妇安排在与客舱隔离的适当位置，并在旅客中寻找医务人员或有经验的女性旅客，请求其协助。

2.服务要点

　　① 客舱经理或乘务长和地面人员做好"特殊旅客交接单"的交接工作，确认孕妇身体状况，并指派一名乘务员帮助提拿孕妇的随身行李，引导入座并帮助安放行李。

相关链接

特殊旅客交接单

[轮椅旅客、听障/盲人旅客、老年旅客、孕妇（<32周）、携带婴儿旅客]

A	个人信息	姓名		性别		年龄	
		航班日期		航班号		电话	
		始发站		经停站		到达站	
		证件种类		证件号码			
		地址					
B	身体状况						
		如果您是盲人或听障旅客，是否携带导盲犬或助听犬？　否 □　是 □					
C	轮椅服务	（1）在机场是否需要轮椅服务？否 □　是 □	□ 能上下台阶，但进行长距离移动时需要轮椅帮助（WCHR） □ 不能上下台阶，但在客舱中能自己行动（WCHS）				
		（2）是否携带自有轮椅旅行？否 □　是 □	□手动轮椅 □机械轴环式（WCMP）	□ 在值机柜台进行托运； □ 希望使用自有轮椅到达登机门，在登机门办理托运； □ 飞机到达后，希望飞机舱门口提取托运轮椅； □ 飞机到达后，希望在托运行李提取处提取托运轮椅； * 目前客舱内无法放置旅客自有轮椅，敬请谅解。			
			□ 电动轮椅	□ 携带可溢出液体电池驱动轮椅（WCBW）； □ 携带密封式无溢出电池驱动轮椅（WCBD）； □ 飞机到达后，希望飞机舱门口提取托运轮椅； □ 飞机到达后，希望在行李转盘处提取托运轮椅； * 电动轮椅装入货舱所需时间较长，因此请您于航班起飞90分钟前到值机柜台进行轮椅托运。			
		（3）是否需要客舱轮椅服务？　　　否 □　　　是 □					

D	引导服务	（1）始发地是否需要引导到达登机口？　　否□　　是□
		（2）中转地是否需要引导到达中转航班登机区？　　否□　　是□ 如选择"是"，请告知中转航班号_____　　起飞时间
		（3）目的地是否需要引导至到达厅出口？　　否□　　是□
		（4）需要特殊座位？　　否□　　是□ 如果选"是"，请指明：靠近过道座位□，靠近窗口座位□，其他
		（5）是否需客舱婴儿摇篮？否□　　是□　　预留座位号：_____ （6）是否需客舱儿童座椅？否□　　是□　　预留座位号：_____
		（7）其他需求_____
E	随行	姓名：_____　　　　电话：_____
		旅客（监护人）签字：_____地面人员签字_____乘务员签字_____
		第一联为地面人员联　　第二联为旅客联　　第三联为乘务员联

② 起飞和下降前在孕妇小腹部垫上毛毯，将安全带系于大腿根部。

③ 经常了解孕妇的情况，随时给予照顾。

④ 主动询问是否需要毛毯。

⑤ 下机前帮助提拿随身物品送到机舱门口，客舱经理或乘务长需向到达站地面人员做好交接工作，完成交接手续。

⑥ 如遇孕妇空中分娩，应及时报告机长。客舱乘务员将孕妇安排在与客舱隔离的适当位置，并在旅客中寻找医务人员或有经验的女性旅客，请求其协助。

三、婴儿旅客

1.定义

指出生14天至2周岁以下的旅客，必须有成年旅客陪伴方可乘机，但出生不足14天的婴儿航空公司不予承运。

提示

由于新生儿的抵抗力差，呼吸功能不完善，咽鼓管又较短，鼻咽部常有黏液阻塞，飞机升降时气压变化大，对身体刺激大，新生儿又不会做吞咽动作，难以保持鼓膜内外压力平衡。因此，对婴儿乘坐飞机要有一定的限制条件。

2.运输条件

① 婴儿不单独占用座位。相连的同一排座位上都有旅客时，不得同时出现两个不占座的婴儿。其他特殊旅客不能与婴儿同一排座位。

② 婴儿应由年满十八周岁以上成人携带方可。每一成人只能携带一个按正常票价的10%购票的婴儿，超过数量的婴儿应按正常票价的50%购票，并单独占座位。

③ 带婴儿的旅客座位严禁安排在出口座位，尽量安排在过道、前舱座位，或者可以支撑婴儿摇篮（图5-1）的座位，还须满足关于婴儿座位安排的规定。

④ 为保证紧急情况下婴儿的用氧，婴儿必须被均匀分布在客舱中有备份氧气面罩的座位处。

3.服务要点

① 主动帮助带婴儿的旅客提拿随身携带物品并安放（事先提示旅客把婴儿要用的物品取出，放在便于拿取的位置），为婴儿提供枕头或毛毯垫在其头部。

② 向带婴儿的旅客介绍机上服务设备，特别是呼唤铃、洗手间的位置和为婴儿换尿布的设备（图5-2），主动帮助调整好通风孔，不要让通风孔直接对着婴儿及其陪同人。

图5-1　婴儿摇篮　　　　　　图5-2　服务设备

③ 主动询问是否需要婴儿安全带，并根据旅客意愿进行提供。对于不愿使用婴儿安全带的旅客或机上婴儿安全带备份不足时，客舱乘务员应指导其安全抱婴儿的姿势。座位上的安全带要系在带婴儿的旅客身上。

④ 用餐时，提醒旅客注意小桌板上的饮料（尤其是热饮），避免泼洒到婴儿身上，同时主动询问是否需要为婴儿准备食物。另外需不需要冲奶粉、需要什么时候冲，有无特殊要求等。

⑤ 带婴儿的旅客需要乘务员的时刻关注，但除非旅客请乘务员帮忙，否则乘务员不要主动去抱孩子。

⑥ 如果需要给婴儿换尿片，除了洗手间以外，还可以在旅客座椅上和乘务员座位上。如果需要在座椅上换尿片，需铺上毛毯，准备好清洁袋。在乘务员座椅上换尿片还要压住座椅，以免弹起夹伤婴儿。换完后请母亲洗手或用热毛巾擦手，用过的尿布放置在洗手间的废物箱内。

⑦ 下降安全检查时提示带婴儿的旅客将婴儿头部朝里，以免落地时因向前的冲力而碰伤。

⑧ 落地后，帮助带婴儿的旅客整理好随身携带物品并帮助提拿送下飞机。

 相关链接　　如何冲奶制品

（1）询问旅客所需要奶粉的量剂和加入水的量剂。

（2）先加温水（40～60摄氏度），后加奶粉，严格按操作进行（冲奶粉的水一定不要用开水，因为水温过高，会使奶粉中的乳清蛋白产生凝块，影响消化吸收。另外，某些对热不稳定的维生素将被破坏，特别是有的奶粉中添加的免疫活性物质会被全部破坏）。

四、残障旅客

1.定义

残障旅客是指在心理、生理、人体结构上、某种组织、功能丧失或者不正常、全部或者部分丧失以正常方式从事某种活动能力的人。主要包括：轮椅旅客、盲人旅客、听障旅客等（这些旅客在应急情况下无优先权）。残障旅客分级见表5-2所列。

表5-2　残障旅客分级

分类	描　述
BLND	盲人
DEAF	听障人士
MEDA	严重疾病患者
WCHR（R表示客机停机坪）	此类旅客可以上下客梯，也可以自己进出客舱座位；但远距离前往或离开飞机时，如穿越停机坪、站台或前往休息室，需要轮椅
WCHS（S表示客梯）	此类旅客可以自己进出客舱座位，但上下客梯时需借助外力或需要背扶，远距离前往/离开飞机或休息室时需要轮椅
WCHC（C表示客舱座位）	此类旅客尽管能在座位上就座，但完全不能动弹，并且前往/离开飞机或休息室时需要轮椅；在上下客梯和进出客舱座位时需要背扶
STCR	担架旅客

2009年4月30日，中国民用航空局运输司颁布了《残疾人航空运输办法（试行）》。该办法是我国残障人航空运输方面的第一个规范性文件，对保护残障人在航空运输过程中的合法权益具有重要意义，填补了法律上的空白。该办法于2015年进行了修订。

2.运输条件

① 残障旅客不能坐在出口座位，且在同一排座位上不能安排两名残障旅客。

② 残障旅客可决定其空中旅行是否需要乘务员特殊照顾，但如出现下列情况之一者，航空公司有权决定是否需要乘务员给予安全上的协助：由于精神不健全而不能理解或遵循安全指导；由于重病或残障而自身不能进行紧急撤离；由于听力或视力不健全而不能接受必要的指导；需要他人协助处理医疗事务，包括注射等。

③ 如抵达航班中有残障旅客需要地面人员接机时，客舱经理或乘务长应将信息报告机长，由飞行机组在落地前联系地面工作人员落实好接机工作。

④ 残障旅客运输规则

a.人数限制。根据中国民用航空局有关规章规定，对航班运输过程中没有陪伴人员，但需要他人协助的残障人数进行限制，航班座位数为51～100个时，不得超过2名（含2名）；航班座位数为101～200个时，不得超过4名（含4名）；航班座位数为201～400个时，不得超过6名（含6名）；航班座位数为400个以上时，不得超过8名（含8名）；载运残障人数超过上述规定时，应按1：1的比例增加陪伴人员，但残障人数最多不得超过上述规定的一倍；载运残障人团体时，在增加陪伴人员的前提下，承运人采取相应措施，可酌情增加残疾人乘机数量。

除本条规定外，承运人不得以航班上限限制残障人人数为由，拒绝运输具备乘机条件的残障人。航空公司一般每个航班对于WCHC轮椅旅客限制2名，对于WCHR轮椅旅客的人数不限。

b.如抵达航班中有WCHS或WCHC类轮椅旅客需要地面人员接机时，客舱经理或乘务长将信息报告机长，由飞行机组在落地前联系地面工作人员，落实好接机工作，还应要求地面尽量为旅客安排升降机或抬送旅客的人员。

⑤ 盲人旅客的运输规则

a.有人陪伴同行的盲人旅客，只限成年人旅客陪伴同行，并按一般普通旅客接受运输，且盲人旅客携带的导盲犬必须按照小动物运输规则办理托运。

b.一个航班一般只接收2名无人陪伴的盲人旅客，并允许导盲犬带入客舱。

⑥ 听障旅客的运输规则

a.不满16周岁的无成人陪伴听障旅客单独乘机，航空公司有权不予承运。

b.已满16周岁的无成人陪伴听障旅客应符合如下规定：必须事先在售票提出特殊旅客服务申请，经航空公司同意后方可运输；旅客应有自理能力。

c.应提前在乘机前告知可沟通的方式。

d.正常情况下，助听犬应作为小动物运输，特殊情况下经批准可带入客舱。

相关链接 客舱勤务动物运输规定

（1）导盲犬（助听犬）必须具有检疫证书、入境及过境国家所规定的其他证件等及残疾者的文字证明。

（2）导盲犬牵引绳索。飞行途中不得占用座位，或带入飞机前必须戴上口套，系好绳索，不得任意跑动，必须停留在主人脚边。

（3）飞行途中只能喂水。如长途飞行应在航班中途站停留时（经停时）在地面喂食。

（4）除了有检疫要求或者禁止入境的国家（地区）之外，导盲犬（助听犬）可以搭乘国内、国外航班。

（5）导盲犬（助听犬）的食物由旅客自行负责配备，也可事先提出支付费用由航空公司提供。

（6）携带导盲犬者不能坐在出口座位处。

⑦ 担架旅客运输限制

a.原则上担架旅客每一航班限制一名旅客。

b.必须有一名医生或护士陪同，如让其他人陪同必须经医生同意。

3.服务内容

① 地面工作人员应为残障旅客准备一份"特殊旅客服务单"，在服务单上应有特殊服务代码。地面工作人员应将服务单送交该航班客舱经理或乘务长，客舱经理或乘务长要做好交接工作。

② 客舱经理或乘务长在了解残障旅客信息、特殊需求和注意事项后指派一名乘务员专门负责照顾残障旅客。

③ 原则上残障旅客提前登机。在为残障旅客提供帮助之前，需征求旅客意见，得到旅客同意后方可给予帮助。同时，尽量征询其随同人员，用最适宜的方式协助该旅客。

④ 在登机时，指定的乘务员协助残障旅客就座，协助放置其随身物品，协助保存辅助器具（将特殊旅客的行李安排在他们可以看见或方便提取的位置。不得把残障旅客带进客舱内的必

需的辅助设备作为超大件行李限制）。

⑤ 乘务员为残障旅客做安全须知的介绍，对于有视频的情况，提醒旅客注意看视频安全须知（有字幕）。如没有视频的航班，提醒旅客看安全须知书面材料。乘务员应主动介绍将安全带、呼唤铃等设备使用方法以及机上无障碍洗手间位置。

相关链接 **个别简介**

在每次起飞前，乘务员应向坐在视线有限的座位上的旅客和在紧急情况下需由他人协助方能迅速移动到出口的旅客进行个别简介。个别简介应包括：

（1）告知该旅客及其随行人员（如有的话）在应急情况下，通往每一适当出口的通道以及开始撤往出口的最佳时间；

（2）征询该旅客及其随行人员（如有的话）关于帮助此人的最适宜方式，以免使其痛苦和进一步受伤。

如上述旅客已在同一飞机上于前面的航段中接受过个别简介介绍，并且乘务员已得知关于防止该人员痛苦和进一步受伤的最适宜方式，则在过站停留后再继续飞行时，无须再次提供个别简介。

⑥ 不强制残障旅客接受特殊服务。在照顾各类残障旅客时，随时观察旅客需求。可为残疾旅客提供毛毯，协助残疾旅客做进食准备，如打开包装、识别食品、介绍餐食位置等；不要触碰伤残患病部位，更不要伤害他的自尊心。如询问对方，可以询问："请问有什么需要帮忙"，而不要问"请问您有什么残疾"。

⑦ 飞机下降前，了解旅客到达站机场，及时提醒旅客是否已到目的地，并将目的地机场名称、到达时间、温度、机场名称等信息通过手势或写字的方法告诉旅客。

⑧ 残障旅客最后下机。下机时，乘务员可协助残障旅客从座位移开，协助放置和取回其随身物品、辅助器具，并与地面服务人员进行交接。

⑨ 经停时间较短的情况下，征询旅客意见，可不安排残障旅客下机。如残障旅客下机，乘务人员与地面人员进行交接，地面服务人员引导旅客下机，在候机区休息。

4.服务要点

（1）上肢伤残旅客的服务

① 上下飞机应主动帮助提拿、安放随身物品，协助脱、穿衣服。

② 入座后主动递送书报杂志。

③ 应主动送上枕头或毛毯，垫在受伤者的胳膊下，帮助系好安全带。

④ 供应餐饮时帮助放好小桌板，在征得同意后可帮助将肉类和水果切成小块，让旅客用叉子进食。

（2）手杖（拐杖）旅客的服务

① 允许放置手杖和拐杖的区域：

a.许可的储藏区域内；

b.沿机身舱壁放在非紧急出口的窗口座位下；

c.如手杖平放在地面，放在任何两个非出口窗口座位下面；

d.在相连的座位下面，以不伸至旅客通道为限。

② 在提供帮助之前，应先询问旅客是否需要提供特殊帮助。

（3）轮椅旅客的服务　一般来说，在照顾轮椅旅客的时候尽量做到以下几点。

① 和使用轮椅的旅客说话时，在旅客旁边坐下来或蹲下来，不应该俯视旅客说话，不要倚靠旅客的轮椅。

② 离开时，应获得旅客同意，并表明不能让旅客独处30分钟。根据《残疾人航空运输管理办法》中规定，不能让坐轮椅的旅客独处超过30分钟。

③ 对于WCHR及WCHS类型旅客或其他肢体残障旅客，乘务员主动搀扶协助其坐好。对于WCHC类型旅客，登机轮椅进入客舱旅客座位旁，乘务员打开过道座椅扶手，使用人工转运的方式帮助残障旅客就座。

④ 对于使用轮椅的旅客，征求旅客同意后再移动旅客，根据其需要服务。当旅客需要使用客舱轮椅（航空公司配备）时，操作要求如下。

a.不论旅客有无提前申请客舱轮椅服务，在飞行途中，如有旅客提出需要使用客舱轮椅，乘务人员应及时提供客舱轮椅服务。

b.乘务人员从规定的储藏位置取出轮椅，打开供旅客使用。在使用完毕后，乘务人员负责折叠后回归原位。

c.乘务员协助抬起座椅扶手，帮助旅客在座椅和轮椅间移动。

d.客舱轮椅固定要使用刹车装置，避免出现轮椅在无人照看的情况下在过道中移动。

⑤ 乘务员应保证轮椅旅客优先使用无障碍洗手间。

相关链接

《残疾人航空运输管理办法》第十九条、二十条规定：承运人、机场和机场地面服务代理人应当为具备乘机条件的残疾人免费提供登机、离机所需的移动辅助设备，包括但不限于航站楼内、登机口至远机位的无障碍电动车、摆渡车以及在机场及登机、离机时使用的轮椅、机上专用窄型轮椅。具备乘机条件的残疾人托运其轮椅的，可使用机场的轮椅。具备乘机条件的残疾人愿意在机场使用自己轮椅的，可使用其轮椅至客舱门。

（4）听障旅客的服务

① 带进客舱的辅助犬（助听犬），必须在登机前为其系上牵引绳索，并不得占用旅客座位和让其任意跑动；辅助犬必须伴随残障旅客，保证辅助犬在该残障旅客所坐的座位下并戴好口套，但不得阻碍和堵塞过道或其他出口区域。如在周边旅客同意的情况下，工作犬可不戴口套。

② 与语言障碍旅客沟通时，耐心听取意见、不要插话、澄清问题、表达简明、不要喊叫、保持耐心、保持冷静。如果遵照这些提示，但仍然无法从旅客身上获取所需信息或明白他说的话，可以告诉旅客不理解对方的话，提出只需回答"是"或"否"的问题。还可以与旅客的家人或朋友沟通或使用动作或使用字条与旅客沟通。

③ 语言残障旅客沟通可使用写字板、手语的方式与其交流。

④ 通过轻拍听力受损的旅客肘部和肩膀之间的部位引起对方的注意。还可采用面对对方说话方式。

a.与使用唇语的旅客沟通时可以遵照下列提示：发出指示时使用日常语言。表达确切、不要喊叫、使用正常声调、说话时使用正常语速、直视旅客、必要时重新措词。

b.称呼听力受损的旅客的姓名，让对方知道在和他们通话。

c.询问旅客"您明白我刚才说的话吗？"或让旅客尽量重复所说的话，以确认旅客是否理解此话意思。不要因为旅客缺少反应或行为异常而生气。

⑤ 对在厕所内滞留30分钟以上的旅客（可能晕厥），客舱乘务员应引起警觉：

a.客舱乘务员在门外询问旅客的情况；

b.客舱乘务员敲门判断旅客反应；

c.在询问和敲门都没有反应的情况下，客舱乘务员可由外开门检查。

（5）盲人旅客的服务

① 发出指示或说明时使用日常和确切的语言，而不是动作沟通、面部表情或其他非语言方式。

② 始终称呼旅客姓名，让对方知道乘务员在和他们说话。如果要离开，则预先通知旅客，不要不做任何表示就离开。

③ 如果盲人旅客需要引导，按以下办法操作建立联系。

告诉旅客你将为其领路。用肘部轻触旅客胳膊提示旅客抓住你的胳膊，旅客将手搭在你的肘部上侧，手指朝里，拇指朝外，让肘部保持适当角度。这种抓握姿势使得旅客在你身后保持半步距离，并能感觉到你身体动作的变化。要说明左右方向时应以旅客方向为准。如果盲人旅客提出握手，不要拒绝。

a.通过客舱过道　利用盲杖或让旅客握住乘务员的手臂慢慢行走（图5-3）。

b.转弯　告诉旅客需要转弯。面对对方，旅客用空着的一只手抓住你空闲的胳膊，放开你的另一只胳膊，然后改变方向继续行进。

c.入座　让旅客的双手抓住前排椅背，移动到自己座位。在入座前，应该先让旅客触摸座位的大小。靠背的高低，扶手的位置，使旅客有一个关于座椅尺寸、高度和方向的概念。乘务员还应主动告诉旅客其座位在整个客舱的位置，便于旅客定位。

图5-3　为盲人旅客做引导

④ 在为盲人旅客提供饮料时，应小心递送到盲人旅客手里。饮料不要倒得太满，但要随时补充。在提供餐食时可将餐盘比作时钟，把各种食物的位置告诉盲人旅客。在征询旅客意见后，除去食物的包装封盖，需要时将食物切成小块。

⑤ 不要抚摸、玩弄或喂食辅助动物（导盲犬）。不要询问或呼叫动物的名字。招呼动物前需征求主人允许。

（6）担架旅客的服务

① 客舱经理或乘务长从地面人员及陪护人员处了解该旅客特殊服务要求和注意事项。应根据相应的信息做好担架旅客的安全服务及应急处置预案，并指派专人在航班中负责担架旅客的相关事宜。

② 乘务员主动协助担架旅客的陪护人员将其安置稳妥，包括铺床；注意担架旅客头朝向与飞机前进方向一致。

③ 可根据旅客或陪护人员要求，将担架配备的隔帘拉上。

④ 为旅客和陪护人员简要介绍安全、服务、娱乐组件操作。

⑤ 起飞、下降、安全检查时，乘务员应检查担架的固定情况。

⑥ 在供应饮料和餐食前，征询旅客陪护人员餐饮的要求和禁忌。如有必要，在征得同意

后，打开餐食包装，主动帮助将肉食、水果等切成小块，以便让陪护人员为旅客进食。

⑦ 落地后，乘务员征求陪同旅客同意后为其提拿行李，并引导下机；客舱经理或乘务长与地面人员做好交接工作。

⑧ 紧急撤离时，负责担架旅客的客舱乘务员应与援助者一起协助担架旅客进行撤离，但担架旅客必须最后撤离。

> **提示**
> 乘务员不得主动碰触担架旅客身体及伤处；为旅客服务前都需征求旅客或陪护人员的意见。

五、重要旅客

1. 重要旅客（VIP——Very Important Passenger）的范围

① 省、部级（含副职）以上的领导人。

② 军队在职正军职（含少将）以上的领导人。

③ 公使、大使级外交使节等，外国政府部长、副部长率领的专业性代表团及相应级别领导人。由各部、委以上单位或我驻外使、领馆提出要求按上述旅客服务标准接待保障的重要旅客。

④ 其他符合民航主管部门规定身份要求的重点旅客。

2. 服务要点

① 原则上重要旅客可最后登机、最先下机。

② 乘务组要查询重要旅客名单，了解重要旅客的身份、级别、地位、姓名、生活习惯、饮食特点、特殊爱好，并根据掌握的情况研究具体服务方案。准备好飞行航线的资料，包括地域、国家、地理概况、气象特点、风土人情、风俗习惯、名胜古迹和时事政治。

③ 获得重要旅客座位分布图后，做好客舱的清洁准备工作。

④ 对重要旅客必须准确提供尊称和姓氏服务，但应尊重重要旅客本人隐蔽之意愿，不宜在其他旅客面前暴露其身份。

⑤ 在登机时，乘务员应主动将其引导至座位，帮助安排行李，快速接过其手中的行李物品安放稳妥。如果重要旅客附近尚有空位，且提出需安排随行人员，可满足其要求。

⑥ 乘务员要加强客舱巡视，及时告知重要旅客有关信息，如预计到达时间、目的地机场天气等，满足重要旅客的服务要求。

⑦ 优先为重要旅客提供餐饮和免税品（国际航线）服务。

⑧ 乘务员应安排重要旅客及随行人员优先下机，并与地面服务人员做好交接工作。

小结

航班中需要特别照顾的旅客一般来说数量不多，所以更加需要乘务员热情、主动和周到地为他们进行服务。在服务过程中，需的是细致的观察、及时的询问、正确的把握，永远想得比旅客多一些，这样才能扮演好角色。例如，乘务员要成为乘机小旅客的好阿姨（叔叔）、残障旅客的好帮手等，才能做好细致入微的服务。

？ 思考题

1. 航班中，遇有无成人陪伴小旅客哭闹该如何处置？

2. 简述承运孕妇的运输条件和服务要点。

3. 飞机上遇有婴儿不停啼哭并且干扰到其他休息的旅客时，乘务员该如何处置？

4. 分别写出 BLND、DEAF、MEDA、WCHR、WCHS、WCHC 的旅客种类。

5. 航班中有听障旅客时，有哪些服务要点？

6. VIP 指的是哪些旅客？对于有这些旅客乘机有哪些服务要点？

第二节　需要特别关注的旅客

航班中除了有一些需要特殊照顾的旅客外，还有一部分需要乘务员在工作中特别留意的。有的是出于运行安全的角度，有的是出于工作的要求，还有的出于旅客自身特点，所以在为这些旅客服务时我们要掌握"四多"原则，即多看一看、多听一听、多想一想、多动一动。这些旅客称为特别关注的旅客。

一、老年旅客

1. 定义

① 老年旅客是指年龄在七十岁以上（含七十岁）年老体弱，虽然身体并未患病，但在航空旅客中显然需要他人帮助的旅客。

② 年龄超过七十岁，身体虚弱，需要轮椅代步的老年旅客，应视同残疾旅客给予适当的照料。

2. 特点

① 行动迟缓　大部分老年旅客由于肌体各方面的退化，行动缓慢，有的需要靠拐杖甚至于轮椅才能出行。

② 身体虚弱　老年旅客常常会出现肢体畏寒、脾胃虚弱、视听功能减弱，有的还患有各种疾病。特别是处于陌生环境时，更会加剧内心的忧虑，出现头晕、心慌、无力等症状。

③ 害怕寂寞　有的老年旅客总有一种自卑感，怕成为别人的包袱，心里怕寂寞，希望有人多陪伴，嘴上却又不好意思说。

3. 服务要点

① 主动、热情搀扶老年旅客上飞机，但不要强求去搀扶那些不服老或不愿让人搀扶的老年旅客。迎客时，可以和老年旅客寒暄一下，如询问老人今年高寿，赞美老人精神好、气色好等，自然而然地建立一种信任感和熟悉感。

② 主动帮助提拿随身物品，安排座位。对于行李的安放，可以事先征询老年旅客的意见。贵重的、随时需要拿取的物品可放在老年旅客脚下，其他行李帮助放在行李架内。老年人因为记忆衰退，怕丢东西，一般不愿意把行李放置在离自己较远的地方，偏向于自己能看得到的地方。如有手杖（拐杖），参照"手杖（拐杖）旅客的服务"。

③ 主动介绍客舱服务设备，特别是安全带、呼唤铃、阅读灯、座椅、耳机、（多扶手的）盥洗室的位置和使用方法。主动了解老年旅客的健康状况，如携带急救药则需要知道存放的位置。

④ 和老年旅客交谈时，由于他们的视听功能退化，所以谈话时要凑近老年旅客的耳朵，声音适当提高、语速要缓慢、语言要简练柔和。给老年旅客介绍物品和设备的名称时，可以距离近些，必要时让老年旅客操作一遍。

⑤ 由于老年旅客消化功能减弱且较为敏感，咀嚼能力也因为牙齿松动和脱落而受到一定的影响，乘务员应主动介绍餐食品种，尽量提供细、软、松的饮食且饮食宜偏热。

⑥ 经常观察老年旅客对温度的反应，主动询问。如果老年旅客体感偏冷，及时给予毛毯。对于始发站和到达站温差较大的航线飞行中，乘务员应主动提醒老年旅客对于衣物的增减，降

低感冒和身体不适的概率。

⑦ 在飞行闲暇时段内，可以和老年旅客聊天、拉家常，以减少老人寂寞、精神的紧张情绪，但不要主动询问老人的家事。乘务员还可以热情介绍本次航班机型的名称、座位数、飞行时间、距离以及沿途的风景名胜等。

⑧ 下降前，告知老年旅客到达的时间，以便留有充裕的时间给老年旅客使用盥洗室。根据到达站的温度，为老年旅客增减衣服，并帮助整理好行李。

⑨ 下机时，主动帮助老年旅客提拿行李，并确认行李的数量，搀扶老年旅客下机。遇有台阶应事先告知老年旅客注意。送别时，应该给予祝福（身体健康、晚年幸福等）。

相关链接　老年旅客乘机事宜

（1）70岁以上老人独自乘机，且身体状况不佳或生病时，可提前去医院做个检查，并向医生询问是否可以乘机，同时让医生出具证明。订票时向航空公司详细问清楚相应的程序与规定，以方便乘机。如需要轮椅，对餐饮等有特殊要求，可在购票时提前声明，并办理相应的特殊旅客乘机手续，以便航空公司提前做好准备。

（2）第一次乘机老人，对乘机程序、环境不了解的老人，或者行动不便又无亲人陪伴的老人独自乘机，建议办理"无人陪伴"服务，会有专门的服务人员陪护、引导、帮助。登机时，由服务人员优先送上飞机，与乘务员办好交接手续，乘务员会给予精心照顾。飞机到达目的地后，乘务员会扶送老人下飞机，与地面服务员交接，并由地面服务员护送出机场或转机。一般机场和航空公司都有这项免费服务。

（3）航空医学专家建议如果老人长时间乘飞机的话，可在登机前服用1片25毫克的阿司匹林，以防血液黏稠。同时在飞机上要多喝水，以稀释血液，但不要喝酒精类饮料，以免脱水。在飞行途中，应至少每小时离开座位一次，在机舱过道内适当走动，或者在座位上伸展手臂、活动腿脚，也可不时地站立片刻，以便于血液流通。

二、晕机旅客

晕机和晕车、晕船等一样，医学上统称为运动病。造成晕机病的因素很多，飞机颠簸、起飞、爬高、下降、着陆、转弯、心情紧张、身体不适、过度疲劳等。

1.症状（因人而异，有轻重之分）
① 轻者表现为头痛，全身稍有不适、胸闷、脸色绯红。
② 重者表现为脸色苍白发青、头痛心慌、表情淡漠、微汗。
③ 更严重表现为浑身盗汗、眩晕恶心、呕吐不止等难以忍受的痛苦。

2.服务要点
① 旅客登机时告知有晕机的情况，乘务员应尽量帮助调整座位。可以选择距离发动机较远又靠近窗的座位，能减少噪声和扩大视野。
② 当需要服用乘晕宁（茶苯海明片）时，乘务员应该主动给旅客阅读使用说明，确认可以服用前，填写航空公司免责声明单，然后再提供药品。

相关链接　如何正确服用乘晕宁

在出发前半小时到1小时空腹服药，以缩短药物在胃内的排空时间，使药物尽快让肠道吸收，以便在乘车、乘船、乘机时，药物达到有效浓度，获得满意效果。如需长时间旅行，可因人而异，每隔4～6小时重复服用，以保持机体内持续的有效药物浓度，有效防止晕动症的发生。

③ 航班中可以通过观察和聊天的方式查看旅客情况，指导旅客视线尽量放远，看看沿途的风景（远处的云和山脉），分散注意力，放松心情。在和旅客聊天时，不要谈及和晕机有关的内容。

④ 发生晕机时，可以用以下方法减轻症状。

a.静卧休息或闭目养神。

b.不可进食饮水。

c.有恶心、呕吐等征兆时，可做深呼吸。

d.有条件的，用热毛巾擦脸；或在额头放置凉的湿毛巾。

e.当发生晕机时，可用大拇指掐在内关穴（内关穴在腕关节掌侧，腕横纹上约二横指，二筋之间）。

⑤ 如果发生呕吐，应该及时准备好清洁袋，可以轻拍旅客的背部，并及时用温开水给患者漱口。必要时，及时更换清洁袋。

⑥ 对于晕机严重的旅客，可提供氧气。

三、醉酒旅客

1.定义

指酒精、麻醉品或者毒品中毒，失去自控能力，在航空旅行中明显会给其他旅客带来不愉快或者可能造成不良影响的旅客。

2.处置

① 航空公司有权根据旅客的外形、言谈、举止，对旅客是否属于酒醉状态做出判断，航空公司有权拒绝酒醉旅客登机。酒醉旅客被拒绝乘机后，已购客票按自愿退票的规定处理。

② 在飞行中发现旅客酗酒、不听劝阻或者寻衅滋事，机长、航空安全员、其他机组成员以及经机长授权的旅客可以使用械具和其他方式，制止其行为或者对行为人实施管束。机组应提供有关证据并立即将被管束人移交所降落的民航公安机关查处。

相关链接

按照有关规定，醉酒旅客不得乘坐民航客机主要是为旅客自身的安全考虑。首先，酒后乘机对乘机者健康不利，酒后高空飞行易突发心脑血管疾病；其次，醉酒旅客行为失常，不易控制自己的行为，对客舱其他旅客的安全构成隐患。所以，旅客如果准备坐飞机出行，应慎饮酒。如果旅客已经喝了很多酒，请联系机场医务处，医生将检查该旅客是否适合登机，或者采取解酒措施。

四、押解犯罪嫌疑人

1.运输条件

① 运输犯罪嫌疑人只限在运输始发地申请办理订座购票手续。

② 各地公安机关在执行押解犯罪嫌疑人任务过程中，应遵守中国民航关于押解犯罪嫌疑人乘坐民航班机程序规定执行。

③ 在执行押解犯罪嫌疑人任务前，须向当地民航公安机关通报案犯的情况和准备采取的安全措施，经航空公司同意后持地、市以上公安机关购票证明、押解人员身份证和工作证办理手续。对于在机场临时提出运输犯罪嫌疑人的情况，机场服务人员应及时上报，经航空公司同意后方可运输，并告知旅客在机场公安办好相关手续。

④ 押解犯罪嫌疑人运输过程应注意保密，不得随意向无关人员透露。

2.服务要点

① 航班离站前，地面服务部门和客舱经理或乘务长办理交接，通知客舱经理或乘务长犯罪嫌疑人和押解人员的人数和座位号。客舱经理或乘务长必须核对犯罪嫌疑人和押送人员的人数，确认犯罪嫌疑人已安排在规定的座位，并报告机长。

② 犯罪嫌疑人应安排在经济舱后面或者最后一排的中间座位，押解人员安排在其左右。

③ 犯罪嫌疑人及其押解人员应优先于一般旅客登机，有重要旅客的航班不承运犯罪嫌疑人。

④ 不得为押解人员和嫌犯提供刀、叉等用具和含酒精的饮料，提供给嫌犯的食物或其他饮料应由押解人员决定。

⑤ 当航班到达目的地，应安排犯罪嫌疑人及其押解人员最后下机。

⑥ 押解人员如需携带武器，由机场公安部门和机场安检部门处理。

⑦ 航班过站一般不安排犯罪嫌疑人及其押解人员下机。

 小结

乘务员要掌握特别需要关注的旅客群体的特点，把握好服务管理与客舱安全运行的要求，提供适时的、必要的服务。

? 思考题

1.老年旅客有哪些特点？需要掌握哪些服务要点？

2.登机时，发现一名旅客脸通红，浑身酒气，说话也含糊不清。如果你是乘务员会如何处置？

3.犯罪嫌疑人和押送人员上下飞机和座位安排有什么要求？

第六章　不正常航班服务

一、知识目标
1.了解不正常航班定义和类别。
2.了解不正常航班对旅客的影响。
二、能力目标
1.掌握不正常航班的处置原则，并能正确进行实地操作。
2.了解不正常航班的服务要求。
三、素质目标
1.培养学生换位思考、建立同理心的意识。
2.培养学生在特殊情况下的处置能力。

第一节　不正常航班的定义和影响

　　航空运输是一个十分复杂的系统，导致航班运行出现不正常的原因很多。乘务员要掌握不正常航班的定义和类别，了解不正常航班的原因，掌握不正常航班对旅客的影响，有助于提高乘务员对不正常航班的处置。

一、不正常航班的相关定义

1.不正常航班定义

　　不正常航班是指未按照民航管理局批准的民航运输飞行班期时刻表、使用指定的航空器、沿规定的航线在指定的起讫经停点停靠的客货邮运输飞行服务，未在班期时刻上公布的离站时间前关好舱门，未在公布的离站时间后15分钟内起飞并未在公布的到达站着陆的航班。简单概括为：未按照航班计划执行的航班，包括航班延误、备降、取消等现象。

2.空中管制

　　空中管制又称为空中交通管制，指为防止航空器间相撞，防止航空器与地面障碍物相撞，维持空中的交通秩序，是为保证有一个快速高效的空中交通流量而对航空器的空中活动进行管理和控制的业务。空中管制包括空中交通管制业务、飞行情报和告警业务。执行这项任务的工作人员就是空中交通管制员（ATC，Air Traffic Controller），称为"空中交通警察"。

3.机场流量控制

　　机场流量控制简称流控，指为保证最有效地使用空域，对进入给定的空域，沿给定的航路或飞向一个机场的交通流量进行调整的方法。

4.航班取消

　　先前计划执行飞行任务的航班停止飞行，并且该航班至少有一个座位被预订。

5.航班备降

　　飞机在执行航班任务时，由于天气、航路、机械故障等原因不能降落在指定机场而改降至备降机场。

6.航班返航

飞机从始发地机场飞往目的地机场的途中返回始发地机场。

7.大面积航班延误

由于系统性天气、机场设备、机械故障等原因造成一定数量的航班，预计超过4小时的延误趋势。

8.罢乘

在不正常航班开始登机时，旅客不肯登机。

9.占机

在不正常航班到达目的地后，旅客不肯下机。

图6-1　天气标识

二、不正常航班的类别

中国民用航空局发布的《民航航班正常统计办法》中航班延误原因有以下几类。

1.天气原因

天气原因是造成航班延误的主要原因，如大雾、雷雨、风暴、跑道积雪、结冰、低云、低能见度等危及飞行安全的恶劣天气使机场所在地区的天气达不到降落标准，航行途中绕过恶劣气象区域等都会造成航班延误。由于天气变化，不够飞行标准，不能按时起飞。实际包含了多种情况（图6-1、图6-2）。

图6-2　雷电

① 出发地机场天气状况（能见度、低空云、雷雨区、强侧风）。

② 目的地机场天气状况（能见度、低空云、雷雨区、强侧风）。

③ 飞行航路上的气象情况（高空雷雨区）。

④ 因恶劣天气导致的后续状况（多指机场导航设施受损、跑道不够标准如结冰、严重积水等）。

2.空中管制原因

民航飞机在空中飞行并不是人们想象中的"天空任鸟飞"，而是在有限的空间、有限的时间和有限的条件下起飞、降落和飞行的。在实际飞行过程中要按照既定的航路、标准的高度和规定的速度飞行，正如汽车在地面行走要遵守地面交通规则一样。

空中管制主要原因：空中流量控制、空军活动、重要飞行、科学实验、上级发出的禁航令和为特殊航班让道等。其中空中流量控制的比重最大。而乘坐航班的普通旅客是不了解这些具体情况的，当他们看到停机坪上飞机并不拥挤、天气晴朗，就认为一切情况正常，而在部分繁忙机场，如北京、上海、广州等机场，空中交通处于超负荷运转，飞机离港往往在地面滑行甚至等待较长时间，这也是普遍现象。

3.机场保障原因

民航飞机的起飞和降落都需要机场给予安全的支持与服务的保障，机场保障工作是保证民航飞机航班正常的重要因素。这个环节出现疏漏或者保障不及时，极有可能造成航班延误。例如，自2001年美国发生"9·11"恐怖事件以来，各国民航都加强了机场的安检要求，我国民航局还下发了《关于对旅客随身携带液态物品乘坐民航飞机加强管理的公告》，各地机场安检部门在认真执行检查的同时，也不可避免地造成安检速度放缓，出现影响航班正常的问题。

机场保障原因主要包括：机场安检、联检原因、机场关闭、机场机务保障、地面通信导航、跑道被占用、清除冰雪、加油、飞机清污水保障、配餐食品保障和意外安全事故等。

4.旅客自身原因

旅客的人为因素已成为航班延误的"新的增长点"，旅客的原因已经越来越值得各航空公司重视。据统计，因旅客自身原因导致的航班延误占不正常航班的3%左右。旅客自身原因主要包括以下几点。

（1）旅客晚到　旅客晚到的现象呈现出上升趋势，有些旅客在办理登机手续截止后才匆忙赶到机场，而为了尽可能使旅客成行，航空公司会尽量帮助晚到旅客赶上航班，这样就有可能会造成航班的延误。

（2）旅客晚登机　有些旅客办理完乘机手续后到候机楼用餐、购物、上网等而忘记了登机时间，在航空公司反复广播寻找后才姗姗来迟，往往会导致晚关舱门或航班延误。

（3）旅客不辞而别　有些旅客在办理完乘机手续后却不辞而别，为了保证广大旅客的安全，航空公司必须确认该旅客是否有交运行李进入货舱，如果有交运行李，航空公司必须将交运行李卸下飞机，导致航班延误。

（4）中转航班　搭乘国际中转航班的旅客，在办理出入境手续时，如发生旅客证件不符合海关边检的规定，会影响其后续航班的登机时间；有些旅客计划的中转航班衔接时间较短，一旦发生前航段延误，就会影响其后续航班的正常登机。

> **提示**
>
> 一般国内航班中转要预留2小时，国际航班中转要预留4小时的时间。

（5）旅客过激行为　因航班较长时间延误等原因，有时旅客会产生过激行为，如罢乘或占机不下，给后续航班造成延误。

（6）其他原因　旅客突发疾病需终止行程，旅客携带超大超重行李进入客舱，需改为交运行李等。

5.航空公司原因

航空公司原因造成航班延误的主要原因有以下几种。

（1）机械故障　飞机结构复杂，在执行航班任务期间难免会出现各种各样的故障反应。飞机一旦出现故障，为了保证飞行安全，机务人员必须按照维护手册和程序进行检查、排故和测试，就会造成航班不同程度的延误。

（2）机组人员原因　为了保证飞行安全，民航局对机组人员的值勤和飞行时间有明确的规定加以限制。如果由于长时间的航班延误而造成机组人员超时，就不能继续执行飞行任务。当没有符合值勤时间规定的机组人员可调换时，航空公司不得已还要取消航班。

三、不正常航班时的旅客心理分析

不正常航班时，旅客存在各种各样的心理状态，不同心态的旅客具有不同的行为表现和不同的目的要求。主要有以下几种。

1.焦急的情绪

旅客选择乘坐飞机出行主要是由于相对火车、轮船、汽车等传统交通工具，飞机更具有快捷便利的优势。如果遇到航班延误或者其他原因的不正常航班，不能够按时到达目的地，航空运输的快捷便利优势就无法体现。旅客往往担忧他们原先计划的工作安排、旅行、中转和住宿等受到影响，对信息的及时性和准确性、延误后的经济补偿、休息场所的安排和后续航班的安排和签转等都非常关心，如果乘务员的处置能力和技巧不能满足旅客的需求，很容易引发旅客的不满，情绪会随着航班延误的持续而愈来愈焦急。

2.安全的担忧

旅客选择乘坐飞机出行非常关注飞行安全，当由于航空公司的飞机故障而造成航班延误时，旅客会感到担心和不安。乘务员要及时与机组、机务人员沟通，及时将准确的信息告知旅客，打消旅客的顾虑和担心，避免因含糊其辞而引发旅客对航空公司的不信任。

3.期待被关注

发生航班不正常时，旅客非常担心服务质量下降，自身的乘机利益能否得到保障，他们很需要得到乘务员的关心和重视，希望心理上得到安慰，人格上得到尊重，希望有倾诉的渠道和对象。此时，乘务员要勇于承担起这样的角色和责任，要加强客舱巡视，关注旅客的需求，及时了解旅客的意愿，尽力给予解决。如长时间的延误后需安排旅客下机到宾馆休息时，乘务员要将旅客的整体情况和需要特别关注的信息告知地面人员，便于妥善安排。当航班延误的时间过长，旅客很希望自身的各种需求受到重视。

相关链接　马斯洛需求层次理论

亚伯拉罕·马斯洛（Abraham Harold Maslow，1908—1970）是美国社会心理学家、人格理论家和比较心理学家，是人本主义心理学的主要发起者和理论家，心理学第三势力的领导人。他于1943年在《人类动机》一文中所提出的马斯洛需求层次理论（Maslow's hierarchy of needs），亦称"基本需求层次理论"。

图6-3　马斯洛需求层次理论

马斯洛把人的需要划分为五个层次：生理需要、安全需要、社交需要（友爱和归属的需要）、尊重需要和自我实现（图6-3）。

4.从众的心态

不正常航班时，旅客会对航空公司的服务产生抱怨和不满意，一旦有旅客向乘务员进行抱怨批评，甚至谩骂时，有些旅客就会出现从众的心态，产生"人多力量大"的心理晕轮，对乘务员的服务造成不利影响，甚至会产生不安全的后果。此时，乘务员要注意观察旅客群体中主要对象的情况，重点做好主要对象的情绪控制，采取个别说明和听取意见等方法，晓之以理、动之以情，争取得到其理解和配合，避免发生群体冲突。

 小结

不正常航班时，乘务员的服务面临着心态和体力挑战，要付出更多的努力和辛苦。乘务员要克服自身焦躁、埋怨、抵触的消极情绪；要及时进入客舱，与旅客进行友善的沟通解释；要关注旅客的需求，让旅客感到受重视、被尊重。

1.不正常航班的定义是什么？

2.空中管制的定义是什么？

3.简述不正常航班的类别。

4.简述不正常航班时旅客的心理分析。

第二节　不正常航班服务

不正常航班时，旅客对乘务员的服务要求较高。乘务员要理解和宽容，从旅客的角度出发，急旅客之所急、想旅客之所想，尽量维护旅客的利益，妥善化解矛盾，积极消除由于不正常航班给旅客带来的消极影响，使旅客获得周到贴心、温馨细致的服务体验。

一、不正常航班旅客的服务需求

当航班发生不正常情况时，旅客的需求特点归纳起来有以下几个方面。

1.知晓信息

航班一旦出现延误后，旅客最关心的是相关的航班信息，如飞机何时起飞、航班是否会取消以及后续的服务安排等。这时，乘务员要积极主动了解航班最新动态，及时与旅客沟通，通报信息应掌握三个原则。

（1）真实性　旅客享有知情权。不正常航班信息发布首先要秉承实事求是的原则，避免发生信息不对称、不真实的情况。如候机楼通知的延误原因是飞机晚到，而上机后乘务员却说是天气原因，通知的原因不一致，会使旅客感到被欺瞒，而产生不满意。保证旅客的知情权是乘务员在航班发生不正常情况时的一项服务内容。

（2）及时性　不正常航班发生时，旅客对信息的及时性要求较高。乘务员应迅速了解不正常航班原因，掌握最新航班时刻情况，力争在第一时间通知旅客。如遇到机械故障，乘务员应将飞机故障的情况、目前采取的措施、预计延误的时间通过广播等方式及时告知旅客。旅客及时获得信息后能平静地等待，有充分的时间做好后续的安排。

（3）准确性　不正常航班产生的原因有时会随着时间的推移而变化，如雷雨季节天气瞬息多变，当航班延误时乘务员要了解即时的、准确的航班信息，主动与飞行机组、地面服务保障人员取得联系，掌握第一手准确的信息，避免主观判断、经验主义，将已经发生变化的信息告知旅客。

2.客舱服务

当航班发生不正常情况时，相应的航班服务流程和内容会发生一定的变化。乘务员要洞察秋毫，急旅客所急，想旅客所想，根据实际情况调整安排好后续的服务，通过主动周到、细致热情的服务化解由于不正常航班而给旅客带来的不满和抱怨，竭尽所能，以取得旅客的理解和支持，要做好以下几方面的旅客服务。

（1）餐饮　不正常航班时，保证旅客的正常餐饮很重要。如预计在地面等待时间超过1个小时，乘务员就可以在地面为旅客提供餐饮服务，满足旅客对餐饮的需要。一方面能体现乘务员对旅客的关心和照顾，另一方面也能够平抚旅客的急躁情绪，化解旅客的抱怨。

（2）沟通　不正常航班时，往往旅客的心情多处于焦躁和不满的状态，有时还会将不满的情绪发泄在乘务员身上。乘务员与旅客的良好沟通往往是化解旅客不满的一种良药。乘务员要克服畏难情绪，勇敢走近旅客，调整好心态，主动与旅客沟通，寻找与旅客更多的共同语言，建立轻松氛围，消除旅客的怨气或者不满情绪（图6-4）。如遇到独自乘机的老年旅客，乘务员要主动与老年旅客沟通，可以适当地与老人聊聊家常事，了解老年旅客目的地接机的安排，给予细致的关心和帮助，增进彼此感情；遇到无成人陪伴的儿童，乘务员要及时与儿童的家长取得联系，告知航班延误的原因和儿童在机上的饮食、休息等情况，让家长放心；重视旅客情感沟通的需求，是人性化服务的最好体现。

图6-4　乘务员与旅客良好地沟通

（3）体现"五心"　不正常航班的客舱服务最能够体现乘务员的职业素养和专业能力，要做好不正常航班的服务，乘务员必须做到"五心"（图6-5）。

耐心　　　热心　　　细心　　　诚心　　　贴心

图6-5　"五心"图

① 耐心　乘务员在进行不正常航班服务时要保持耐心，克制不良的情绪。旅客登机后就准备航班能够正点起飞，得知航班要延误后，情绪波动就会比较大，此时，空中乘务员一定要平心静气，耐心处置。

a.充分理解　乘务员要充分理解旅客焦急的心情。旅客普遍认为只要正常登机了，航班就应该准点起飞，他们没有思想准备，会以为航空公司愚弄欺骗，产生抵触情绪。乘务员要学会换位思考，站在旅客的立场，给予理解和安抚。

b.耐心和蔼　遇到不正常航班造成的延误，乘务员要耐心和蔼，在客舱内用心倾听旅客的意见、抱怨和批评，注意不急躁、不辩解、不讽刺。认真仔细地告知旅客航班延误的情况，消除与旅客之间的隔阂，拉近与旅客的距离。

c.认真倾听　航班不正常时，乘务员要耐心宽容，学会倾听旅客意见，成为旅客倾诉发泄的对象。乘务员应站在旅客的角度，理解旅客的焦虑心情，听取旅客的意见和批评，了解旅客的需求与想法，让旅客有情绪发泄的空间，同时乘务员要控制自己的情绪，不辩解，不推诿，始终保持积极礼貌、宽容大度的态度，化干戈为玉帛。

② 热心　不正常航班造成延误后，乘务员要积极热心服务旅客，为旅客排忧解难。一般航班延误后，旅客们最关心的是行程能否继续、要等待多少时间，航空公司的解决途径有哪些，是否可以改签到其他航空公司的航班等信息。

a.积极协调　乘务员要了解旅客的不同需求。遇到旅客需要转签航班，乘务员就要将信息及时告知机长、地面工作人员，帮助旅客尽快办理转签航班；遇到旅客需要中止行程，乘务员就要事先了解旅客的行李托运情况，提醒旅客带好所有随身物品，并做好检查确认。通过积极的协调，帮助旅客解决困难。

b.热心服务　不正常航班服务时，乘务员应始终保持亲切的微笑，挥去旅客不愉快的情绪。乘务员在巡视客舱、回答询问、听取意见和为旅客办理转签、转机等相关事宜时，都要积极热情，保持热情的微笑，以"请"字当头、"谢"字结尾，用勤快热情的服务弥补由于不正常航班给旅客带来的不便。

③ 细心　乘务员要做个"有心人"，在遇到航班延误或者长时间等待时，通过观察和沟通，及时发现旅客的需求和不满。

a.眼中有活　航班延误后，在客舱内积极走动，养成与旅客互动的好习惯，仔细观察旅客的言谈举止，及时发现了解旅客潜在的需求，从而更好地为旅客提供服务。如恰逢用餐时间又延误等待时间较长，乘务员就可以为旅客进行送餐服务，端上热饭热菜，送上解渴饮料，这会缓解旅客不满焦躁情绪。乘务员要眼中有活，时刻做个有心人，让旅客感受到细致入微的服务。

b.心中有客　航班发生延误，乘务员要设身处地为旅客着想，变被动为主动，服务于旅客开口之前。如夏季航班延误，有些飞机的空调地面制冷效果不佳，客舱内会异常闷热，此时，乘务员如果送上一杯杯清凉的饮料，不仅能带给旅客清新舒爽的感受，也能驱走烦躁焦虑的情绪；如航班被迫取消，乘务员要提醒旅客带好所有的行李和证件，在旅客下机后还要进行仔细清舱检查确认，及时发现遗留物品，交还给旅客。微笑于心、细腻于行，乘务员要将旅客视作亲人与朋友。

相关链接　周到服务解矛盾

某航班发生机械故障一时无法修复，被迫长时间延误。由于没有具体起飞的时间，没有同样的航线能够转签，旅客只能在候机楼等候。随着时间一分一秒地流逝，在候机楼等待的旅客情绪越来越焦急，情绪也越来越不稳定。当班乘务长立即组织航班乘务员到候机楼去关心旅客，将最新的维修情况与旅客进行沟通。

到了用餐的时间，为了不让旅客挨饿，乘务长决定将原先配备的正餐和饮料送到候机楼，为旅客服务。乘务组将机上配备的餐食精心烘烤，将餐饮存放在餐车内，推到候机楼为旅客进行供餐服务。

当一份份热的餐食送到焦急等待的旅客手中，一句句亲切的问候向旅客进行慰问时，旅客们被感动了，他们没有想到，在他们最饥饿、最口渴的时候，乘务员送上了真诚的关爱，一杯杯热茶温暖了旅客的心，一声声问候驱走了旅客的不满，乘务员细致的关心、周到的服务、温馨的话语让旅客感受到不正常航班的优质服务。

④ 诚心　不正常航班服务时，乘务员要诚意致歉、宽容豁达，及时体会旅客的心理变化和情绪特点，以诚待人，化解不满。

a.诚意为先　航班延误乘务员诚意为先很重要，要自觉担负起航空企业的形象代言人的职责。遇到不正常航班，乘务员首先要真心实意地向旅客表示歉意，其次对于航班延误造成的旅客不便，要真诚地请旅客谅解，最后对旅客给予的支持和理解要表示衷心的感谢，乘务员要一切以旅客的利益为重，要牢记自己的责任，待客以诚，服务以真，让旅客被诚意所感动。

b.谦和宽容　乘务员的谦和宽容能够化解旅客激动和抱怨的情绪。如遇到旅客言语过激或行为不当时，乘务员要仔细倾听旅客怨气的发泄，对于存在的问题必须真诚道歉并及时整改，取得旅客的谅解与支持；又如航班长时间延误，乘务员在客舱内往返服务，被旅客的不良情绪所影响，也会感觉到身心疲倦和情绪烦躁，此时，乘务员要积极调整，用豁达包容的心胸面对工作中的压力，并努力克服。

⑤ 贴心　不正常航班时，乘务员的贴心照顾是服务的制胜法宝。能够在航班延误时给旅客以方便和舒适，体现乘务员的亲情关爱。

a.贴心服务　不正常航班时，乘务员体贴入微、关怀备至的服务能够带给旅客亲切温馨的服务体验。如由于航班延误，旅客凌晨到达机场后已没有正常的公交车，乘务员就应该及时主动与地面工作人员联系，了解航空公司为旅客安排的后续车辆，解决旅客的困难，真正做到真情换真心、情意暖人心。

b.特需服务　遇到航班延误时，乘务员要重视关心航班中的特殊旅客，贴心温馨地做好特需服务工作。如遇到孤身乘机的老年旅客，乘务员就要体贴地询问他们是否需要与家中的亲人联系，主动拨通老年旅客家属的电话，告知航班的具体信息，让家人放心、让老人安心。如遇到孕妇旅客，乘务员要关心照顾，孕妇旅客感到恶心呕吐，乘务员就要主动送上热毛巾和温水，在航班长时间等待的情况下，要安排至通风好、空气新鲜的空间，便于孕妇旅客休息，同时要提示航班情况，第一时间安排转机或下飞机等待，确保旅客的安全与舒适。贴心服务是亲切自然的关爱呵护，是高品质、高水准的航空服务体现。

 相关链接　**不正常航班服务口诀**

> 航班误，心焦急，莫将双眉中间挤；
> 寻原因，问时间，信息沟通当迅即；
> 先广播，讲事由，真诚致歉把怒息；
> 发报纸，放录像，分散注意是妙计；
> 时间长，没关系，送水送餐降火气；
> 老年人，小朋友，特殊旅客要关切；
> 勤巡视，多留意，安全监控要警惕；
> 旅客疑，巧应答，耐心解释不要急；
> 遇抱怨，多倾听，微笑理解要切记；
> 客有难，尽全力，合力解决很关键。

二、不正常航班的相关处置

航班延误时，乘务员要耐心有礼，妥善积极为旅客做好延伸服务，在面对特殊情况时，有以下解决方法。

1.签转

由于航班延误导致航班取消或旅客提出终止该段航程，要求签转其他航班。

① 当旅客提出签转航班的要求时，乘务员应在最短的时间内统计需要签转旅客的人数，报告机长并告知地面工作人员，帮助旅客做好航班签转工作。

② 乘务员要记录旅客姓名、座位号、有无托运行李、航班号和相关人数等信息，并与地面工作人员做好轮椅、无成人陪伴儿童等特殊旅客及特殊事项的交接工作。

③ 乘务员要提醒签转旅客的随身行李全部带下飞机，确认没有遗漏物品或拿错行李的情况，旅客下机后要完成局部清舱工作。

④ 乘务员要将签转旅客和清舱工作完成情况向机长进行汇报，完成修改后的舱单交接，将相关情况予以记录，以备核查。

提示

对仅需要终止航程的旅客，乘务员要及时通知地面人员办理终止航程的手续，其余要求与签转旅客一致。

2.中转

当航班延误导致旅客后续中转联程航班转机时间较短或将受到影响时，旅客会向乘务员提出中转航班保障需求。

① 乘务员要记录中转航班的航班号、起飞时刻和中转人数，报告机长通知地面工作人员，尽力协助旅客快速办理中转手续。

② 中转联程旅客可优先于同舱位的旅客下机，但经济舱旅客不得优先于头等舱旅客。

③ 乘务员可根据航班时刻表向旅客提供可能转机的转机航班建议和指导，但不应向旅客做出转机的承诺。

3.备降

由于目的地机场天气、设施、旅客身体和其他突发原因，航班无法抵达预定的目的地，需要降落在备用机场。

① 备降机场一般靠近目的地机场。如目的地为深圳机场，备降机场可能是广州机场或珠海机场；如目的地城市有2个以上的机场，则这些机场都互为备降机场。

② 乘务员在获知航班备降的信息后，要掌握航班备降的原因和预计落地的时间，及时通过广播告知旅客，做好相应旅客的解释工作，完成航班落地前的客舱各项准备工作。

③ 乘务员在航班落地后，要积极与地面工作人员取得联系，了解旅客的情况，及时安抚旅客情绪，做好相应处理（表6-1）。

表6-1 备降航班情况及处置要求

序号	备降航班情况	处置要求
1	短暂等待继续飞往目的地	（1）及时做好广播通知 （2）完成起飞的各项安全工作
2	长时间等待	（1）及时做好广播通知 （2）做好机供品的增补 （3）与地面人员协调旅客的需求 （4）做好自愿取消行程的旅客信息记录
3	航班取消	（1）及时广播通知 （2）组织旅客做好下机工作 （3）做好特殊旅客和事项的交接 （4）完成清舱和交接

提示

如果由于目的地机场天气无法转好或机械故障无法修复等原因致使航班取消，乘务组要做好临时在外过夜的准备，与基地乘务调度人员取得联系，了解后续航班任务的调整情况，清点并铅封机供品，做好与地面工作人员的交接，带好证件和所有装具下飞机。

案例 航班备降的考验

一次，由于北京突降暴雨，乘务长接到机长通知航班备降天津，乘务长立即把信息向乘务组人员传达，并通报了天津机场天气由好转坏并有雷雨的趋势，乘务组明确处置预案，做好分工安排后，及时将航班备降的消息通过广播通知旅客。

客舱内的旅客听到航班备降的消息，情绪非常激动，纷纷向乘务员提出各种要求。有的旅客要求航空公司派车将他们送到北京；有的旅客是到北京开会，备降赶不上会议而要求赔偿机票等。乘务员在客舱内耐心听取旅客意见和需求，用笔记下旅客的座位号和相关要求，告诉旅客飞机落地后会将旅客的需求与地面工作人员进行沟通。

飞机刚刚滑到备降位置，天津空中也开始下起了雨，并伴有五六级大风。待打开舱门、客梯车停稳后，乘务长将旅客情况与地面工作人员进行沟通。乘务组先妥善处理好无托运行李，并且自愿取消行程旅客的下机工作，及时提醒旅客带好所有行李物品。由于雨水打湿了客梯车，为了旅客的安全，乘务员主动帮助老人、妇女提拿行李，发放报纸和毛巾给旅客挡雨。乘务员还不时地提醒旅客注意脚下湿滑，全然不顾自己被雨淋湿的寒冷。

安排完下机的旅客，乘务组又积极协调了解北京天气转好的情况，在客舱内与留在飞机上的旅客进行沟通，将天气情况等信息及时传递，积极安抚旅客波动的情绪。

由于当天备降天津的航班较多，加上雷雨大风天气，旅客们很着急。乘务员将旅客焦急的情况报告了机长，机长催促地面工作人员快速完成加油车、舱单、放行单等各项保障工作，努力缩短航班等待时间。在等待了3个小时之后，备降航班顺利起飞，此时乘务员发现自己已经被雨水和汗水湿透了。

点评

在急风暴雨的天气影响航班正常运行时，乘务员心中想的是航班的正常、是旅客的安全，风雨中定格了乘务员的敬业精神和赤诚之心！

4.占机

由于航班延误造成旅客不满，旅客的补偿诉求没有得到满足，有时会发生到达目的地后旅客占机的情况。

① 乘务员在航班服务时要注意观察旅客的动态，敏锐地觉察到可能发生占机的行为，及时将掌握的信息报告机长，做好相应的预案。

② 发生旅客占机，乘务员应立即报告机长并记录占机旅客的姓名、座位号和人数。旅客占机期间，乘务员不得离开飞机，应做好占机旅客的劝说工作。

③ 乘务员应做好客舱安全监控和必要的服务工作，保护机上设备和飞机舱门，防止发生意外事件；维护客舱秩序，必要时配合保卫部门和机场公安干警做好相关的工作。

三、不正常航班服务的注意事项

乘务员要掌握不正常航班的服务流程，做好不正常航班服务。

1.加强各方沟通

乘务员在航班延误时要加强各方沟通，保证信息的及时、准确。

（1）与机组沟通　机组在驾驶舱能够获取航班的第一信息，乘务员要加强与飞行机组的良好沟通，了解航班延误情况及预计延误时间，确保信息及时准确传递给旅客。如遇到机械故障，机组会将精力放在维修飞机上，乘务员要及时了解，避免打扰、打断机组的正常通信和工作。

（2）与旅客沟通　乘务员要及时与旅客做好信息沟通，消除旅客的焦虑情绪。如遇到有些旅客向乘务员表达需要补偿的愿望和要求时，乘务员要了解旅客的诉求，不推诿敷衍，可以帮助旅客与地面工作人员建立联系，不要轻易向旅客做出补偿的承诺。在航班延误时间较长，且延误的责任主体是航空公司，航空公司一般会根据《航班延误经济补偿指导意见》提供相应的补偿。

 **相关链接** 《航班延误经济补偿指导意见》

2004年中国民用航空局公布了《航班延误经济补偿指导意见》。根据这份意见，若乘坐飞机时，如果是因为航空公司自身造成的长时间延误，将可能得到相应的经济补偿。

这个指导意见主要包括以下内容：航空公司因自身原因造成航班延误标准分为两种情况：一是延误4小时以上、8小时以内；二是延误超过8小时。对于这两种情况，航空公司要对旅客进行经济补偿；补偿方式可以通过现金、购票折扣和返还里程等方式予以兑现；在航班延误的情况下，为了不再造成新的延误，经济补偿一般不在机场现场进行，航空公司可以采用登记、信函等方式进行；机场应该制止旅客在航班延误后，采取"罢乘""占机"等方式影响航班的正常飞行。

中国民用航空局表示，具体补偿标准和补偿方案由各航空公司自行制定。所有航空公司已制定并公布《旅客服务承诺》，对航班延误给予旅客补偿的标准和办法是其中的主要内容。

2. 做好客舱广播

乘务员要做好不正常航班的客舱广播，通过广播及时传递航班信息，致以真诚歉意。关闭舱门15分钟后仍未推出滑行，乘务员要立即了解情况，做好客舱广播通知；广播要做到信息准确、语音清晰、语调柔和；在长时间等待过程中，应适时增加广播次数，传递航空公司的歉意和感谢，争取旅客的谅解。

3. 调整服务流程

乘务组应根据航班延误的时间，在获得机长同意的前提下，动态调整服务流程，一般遵循以下方法。

① 地面等待小于30分钟　发放报纸、毛巾，提供机上娱乐、影视服务，并根据个别旅客的需求提供适当的服务。

② 地面等待大于30分钟且不足1小时　提供茶水、矿泉水服务。

③ 地面等待1小时以上　提供饮料服务。

④ 地面等待2小时以上　提供全套餐饮服务。

⑤ 如没有确切时间　应尽量与机组沟通了解等待的时间，做出预判并提供相应的服务。

提示

（1）头等舱、公务舱旅客和重要旅客，尽可能为其提供便利与协助，要进行个别服务和情况说明。

（2）乘务组应在飞机推出滑行前20分钟，做好食品、饮料和旅客服务工作，固定服务设施，完成起飞准备。

4. 加强客舱管理

乘务员在航班延误时要加强客舱管理，做好客舱安全监控，防止出现意外。要做好客舱巡视，稳定旅客的情绪，虚心听取旅客的意见，耐心回答旅客的问询，避免矛盾升级；要关注旅客需求，通过细致观察和语言沟通，尽早发现需要帮助的旅客，及时给予帮助解决，避免因乘务员服务而造成的不满；要具备安全意识，坚守岗位，加强重点部位的监控，确保客舱设施、设备得到有效监护，确保舱门始终有人监控，保证航班安全。

5. 及时增补机供品

由于航班延误，机上的机供品会提前使用。乘务员在不影响航班运行的前提下可以增配机供用品。

① 乘务员事先统计好增补物品和数量，报告机长，在不影响航班起飞的情况下，通知地面工作人员进行物品补充。

② 乘务员应对补充用品进行确认、检查和交接，如有需要应确定外站加配机供品的计划。

6. 做好快速过站

快速过站是指飞机延误晚到后，为了争取后续航班能够按照公布时刻正常起飞而执行的快速过站工作。乘务组要分工合作，各司其职，忙而不乱地做好快速过站工作。

① 乘务员要协助地面清洁工作人员抓紧做好客舱清洁工作。

② 乘务员要及时做好机上机供品清点交接工作。

③ 乘务员要快速落实客舱清舱和运行安全相关工作。

 小结

不正常航班的服务难度大、变化多、要求高，容易引起旅客的抱怨和不满。乘务员要运用所掌握的不正常航班服务要求和处置方法，和蔼亲切、积极主动地听取旅客意见，掌握旅客需求，正确判断、妥善处理，尽最大的努力使旅客满意。

? 思考题

1. 不正常航班旅客的服务需求。

2. 不正常航班的相关处置。

3. 不正常航班服务的注意事项。

4. 谈谈正确处置不正常航班的重要性。

第七章　沟通技巧

第一节　沟通的目的与意义

什么是沟通？沟通的一般定义是为设定的目标，将信息、思想、感情在个人或群体间传递，并且达成共识取得理解的过程。"沟通"一词，汉语的原意是指通过挖沟开渠使不同水系相互流通畅达的意思。美国著名管理学家和社会科学家赫伯特·西蒙认为，沟通"可视为任何一种程序，借此程序，组织中的每一成员，将其所决定的意见或前提，传送给其他有关成员。"

研究发现，沟通在人的社会生活中占有重要地位，人在生活中，大约有70%的时间都在进行着各种各样的沟通。沟通不仅左右着我们的生活，更影响着我们的工作。对每一行业来说，沟通无处不在。同事之间的交流、合作离不开有效沟通；通过有效沟通能够了解客户信息、正确传达自己的想法、帮助企业成功地保持与客户的关系，维持客户的忠诚度，从而为企业创造更大的价值。服务也是一种沟通，它的结果可以产生一种认同、一份理解，达成服务合作、创造共赢的和谐局面。

在乘务工作中，沟通时时刻刻都在发生，它主要通过语言沟通和非语言沟通形式进行。发生于机组成员之间、乘务员与旅客之间、机组与地面服务保障人员之间。

一、沟通的重要性

对乘务员而言，沟通是一项技能，是对自身知识能力、表达能力、行为能力的发挥；沟通也是实施客舱管理的重要工具，通过有效的沟通，可以发挥机组团队合作力量，加强空地配合；沟通也可以增进乘务员与旅客间的了解和感情，形成和谐的客舱氛围。下面我们将根据沟通对象的不同，分别阐述沟通的重要性。

1.机组成员之间的沟通

机组成员是保证航班安全运行、优质服务的执行者和实现者。要达到高质量的航班运行目标离不开机组间的高度协同和配合。由于每一个航班上的机组成员不是一成不变的，同事间有的彼此熟悉，有的难免生疏。因此，乘务员要加强机组间的沟通，共同协调好内部资源，提高航班执行力。

（1）与飞行机组的沟通　飞行员和乘务员既是航班运行过程中职责不同的两个单体，又是一个不可分割的整体，创建一个团结和谐的团队是保证飞行安全和优质服务的重要前提。

1979年，美国国家航空航天局（NASA）首次提出了驾驶舱资源管理理念。最初的驾驶舱资源管理主要关注的是驾驶舱内的飞行机组人员的表现，然而，在一些重大航空事故的调查过程中，专家们发现飞行机组与乘务组缺乏有效的沟通与配合是导致某些航空事故的主要原因之一。在某些情况下，缺乏有效的机组沟通是影响飞行安全的一个潜在不利因素。

飞行机组与乘务组间的沟通，主要包括以下几种。

① 直接准备阶段。在旅客登机前，飞行机组与乘务组之间要召开航前协同会，机长与全体机组成员就航班相关的信息进行沟通，并提出具体工作和配合要求，达成共识。一般航前协同会涉及的沟通内容如下：

a.机组介绍；

b.航路天气情况、颠簸发生的区域、时间、程度和处置要求，以及目的地机场天气状况等；

c.起飞机场的预计滑行时间；

d.进出驾驶舱的信号及联络方式；

e.起飞和下降时客舱准备工作完成情况的沟通方式；

f.汇报客舱应急设备检查情况和清舱检查的结果；

g.空防预案；

h.回顾并确认各项紧急撤离程序中机组协同的内容。

航前协同会非常明确了机组成员的任务、职责、要求和联络方式，对航班的安全运行是至关重要的。

② 飞行实施阶段。在飞行实施阶段，无论是正常情况下还是遇有突发状况，乘务员与飞行机组的沟通都尤为重要。

在正常情况下，乘务组加强与飞行机组的沟通和协调，主动取得飞行机组对服务工作的支持和配合。例如，客舱温度的调整，第一时间通报起飞时间、落地时间和目的地温度，在空中将特殊旅客需求（如轮椅的呼叫）及时传达给目的地机场的相关部门等，为客舱服务工作提供了较大便利和有效保障。

遇有突发情况，如飞行过程中，旅客突发危及生命安全的疾病需要救治，乘务员要及时将旅客的情况报告机长，以争取机长在第一时间内取得与地面的联系，在就近的机场备降，赢得宝贵的营救时间；又如，当发生重大安全事故、需要实施紧急撤离时，乘务组与飞行机组要进行及时沟通，明确撤离的相关信息，准确的信息传递才能保证客舱准备的有效实施。

（2）乘务组员间的沟通　乘务组员间的沟通是做好客舱服务、保证飞行安全的最重要的基础和前提。其中航前准备会是乘务组员之间进行有效沟通的第一时机。在准备会上，通过组员间自我介绍的方式，可以增进相互间的了解，促进团队凝聚力形成，为航班工作的顺利展开打好基础；飞行实施阶段是体现乘务组团队服务配合高效的重要环节，其前提也离不开乘务员间的充分沟通。例如，当飞机上有特殊旅客时，负责服务的区域乘务员应将信息告知其他乘务员，以便她们在服务过程中，也能及时关注该旅客，并提供适时的服务，通过协同，为特殊旅客提供更周到的服务；飞行讲评阶段是乘务组间沟通的"收尾"环节，客舱经理或乘务长要对整个航班飞行情况进行分析点评。通过回顾、总结来巩固成绩，找出差距，制定整改措施，不断提高航班运行和服务品质。

（3）与空警（安全员）的沟通　乘务组与空警（安全员）间的沟通是确保客舱安全不可忽视的重要方面。遇有突发情况时，双方的沟通可以使乘务员与空警（安全员）默契地配合，有效控制局面。

2.乘务员与旅客间的沟通

乘务员为旅客服务的过程就是沟通的过程。沟通有利于创造服务机会，提升服务品质。通过有效沟通不但提高了乘务员的综合服务能力和服务水平，也提高了旅客满意度。

让我们用一个小故事来说明如何把握有效沟通。有一把坚实的大锁挂在铁门上，一根铁杆想去撬开它，费了九牛二虎之力，还是无法撬开。这时钥匙来了，它把瘦小的身子钻进锁孔，只轻轻一转，那把大锁就"啪"的一声打开了。铁杆奇怪地问钥匙："为什么我费了那么大力气也打不开，而你却轻而易举地就把它打开了呢？"钥匙说："因为我最了解它的'心'。"铁杆只会用蛮力，不懂得打开的方法，所以打不开锁头；而钥匙之所以能打开锁，是因为它了解锁头的"心意"，能搭准锁的脉搏。可见，服务的有效沟通就是要了解沟通对象的所思、所想、所需。

旅客来到陌生的环境，有时难免会感到紧张或拘谨。乘务员作为客舱的主人，通过沟通可以让旅客在交流中放松心情，激发旅客对企业的关注和乘机的兴趣，营造愉悦的客舱氛围。一般来说，客舱内沟通的主导方是乘务员。因此，乘务员要主动了解旅客的"心意"，并尽可能给予满足，从而达成与旅客间良好的感情沟通。

然而，乘务员与旅客之间大多是初次见面，沟通中最大的障碍就在于不了解对方，在交谈时首先要解决的问题便是尽快熟悉对方，消除陌生。乘务员可先行自我介绍，再请教对方的姓名、职业等，然后试探性地引出彼此都感兴趣的话题。"话题"的选择相当重要，选择一个好的话题，往往能创造出良好的交谈氛围，取得理想的沟通效果。乘务员应凭借自身丰富的服务经验与知识内涵，针对不同旅客挑选合适的话题。例如，两舱旅客一般对国内外新闻、政治、经济、社会问题比较感兴趣；经济舱旅客比较关心旅游、体育、民生等。在沟通中不宜谈论个人隐私（例如，旅客的年龄、婚姻状况、收入、经历、信仰等）；避免一些无聊、低级、庸俗的话题（例如，探听对方佩戴的贵重物品的出处、价钱等）；切忌班门弄斧、不懂装懂；在沟通时，要注意把握好沟通的内容和时间，当对方谈到的话题不妥当或时间过长，乘务员应巧妙地转移话题或适时地离开。一个好的沟通能够吸引旅客，取得旅客的好感，增加旅客的信任度，从而与旅客形成融洽的人际关系。假设客舱服务中没有沟通，只有"哑巴式"服务，旅客则会感到沉闷、压抑，甚至精神崩溃。

俗话说得好，一句话说得可以使人跳，也可以使人笑。巧妙沟通在工作中会产生意想不到的效果。

案例 **沙袋的故事**

在一次温州飞往上海的航班上，一位旅客走到机舱门口时，突然对着飞机外壳就是两拳。在舱门口迎客的吴尔愉微笑着说："先生，您的力气真大，您会气功吗？"和那位先生同行的旅客都笑了起来："小姐，他就是这样，喜欢到处拍拍打打。"吴尔愉依旧微笑着说："看来，我该建议公司提供个性化服务，在飞机上配个沙袋，提供给像这位先生一样的旅客使用。"

点评

乘务员正面指出旅客的不恰当行为，往往起不到劝阻和教育的作用，反而可能成为双方发生不快的导火索。吴尔愉用一句"个性化服务"的幽默语言，从侧面，婉转地指出了旅客的不当，起到了事半功倍的效果。

乘务组与旅客间的有效沟通，还有助于取得旅客对飞行安全的支持和配合，在应急情况下，其重要性更是不言而喻。例如，在实施紧急撤离时，乘务组要在第一时间将撤离和防冲撞等相关信息告知旅客，稳定旅客情绪，知晓撤离要求，配合并协助乘务员共同完成撤离准备工作，从而提高撤离的速度和质量，最大程度降低撤离所带来的人员伤亡。

3. 与地面服务保障人员的沟通

一架飞机的运行，需要多部门的协同、配合才能实现。例如，飞机的签派放行、飞机的维护排故、餐饮的保障、客舱的卫生清洁、行李的装卸、旅客信息的交接……乘务员也需要与他们做好沟通协调，及时完成地面各项保障工作，才能保证航班正常运行。

乘务员只有通过有效沟通，才能最终实现与飞行机组、旅客和地面服务保障人员感情交流、信息传递和工作配合。

二、沟通的必要性

客舱是封闭的，但客舱服务不是静止的。客舱服务本身就是乘务员与旅客互动的过程。除此以外，航班延误、客舱设施不完好、乘务员工作失误等因素都会让旅客对客舱服务的评价产生负面影响。如果因为沟通不到位，还会使负面影响升级，甚至造成不可挽回的局面。每个乘务员在工作中都会碰到类似这方面的问题，不同的沟通能力和沟通技巧往往会产生截然不同的结果。据调查和研究表明，工作中70%的错误是由于不善于沟通造成的，沟通不当不仅会带来误会、矛盾，甚至还会引起不堪设想的后果。

相关链接　阿维安卡52航班的悲剧

1990年1月25日，由于阿维安卡（Avianca）52航班飞行员与纽约肯尼迪机场交通管理员之间的沟通障碍，导致了一场空难事故的发生，机上73名人员全部遇难。

当日晚7：40，阿维安卡52航班飞机正飞行在美国南新泽西海岸上空，机上的燃油可以维持近2个小时的航程。在正常情况下飞机降落到纽约肯尼迪机场仅需不到半小时的时间，然而，此后一系列的沟通问题，最终导致惨案的发生。

晚上8点整，肯尼迪机场航空交通管理员通知52航班的飞行员：由于严重的流量控制，他们必须在机场上空盘旋待命。

8：45，肯尼迪机场的交通管理员收到52航班的报告："燃料用完了"。但是此后，阿维安卡机组成员没有向肯尼迪机场传送任何十分危急的信息。

9：24，52航班第一次试降失败。由于飞机高度太低以及能见度太差，因而无法保证安全着陆。当肯尼迪机场指示52航班进行第二次试降时，机组成员再次提及飞机的燃料将要用尽，但飞行员却告诉管理员新分配的飞机跑道"可行"。

9：32，飞机的两个引擎失灵。1分钟后，另外两个也停止了工作。最终，耗尽了燃料的飞机于9：34坠毁于长岛。

当调查人员考察了飞机驾驶舱中的录音磁带，并与当班的机场管理员讨论之后，他们发现导致这场悲剧的原因是沟通的障碍。

首先，52航班的飞行员一直说"油量不足"，机场交通管理员告诉调查员这是飞行员经常使用的一句话。当被延误时，管理员认为每架飞机都存在燃料问题。但是如果飞行员发出"燃料危机"的呼声，那么管理员有义务优先为其导航，并尽可能地允许着陆。遗憾的是，52航班的飞行员从未说过"情况危急"，所以肯尼迪机场的管理员一直未理解飞行员所面对的真正困难。

其次，尽管52航班的机组成员表现出了对燃料问题的极大忧虑，但他们在向管理员传递有关燃料危机的严重信息时，语气平缓、语调却是冷静而职业化的。

最后，机长的职权也使52航班的飞行员不愿意申明情况紧急。正式报告紧急情况之后，飞行员需要写出大量的书面汇报。另外，如果发现飞行员在计算飞行过程需要多少油量方面疏忽大意，联邦飞行管理局就会吊销其驾驶执照。这些方面极大阻碍了飞行员发出紧急呼叫。

 小结

沟通贯穿于整个客舱工作的全过程中，有效的沟通使客舱服务更温馨、安全运行更可靠、信息交流更畅通、服务保障更协调。因此，应充分认识沟通在飞行安全及服务过程中的重要性，积极发挥沟通的作用和效能。

？思考题

1. 简述机组之间沟通的重要性，并举例说明。
2. 简述乘务员与旅客间沟通的重要性，并举例说明。
3. 简述沟通的必要性。

第二节　沟通的途径与方法

沟通过程是指沟通主体对沟通客体进行有目的、有计划，有组织的信息、思想、感情交流，通过主客体的双向互动的过程、达成目标（图7-1）。

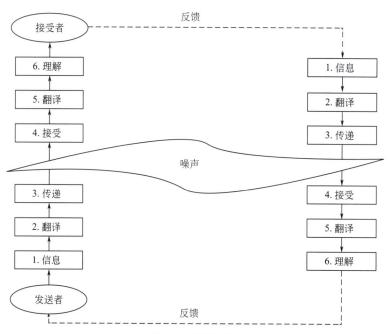

图7-1　沟通过程

在沟通中，沟通主体可以选择或决定沟通客体、沟通环境、沟通的途径和方法等，在沟通过程中处于主导地位；沟通客体是整个沟通过程的出发点和落脚点。要使沟通最终达到"双赢"结果，沟通双方特别是主体一方，必须清楚地把握以下要素：沟通的主题是什么？沟通要达到的目的、效果是什么？双方对沟通主题的认知存在哪些分歧点？如何消除分歧达成一致？

沟通的途径和方法是多种多样的，根据信息载体的异同，沟通可分为语言沟通和非语言沟通。

一般来说，乘务员占据沟通主体的地位，在与旅客的沟通中必须要客观、清楚地了解环境情况，然后锁定沟通目标，选择有效的沟通途径和方法。

一、语言沟通

语言是人类特有的、有效的沟通方式。语言沟通建立在语言文字的基础上，又可细分为口头沟通和书面沟通两种形式。在沟通过程中，语言沟通对于信息、思想和情感的传递而言，更擅长于传递的是信息。

1.口头沟通

口头沟通是指乘务员在工作中借助一定的口头语言实现信息的交流，是客舱服务中最常采用的沟通形式。服务用语、客舱广播、安全简介、旅客投诉的处置等都属于口头沟通的范畴。

口头沟通方式十分灵活多样，既可以是正式的磋商，也可以是非正式的聊天；既可以是有备而来，也可以是即兴发挥。在服务过程中，口头沟通时应注意以下几点。

① 口头沟通要求规范性与灵活性兼而有之。沟通的语言如果是恰当的、得体的、准确的，会使旅客产生愉快、亲切之感，从而对服务产生良好的反馈；反之，如果语言是唐突的、生硬的、含糊的，旅客则会难以接受，甚至引起旅客的不满与投诉。

② 口头沟通具有能观察到旅客的反应、立刻得到回馈、有机会补充阐述、能确定沟通是否成功、有助于达成共识等优势，同时它也具有不能在同一时间与太多人实现双向沟通、有时因情绪而说错话等不利因素。

③ 客舱内禁止使用的服务用语包括："没有了""没办法""这不关我的事""这是地面的问题""这是其他部门的事，与我无关""你去投诉好了""找我们乘务长去""我不知道""我忙不过来""你想干什么"……

口头沟通是所有沟通形式中最直接的方式。在这种方式下，信息可以在最短时间内被传送，并在最短时间内得到对方回复。如果接收者对信息有疑问，迅速的反馈可使发送者及时检查其中不够明确的地方并进行改正。

2.书面沟通

书面沟通是指乘务员运用文字、图片等进行信息传递的过程。安全须知卡、出口座位说明书、机上各类安全标示牌/标示贴、餐谱/饮料单、免税品销售杂志等都属于这种沟通形式。书面沟通也是乘务员与听障旅客、听力不好的旅客进行有效沟通的最佳途径。

① 书面沟通应遵循"4C"原则："清晰"（Clear）"完整"（Complete）"准确"（Correct）"简洁"（Concise）。

a.清晰（Clear）　是指表达的信息结构完整、顺序清楚。

b.完整（Complete）　是对信息质量和沟通结果有重要影响的一个因素。否则，就好比"盲人摸象"，片面残缺的信息会导致判断和沟通错误。

c.准确（Correct）　是衡量信息质量的最重要的指标，也是决定沟通结果的重要指标。不同的信息往往会导致不同的结论和沟通结果。

d.简洁（Concise） 是指表达同样多的信息要尽可能做到言简意赅，这样可以提高信息使用者处理和阅读信息的效率。

② 与口头沟通比较而言，书面沟通更正式，并且具有准确性高、需要与许多人沟通时效率更高等优势，同时它也存在无法立即得到旅客回馈、缺乏感情交流等不利方面。

二、非语言沟通

所谓非语言沟通就是指不通过口头语言和书面语言，而是通过其他的非语言沟通技巧，如微笑、眼神、手势等进行沟通。美国心理学家艾伯特·梅拉比安经过研究认为：在人们沟通中所发送的全部信息中仅有7%是由语言来表达的，而93%的信息是由非语言来表达的。——你也许遇到过这种情况：在你和别人交谈时，对方时不时看表，并对你不自然地笑。这时你就会知趣地告辞了。你从什么地方知道对方不愿意再听你讲下去了呢？——这就是非语言信息。对方时不时地看表，说明他可能另有安排；他对你不自然地笑，说明他不好意思打断你的话，并告诉你他想请你离开了。

在沟通过程中，非语言沟通与语言沟通关系密切，而且经常相伴而生。通过非语言信息，语言信息得到补充和强化；在语言和非语言信息出现矛盾时，非语言信息往往更能让人信服；非语言信息可以代替语言信息，有效地传递许多用语言都不能传递的信息，而且，作为一种特定的形象语言，它可以产生语言沟通所不能达到的实际效果。

非语言沟通的内涵十分丰富，下面我们将介绍非语言沟通中的头部语言、手语言、脚语言以及它们在航班中的应用。

1.头部语言（又称首语言）

是指运用头部动作、姿态及面部表情来交流信息的非语言符号。

（1）头部动作 点头、摇头是最基本的头部语言。乘务员在迎送客时、答应旅客要求时或是对旅客表示认同时都可以运用点头的动作，以表示欢迎、允许、赞成或领会；摇头则可以表示否定、不赞同、不允许；头部端正，体现乘务员的自信与端庄；头部前倾，表示倾听与关心；头部侧倾，表示对旅客的谈话感兴趣。

（2）面部表情 在与人交流的过程中，面部表情所表达的含义是多种多样的。面部表情语言是指运用面部器官，如眉、眼、鼻、嘴来交流信息，表达情感的非语言符号。体语学的创立者伯德惠斯特尔指出：人的脸部可做出大约2.5万种不同的表情，可以说是非语言信息最丰富、最集中的地方。在人的面部表情中，最动人、最有魅力的就是微笑。

相关链接 你对顾客微笑了没有？

微笑对于服务业来说至关重要，最著名的案例就是美国"旅馆大王"希尔顿集团。在康拉德·希尔顿创业之初，当他的资产从1500美元奇迹般地增值到几千万美元的时候，他欣喜而自豪地把这个好消息告诉了自己的母亲，可是他的母亲却淡然地说："依我看，你跟以前根本没有什么两样……事实上你必须把握比5100万美元更值钱的东西：除了对顾客诚实之外，还要想办法使来希尔顿旅馆的人住过了还想再来住，你要想出这样一种简单、容易、不花本钱而行之久远的办法去吸引顾客，这样你的旅馆才有前途。"母亲的忠告使希尔顿猛然醒悟。于是，他每天都去商店和旅店参观，以顾客的身份来感受一切，他终于得到了一个答案：微笑。只有它才实实在在的同时具备母亲提出的四大条件。从此，希尔顿实行了微笑服务这一独创的经营策略。每天他对员工的第一句话是"你对顾客微笑了没有？"

他要求每个员工不论如何辛苦，都要对顾客投以微笑。即使在旅店业务受到经济萧条严重影响的时候，他也经常提醒员工记住："万万不可把我们心里的愁云摆在脸上，无论旅馆本身遭受的困难如何，希尔顿旅馆服务员脸上的微笑永远是属于顾客的阳光。"

① 对旅客而言，最美好的印象往往是从乘务员的微笑开始。微笑有着丰富的内涵：微笑是世界共通的语言；微笑是一把神奇的金钥匙，可以打开旅客的心灵；微笑是一种礼节，能充分体现乘务员的热情、修养和魅力；微笑是打破陌生的利器，是亲和力的传递；微笑是友好和平的代名词，它使客舱变得更加美好和温馨；微笑是与旅客沟通的第一桥梁；微笑一下并不费力，却能产生四两拨千斤的作用……

✈ 相关链接　微笑的故事

某航班，飞机起飞前，一位旅客向乘务员提出需要一杯水吃药。乘务员很有礼貌地说："先生，为了您的安全，请稍等片刻，等飞机平稳飞行后，我会立刻把水给您送过来，好吗？"

15分钟后，飞机已进入平稳飞行状态。突然，客舱内的呼唤铃急促地响了起来，乘务员猛然意识到：糟了，由于太忙，忘记给那位旅客倒水了！乘务员连忙来到客舱，小心翼翼地把水送到那位旅客跟前，面带微笑地说："先生，实在是对不起，由于我的疏忽，耽误了您吃药的时间，我感到非常抱歉。"这位旅客抬起左手，指着手表说："怎么回事？有你这样服务的吗？你看看，都过了多久了？"乘务员手里端着水，心里感到很委屈。但是，无论她怎样解释，这位旅客都不肯原谅她的疏忽。

后续服务中，为了补偿自己的过失，乘务员每次去客舱给旅客服务时，都会特意走到那位旅客面前，面带微笑地询问他是否需要水或别的什么服务。然而，那位旅客余怒未消，摆出一副不合作的样子，并不理会乘务员。

临到下降前，那位旅客要求乘务员把留言本给他送过去。很显然，他要提出投诉。此时，乘务员心里虽然很委屈，但是仍然非常有礼貌，微笑地说道："先生，请允许我再次向您表示真诚的歉意，无论您提出什么意见，我都将欣然接受。"那位旅客脸色一紧，嘴巴准备说什么，可是却没有开口。他接过留言本，在上面写了起来。

飞机安全降落，所有的旅客陆续离开后，乘务员打开了留言本，惊奇地发现，那位旅客在本子上写下的不是投诉信，而是一封热情洋溢的表扬信。在信中，乘务员读到这样一句话："在整个过程中，你表现出的真诚歉意，特别是你的12次微笑，深深打动了我，使我最终决定将投诉信写成表扬信。你的服务质量很高。下次如果有机会，我还将乘坐你们的这趟航班！"

② 在人的面部表情中，另一重要的部分就是眼神。眼睛是心灵的窗口，它表露着人们丰富的内心世界。在目光接触中，乘务员注视对方的部位和时间也是有讲究的。

注视的部位——与旅客沟通时，一般用眼睛看着对方的双眼和额头中部之间的"上三角"部位，即公务注视。注视这个部位，显得严肃认真、有诚意。在沟通中，如果目光总是落在这个三角部位，能帮助你把握住沟通的主动权和控制权。

注视的时间——有时，我们和有些人谈话感到舒服，有些人则令我们不自在，有些人甚至看起来不值得信任。这主要与对方注视我们的时间长短有关。当然，这也要区分不同的性别之间的交流。同性之间进行交流：当一个人不诚实或企图撒谎时，他的目光与你的目光相接往往不足全部谈话时间的三分之一。换而言之，乘务员若想同旅客建立良好的关系，在整个谈话时间里，你和对方的目光接触累计应达到50%～70%的时间，只有这样，才能得到对方的信赖和喜欢。相反，若乘务员在交谈时，眼睛不看着对方，那自然很难得到对方的信赖和喜欢；异性之间进行交流：不论是男性还是女性都不可长时间地注视对方，即使必要的注视也不能太咄咄逼人。眼光必须是诚恳的、善意的。

2. 手语言

是指通过手的动作、姿势来表达信息、传递感情的非语言符号。乘务员在指示方位、引位、递送物品时都要求尽量五指并拢、掌心面向旅客、尽量双手递送；面对旅客时，不可双手叉腰、双臂交叉于胸前……

（1）手掌动作　常见的掌语有两种，即掌心向上和掌心向下。前者会给人以诚实、谦逊或屈从的感觉，不带任何威胁性，以这种方式与对方握手，也会表达出服从的意味；后者则会传达出抵制、支配、压制的信号，带有强制性，容易使人们产生抵触情绪。

（2）手臂动作　可以显示出一个人的心理状态和性格特征。如果双臂紧紧交叉于胸前，一般会产生拒人于千里之外的感觉，表达的是防御心理或傲慢态度，不利于建立平等友好的氛围。而"握臂"或"局部臂交叉"姿势，则会显示出内心紧张并竭力掩饰的信号；双手叉腰暗示不耐烦、敌意或轻蔑。

（3）手势语　手势语使用的频率和幅度也有讲究。与旅客交谈过程中，过多的手势语和幅度过大的手势，往往会给人造作之感，而且过多的信息也容易被对方曲解。

3. 脚语言

是指通过脚的动作、姿势来表达信息，传递感情的非语言符号。脚的动作虽然不易察觉，但能更直观地揭示对方心理。乘务员站立时要双脚站直，或成丁字形或V字形；在客舱巡视时要步伐沉稳，脚步不宜过大或过小；坐于乘务员席位时，要双脚并拢，不宜跷脚，抖脚等。

① 一般情况下，脚步沉稳，表示其沉着、踏实；脚步轻快可反映内心的愉悦；脚步小且轻，表示其谨慎、服从；脚步匆忙、沉重且凌乱，则可判断其性格开朗、急躁、缺少城府。

② 脚语还能透露出人的心理指向。若一坐下来就跷起二郎腿，则可能表明他（她）有不服输的对抗意识，或是有足够的自信，或是有强烈的显示自己的欲望。

非语言沟通的形式是极其丰富多样的，除了本节介绍的内容外，还包括肩的动作和综合体态等。

 小结

在客舱服务的沟通过程中，乘务员一般占据沟通主体地位，为了提高沟通效果，与旅客建立良好的关系，选择合适的沟通方式和途径是至关重要的。语言沟通和非语言沟通都有着各自的优势，在航班中要善于灵活运用。

？思考题

1. 与非语言沟通相比，语言沟通的优势在哪里？
2. 简述非语言沟通在航班中的应用。
3. 课外学习：了解更多的非语言沟通形式。

第三节　沟通的原则与技巧

乘务工作的服务对象多种多样，旅客来自不同国家或地区，拥有不同年龄、职业、社会地位、文化层次、风俗习惯等。随着各国经济、商务往来的增加，客舱也成为不同国籍、不同民族汇聚的一个重要场所，如何更好地满足不同旅客的需求，是乘务员必须面临的课题；掌握与旅客沟通的原则与技巧，是乘务员必备的业务素质。

一、沟通的原则

乔哈里窗，又称沟通之窗（图7-2）。根据这个理论，人的内心世界被分为四个区域（也称四个象限）：公开区、盲目区、隐藏区、封闭区。

（1）公开区　自己知道，别人也知道。

（2）盲目区　自己不知道，别人却知道。

（3）隐藏区　自己知道，别人不知道。

（4）封闭区　自己和别人都不知道。

在人际交往之初，因缺少时间和机会进行充分

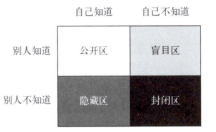

图7-2　沟通之窗

沟通，公开区较小。有效沟通就是尽可能扩大公开区，使其成为信息交流的主要窗口，不断增强信息的透明度、公开度和诚信度。同时在"开窗"时，要针对性地结合实际，做到以下几点。

1.有效果的沟通

强调沟通的目标明确性——就某个问题可以达成共识。

2.有效率的沟通

强调沟通的时间概念——在尽量短的时间内完成沟通的目标。

3.有个性的沟通

强调沟通的人性化——面对不同的人采取不同的沟通方式。

二、沟通的技巧

1.良好的沟通从形象开始

乘务员优雅、从容、自信、干练的职业形象在塑造良好第一印象的同时，也是沟通的基础。得体的形象表现出对旅客的尊重，是让旅客决定你是否可信的重要条件，也是旅客决定如何对待你的首要条件。此外，得体的形象也会使乘务员精神倍增，无形中增加沟通自信。

2.倾听让沟通变得简单

倾听不仅是耳朵听到相应声音的过程，而且是一种情感活动，需要通过面部表情、肢体语言和话语的回应，向旅客传递一种信息——我很想听你说话、我尊重和关心你。

（1）鼓励旅客先开口并让其多说　首先，倾听旅客说话本身就是一种礼貌，愿意听表示我们愿意客观地考虑旅客的看法、尊重他的意见，有助于彼此接纳、建立融洽的关系；其次，鼓励旅客先开口可以培养开放的沟通氛围，降低谈话中的竞争意味；再次，旅客先提出他的看法，乘务员就有机会在表达自己意见之前，掌握双方意见一致之处，这样更容易说服旅客，从而愿意接纳你的意见。

（2）适时地表达兴趣和赞同　当乘务员和旅客交谈时，即使还没有开口，内心的感觉就已经透过肢体语言清清楚楚地表现出来了。倾听时，如果态度封闭或冷淡，旅客很自然地就会比较不愿意敞开心扉；相反，如果倾听时态度开放、很感兴趣，那就表示愿意接纳并且很想了解旅客的想法，旅客会因此而受到鼓舞。这些肢体语言包括：自然的微笑、常常看对方的眼睛、不要交叉双臂、手不要放在脸上、身体略微前倾、不要有心不在焉的举动与表现、用点头或者微笑表示赞同旅客正在说的内容以表明你与其意见相合。

让别人知道你在听，接受并提出回应，偶尔可以说"是的""我了解"或"我明白"等。

（3）暗中回顾，整理出重点　在与旅客交谈的时候，通常都会有几秒的时间，可以让乘务员在心里回顾一下对方说话的内容，整理出其中的重点所在，删去无关紧要的细节，把注意力集中在旅客想说的重点和主要的想法上，并且在心中熟记这些重点和想法，以便在适当的情形下给旅客以清晰的反馈。

3.赞美是沟通的润滑剂

赞美，是现代交际不可或缺的。几句适度的赞美，可使旅客产生亲和心理，它不但使人感到暖心与振奋，而且使人觉得被肯定与重视，为沟通提供前提。在沟通中，如果使用"你说得很有道理"，或是在认同之前可以先重复旅客的话"你刚才说……，你说得很有道理"，同时再配合动作比如双眼看着对方、频频点头等，就可以很快地拉近与旅客间的距离。

赞美旅客时如不能审时度势、不掌握一定的赞美技巧，即使你是真诚的，赞美也可能会变好事为坏事。所以，赞美前我们一定要掌握以下技巧。

（1）因人而异　人的素质有高低之分，年龄有长幼之别，因人而异，突出个性、有特点的赞美比一般化的赞美能收到更好的效果。比如老年旅客希望别人不忘他"想当年"的业绩与雄风，同其交谈时，可多称赞他引以为豪的过去。部分老人会以子女为傲，可称赞其子女的优秀；对商务旅客，不妨语气稍为夸张地赞扬他的才能和事业前景；对于经商的旅客，可称赞他头脑灵活、生财有道；对于有地位的干部，可称赞他为国为民、廉洁清正；对于知识分子，可称赞他知识渊博、宁静淡泊……当然这一切要依据事实，切不可虚夸。

（2）情真意切　虽然人都喜欢听赞美的话，但并非任何赞美都能使对方高兴。能引起对方好感的只能是那些基于事实、发自内心的赞美。相反，你若无根无据、虚情假意地赞美别人，对方不仅会感到莫名其妙，更会觉得你油嘴滑舌、为人虚伪。例如，当你见到一位其貌不扬的小姐，却偏要对她说："你真是美极了。"对方立刻就会认定你所说的是虚伪之至的违心之言。但如果你着眼于她的服饰、谈吐、举止，发现她这些方面的出众之处并真诚地赞美，她一定会高兴地接受。真诚的赞美不但会使被赞美者产生心理上的愉悦，还可以经常发现别人的优点，从而使自己对人生持有乐观、欣赏的态度。

（3）翔实具体　在日常生活中，人们有非常显著成绩的时候并不多见。因此，交往中应从具体的事件入手，善于发现别人哪怕是最微小的长处，并不失时机地予以赞美。赞美用语愈翔实具体，说明你对对方愈了解，让对方感到你的真挚、亲切和可信；如果你只是含糊其辞地赞美对方，说一些空泛飘浮的话语，不仅会引起对方的猜度，甚至会产生不必要的误解和信任危机。

4.懂得积极反馈，搭建沟通桥梁

一个完整、有效的沟通过程是这样的：首先是信息的发送者通过"表达"发出信息，其次是信息的接收者通过"倾听"接收信息。仅仅这两个环节是不够的，还必须有反馈，即信息的接收者在接收信息的过程中或过程后，及时地回应对方，以便澄清"表达"和"倾听"过程中可能的误解和失真。所谓反馈就是在沟通过程中，对沟通对象所表述的观点、想法和要求给予态度上的回应，让对方明白自己的态度和想法。这种反馈既可以主动接受，也可以主动给予。

小结

　　沟通是一门综合运用智慧的艺术。成功的沟通需要乘务员具备比较丰富的知识内涵，不断学习、勤于实践和积累，使自己具备与不同国籍、不同地区、不同民族的旅客的跨文化沟通能力。针对不同的旅客和情况，要善于运用沟通技巧，充分展示乘务员的智慧。

? 思考题

　　1.简述沟通的原则。

　　2.简述沟通中倾听的技巧。

　　3.简述沟通中赞美的技巧，并举例说明。

下篇　客舱管理

第八章　飞行四阶段管理

一、知识目标

1.了解飞行四阶段基本概念。

2.了解飞行各阶段的工作内容和要求。

二、能力目标

1.学会飞行各阶段的具体操作。

2.掌握飞行各阶段的关键要点。

三、素质目标

1.提高学生对飞行四阶段重要性的认识。

2.培养学生认真严谨、规范执行、一丝不苟的职业精神。

乘务工作分为四个阶段（预先准备、直接准备、飞行实施和航后讲评），这四个阶段贯穿于我们的空中服务，缺一不可。

第一节　预先准备阶段

预先准备阶段是乘务工作四个阶段的起始阶段，是指乘务员接受航班任务后至登机的过程。俗话说，良好的开端是成功的一半。充分的预先准备是保障航班客舱安全和服务质量的关键。

预先准备由个人准备和集体准备两部分组成。

一、个人准备

乘务员的个人准备对航班运行的质量起到关键的作用，包括航班任务准备、航班装具准备和乘务员个人准备三方面内容。

1.航班任务准备

航空公司一般在一个月或一周前发布具体的航班计划，主要内容包括机型、航班时刻、执飞机组成员名单、起降机场等信息。乘务员除了掌握航班计划任务外，还要了解更新的业务标准、安全规定和近期飞行注意事项，要复习航线知识、回顾安全规章和各项要求，并在规定的时间内完成航班任务准备。

2.航班装具准备

乘务员在执行航班任务前要对携带装具进行确认,包括:登机证、健康证、乘务员训练资格证书、客舱乘务员手册和广播手册,以及化妆品、走时准确的手表、干净平整的围裙和相关备用品等,确保齐全规范。

3.乘务员个人准备

乘务员的制服要保持平整清洁,按照航班形象规范要求进行仪容仪表准备,体现亮丽大方、端庄规范;应留有充分的时间提前量,避免发生迟到等意外情况。

> **提示**
>
> 乘务员要注意休息调整,保持良好的精神面貌和状态,积极认真地投入到航班飞行。

二、集体准备

集体准备是指乘务组航前准备会和机组协同会。

1.乘务组航前准备会

一般在航班起飞前2小时左右由客舱经理或乘务长负责组织召开,内容如下。

① 客舱经理或乘务长对乘务员进行岗位分工,乘务员简述各自岗位职责,共同复习航线地标、航线特点、服务程序、紧急情况处置方法和近期业务通告等;国际航班还包括所飞国家的CIQ规定和驻外管理要求,有外籍乘务员时,客舱经理或乘务长应用英文准备。

② 乘务组航前准备会时间一般为20分钟左右,机组成员应在航班起飞前1小时到达飞机。

2.机组协同会

由机长组织召开的机组共同准备的会议。

(1)内容

① 机组成员介绍;

② 空防预案准备;

③ 正常情况、应急情况与驾驶舱联络的方式;

④ 航线相关情况通报;

⑤ 应急撤离程序的回顾。

(2)作用 机组协同能够有利于建立乘务组与飞行机组、安全员的良好工作氛围,有利于乘务员掌握最新的航班动态和工作要求。如遇冬季冰雪天气,飞机可能要进行除冰,乘务员事先了解信息后,就可以及时做好服务工作准备;如飞行机组告知航线中存在颠簸区域,有发生颠簸的可能,乘务组就能够及时进行颠簸广播,提醒旅客做好防范措施,避免旅客受伤。

 小结

乘务员在预先准备阶段要完成个人准备和集体准备。个人准备的时间较充分,乘务员要根据准备要求逐项认真落实;集体准备的时间有限,乘务员要服从客舱经理或乘务长的指挥,了解各自承担的岗位职责和服务要求,与其他机组成员建立良好的协同关系,为航班正常运行奠定基础。

❓ 思考题

1.简述个人准备的内容。

2.简述集体准备的内容。

3.谈谈预先准备阶段与航班运行的关系。

第二节　直接准备阶段

直接准备阶段是指乘务员登机后至旅客登机前的准备工作过程。乘务员要根据各自号位职责，严格按照规定完成各项设备检查、机供品交接和客舱清舱等工作，做好旅客登机前的准备。

一、设备检查

机上各类设备的完好状况直接影响空中安全服务的质量，对设备进行全面检查是乘务员登机后的首要工作。乘务员登机后要根据各自号位的职责对负责区域的紧急设备数量及待用状态、客舱设备完好状态、客舱清洁状况进行全面检查，完成检查后向客舱经理或乘务长进行汇报。

1.检查内容

客舱经理或乘务长应核查《客舱记录本》中的故障维修情况；全体乘务组成员要对责任区域内的氧气瓶、灭火瓶、急救箱、应急医疗箱、安全带（加长安全带、婴儿安全带）、救生衣（婴儿救生衣）、机组座位、旅客座位、安全须知卡、安全演示用品、录像设备、乘务员服务面板、舱门、烤箱和盥洗室等项目进行检查；对设备的检查要严格按照要求，认真检查，避免存在安全隐患和不利因素。

2.及时报告

乘务员一旦发现所属区域设备不符合要求，需立即报告客舱经理或乘务长，请机务维修人员进行检修。如设备一时无法修复，要及时报告机长。

> **提示**
>
> 每架飞机都配备一本现行有效的机载《客舱记录本》，航程中由客舱经理或乘务长负责客舱故障填写，航班结束后由机务维修人员根据故障记录进行维修，并将维修结果在记录本上进行反馈。客舱经理或乘务长在直接准备阶段应对前一航段故障的维修情况进行确认。

二、机供品交接

机供品交接是直接准备阶段重要的工作，乘务员要按照分工对航班配备的各类机供品进行清点、核查、签收、报告与准备。

准备包括：对需要冷藏的食品、饮料、酒类进行冷藏，准备迎宾饮料、毛巾，摆放整齐书报杂志、卫生用品，做好毛毯、拖鞋、衣架等各项事先准备工作。

> **提示**
>
> 乘务员要注意机载用水和污水排放的情况，避免发生因供水问题而影响后续的服务。

案例　交接疏忽惹不满

某航班旅客预订了一份穆斯林餐，乘务员在餐食交接单上看到了穆斯林餐的配备记录，就认为该份餐食已经配送上机，没有对餐食的配备情况进行再次确认。航班起飞后，乘务员在进行供餐前准备时发现：旅客预订的餐食没有配送上机，由于乘务员交接的疏忽，没有认真查验，致使旅客预订的餐食漏配。

点评

由于穆斯林餐的制作具有特殊的要求，乘务员无法在航班上为旅客提供，使旅客感到非常不满意，对航空公司的服务造成不良影响。

1.清舱检查

是指在每一航段旅客登机前和下机后，乘务员都应该确认客舱内没有与飞行无关的外来人员、外来物品的过程。清舱结束后，乘务员要向客舱经理或乘务长进行汇报。

（1）检查区域　驾驶舱、厨房、盥洗室、行李架、储藏柜、餐车和机供品箱等位置。

（2）检查要求　乘务员应逐一打开所有存储空间，确认各部位无不明性质的外来物；检查任何登机人员许可登机的证件，确认无外来人员。

（3）过站航班　过站期间留在飞机上的过站旅客和行李通常不需要进行再检查。

清舱工作应根据空防安全要求来认真执行和全面落实，避免存在走过场的现象。

案例 "火眼金睛"识假冒

某航班旅客登机前，有位身着制服的人员上机并出示了登机证等相关证件，申请临时加入机组，要搭乘航班。乘务员对其证件仔细查验后，发现证件的编号不符合常规编码的规律，对那位人员的身份产生了怀疑，并对其进行盘问，发现有破绽，分析确定其是一名假冒航空工作人员的不法之徒，立即报告机长通知机场公安部门。经审问，其承认自己制作了仿真的登机证，企图蒙混过关，免费搭乘飞机。

点评

由于乘务员高度的安全意识和强烈的责任心，制止了一起不安全事件的发生。

2.服务准备

服务准备很重要，既为后续的客舱服务创造有条不紊的服务条件，又能为旅客踏入客舱，留下良好第一印象。服务准备一般包括以下几点。

（1）旅客座椅　旅客座椅的安全舒适和干净卫生是旅客最关注的（图8-1），乘务员要检查座椅清洁，调直座椅靠背，将安全带平整放于座位上，放下扶手，座位区域无尖锐物品，防止旅客受伤和衣物污染。

图8-1　旅客座椅

案例 座位检查很重要

航班中乘务员在巡视客舱，有一位旅客告诉乘务员他的裤子被座椅弄脏了，乘务员立即查看座椅，发现椅子上有一粒粒的黑色颗粒，捻开后黑色颗粒就成了一小摊黑色油渍，可能是维护客舱设施时遗留的润滑剂。尽管乘务员帮助清洗，但一时无法洗干净，让旅客感到很不满意。

商务乘客
座椅模型

乘务员应该在直接准备阶段对旅客服务设施、设备都进行严格仔细地检查确认，避免发生类似的情况，从而造成旅客的不满。

（2）座椅袋　旅客入座后一般会先打开座椅前方的座椅袋，翻阅杂志，放置随身物品。乘务员要确保座椅袋内没有纸屑、残留的食品或污物，杂志无污损卷边和残缺；要保证座椅袋内安全须知、意见卡、清洁袋和耳机等一应俱全；同时，在应急出口座位的座椅袋内必须插放《应急出口须知》。

（3）旅客服务设施　旅客服务设施包括阅读灯、呼唤铃、通风器，以及禁止吸烟、系好安全带标志灯。英文 Passenger Service Unit，简称"PSU"。乘务员要注意检查旅客服务设施的完好，并保证其能正常工作。

（4）其他准备　包括调亮客舱灯光、打开遮阳板与行李架，客舱应无异味，地面应清洁无污物。同时，也要准备登机音乐广播等。

提示

乘务员经过了直接准备阶段的各项工作，可能会出现制服和妆容与规范要求的偏离。乘务员在完成直接准备后，应及时对个人的仪容仪表做好补妆和整理，以饱满的精神面貌迎接旅客的到来。

小结

直接准备阶段时间短、项目多、要求严，乘务员要树立高度的安全意识和强烈的责任感，各司其职，严格认真地做好直接准备阶段的各项工作，确保航班安全与准点，掌握服务的主动权。

思考题

1.简述直接准备阶段的工作内容。
2.讨论直接阶段对航班运行的重要性。
3.谈谈如何做好清舱工作？

第三节　飞行实施阶段

飞行实施阶段是指旅客登机至旅客离机之间的过程，是乘务员全面实施安全服务工作的阶段，也是与旅客接触时间最长、最能体现空中服务品质的重要阶段。

一、工作内容

1.旅客登机

旅客一般在航班起飞前30分钟开始登机，乘务员应面带微笑主动问候，使用敬语热情迎接旅客的到来。乘务员要认真核对乘机人数，避免旅客登错飞机。

（1）热情引导　乘务员要对登机的旅客热情问候，及时引导旅客入座，避免过道堵塞，导致后续旅客登机时间过长。在执行双通道的机型时，乘务员要做好旅客座位所在通道的指引，及时做好旅客分流，保证过道的通畅。

（2）安放行李　乘务员要积极帮助旅客安放手提行李，要及时整理行李架，腾出空间供旅客摆放。行李存放应符合安全规定，放置在许可的储藏区域内。乘务员如发现超出规定而不能存放的行李要及时通知客舱经理或乘务长，呼叫地面工作人员到场，按要求办理托运手续，并将行李牌交予旅客。

 相关链接 中国民用航空局批准的存储区域

1.存储区域

（1）行李架；

（2）旅客座位下部至前限制区域和侧面到靠通道座位限制区域；

（3）衣帽间封闭区域。

2.手提行李的规格

（1）头等舱旅客可以带2件手提行李，体积≤20厘米×40厘米×55厘米，每件≤5千克；

（2）公务舱、经济舱旅客可以带1件手提行李，每件≤5千克；

（3）CRJ机型体积≤20厘米×40厘米×55厘米。

3.一般情况下，除了手提行李允许带进客舱的物品

（1）一件外衣或一条毛毯；

（2）一把晴雨伞或一根手杖；

（3）一架小型照相机；

（4）一只拎包，供旅客阅读的适量读物；

（5）旅途中婴儿需要的食物；

（6）一个折叠式婴儿车；

（7）一个折叠式轮椅等。

行李存放
动画

（3）应急出口座位　"应急出口座位"是指旅客从该座位可以不绕过障碍物直接到达出口的座位和旅客从离出口最近的通道到达出口必经的成排座位中的每个座位。

负责应急出口的乘务员应对每一位坐在应急出口座位的旅客进行目视评估，包括：使用《应急出口通知》向旅客简介出口座位要求，请旅客阅读《应急出口须知》；确认旅客是否符合出口座位安排要求，确认在紧急情况发生时能否履行其职责，对于不符合要求的旅客或提出需要调换座位的旅客应及时调整座位。

（4）特殊旅客　乘务员要主动帮助特殊旅客登机，热情引导入座、安放行李，提供毛毯等物品。必要时向特殊旅客个别介绍紧急设备的使用及乘机注意事项。

（5）两舱旅客　乘务员在迎接头等舱和公务舱旅客时，应第一时间掌握旅客的座位号、姓氏、称呼和职务，提供姓氏尊称服务；主动帮助提拿行李、挂放衣物，并做自我介绍；在地面等待时应提供热毛巾、迎宾酒（香槟）、饮料、拖鞋、牙具、耳机、餐谱、阅读物等服务。

2.起飞前服务

起飞前服务主要包括三项内容。

（1）安全须知介绍　分为安全简介和个别简介。

① 安全简介　每一航段起飞前，乘务员通过播放录像或直接演示的方式向旅客做好各项安全简介，包括：应急出口的位置及其引导标志和灯光、安全带和救生衣的使用方法、应急漂浮设备的位置及其使用方法、禁止机上吸烟规定、禁止或限制使用便携式电子设备的规定等。

② 个别简介　在每一航段起飞前，乘务员应当对在应急情况下，需要他人协助方能够迅速到达出口的旅客进行个别简介，包括安全简介内容和应急情况下最近的出口与方式等。

（2）安全检查　为保证旅客的安全，在起飞、下降前，乘务员必须认真完成安全检查，确保安全无误。一般称为"十三项安全检查"，包括以下几点：

① 要求旅客将便携式电子设备的电源置于关断状态；

② 所有旅客就座并系紧安全带，婴儿安全带系紧或由成人抱好；

③ 无人就座的空座位，应将其座位上的安全带固定好；

④ 确认旅客行李物品存放妥当，所有行李架关闭；

⑤ 通道、应急出口处不得摆放行李物品；

⑥ 小桌板收起扣好，座椅靠背调直，脚蹬收起；

⑦ 旅客座位上无饮料杯、餐具等杂物；

⑧ 门帘、窗帘打开并固定；

⑨ 窗口遮阳板收起；

⑩ 关闭厨房电源；

⑪ 固定厨房、盥洗室的设备和物品；

⑫ 盥洗室无人占用并锁闭；

⑬ 录像显示器复位，可伸展至通道的电影屏幕收藏好。

案例　行李要存放安全

某航班旅客登机时将随身携带的一个可折叠式简便电脑桌放在行李架内，当飞机落地后，旅客打开行李架时，放置在内的电脑桌突然滑落，重重地砸在了旅客的脸上，造成眼角破裂，当场血流不止，被送到医院缝了9针。

关闭电子
设备动画

系好安全带
动画

关闭行李架
动画

收起小桌板
动画

调直座椅
靠背动画

打开遮光板
动画

点评

此事件的发生主要是由于小桌板没有安放稳妥，且由于航程中气流的颠簸和下降时的飞机滑行冲力，开启行李架时小桌板滑落所致。

因此，乘务员在旅客安排行李时，要注意安全监控和帮助指导，确保旅客的行李物品存放妥当，避免发生旅客受伤事件。

（3）掌握信息资料　旅客登机完毕后，地面工作人员会将乘机人数、特殊旅客情况、特殊餐食预订、特殊服务以及贵宾服务等信息与客舱经理或乘务长进行交接。客舱经理或乘务长要及时将信息传递给乘务员，在起飞前做好服务预案。

提示

客舱经理或乘务长要与地面工作人员做好公邮、票证箱、业务文件的交接和签收工作。国内：货单、舱单；国际：货单、舱单、总申报单、旅客名单、卫生检疫单等。

3.机上广播

机上广播用语要准确规范，语气应亲切自然，音量适中，要求以下几点：

（1）具有广播员资格的乘务员负责广播；

（2）使用专业规范的广播词广播；

（3）使用中、英两种以上的语言广播，也有的航空公司根据航线或旅客特点增加相应语种的广播；

（4）夜航时可以按区域分舱广播，避免打扰旅客休息。

4.供餐服务

供餐服务是飞行实施阶段最主要的服务内容，与旅客的接触时间较长，乘务员要在供餐服务中及时发现旅客需求、解决旅客困难，提供及时周到、温馨亲切的服务。

（1）做好开餐准备　乘务员在供应餐食之前要洗净双手，在开餐15分钟前做供餐准备，包括：检查用品用具清洁无污损、餐食烘烤的温度和时间、瓷餐具的加热，做好酒类、茶叶、咖啡服务的各项准备工作等。

（2）服务细致周到　乘务员在为旅客提供餐饮服务时，动作要做到慢、轻、稳。由里至外，先女士后男士，先给儿童后给家长，特殊餐先于其他餐供应。旅客选择餐饮时，乘务员要主动推荐，语言要清晰热情。如客舱噪声较大，旅客可能无法听清楚，此时乘务员要耐心重复。

（3）妥善处理矛盾　航班中有时会遇到餐饮品种无法满足旅客的选择，此时，乘务员首先要向旅客表示歉意，可以向旅客推荐其他餐饮品种或采用灵活方式进行调剂予以解决。

相关链接　水果腐烂巧解决

航班供餐时，一名旅客向乘务员反映：其餐盘中的水果已经变质，有腐烂现象。乘务员得知后，立即对水果进行了确认，发现由于餐盒存放过程中存在叠放挤压的情况，致使水果被挤压变形，而不是腐烂。乘务员立即向旅客进行了诚挚的致歉，并将机组水果做成水果盘送给旅客食用。之后，乘务长又积极与旅客沟通，并承诺会对餐食质量做改进，旅客最终接受了乘务员的道歉。

中英文广播动画

5.客舱巡视

航程中乘务员要始终不间断地巡视客舱。巡视中要观察旅客需求，及时收回旅客用完的餐具，做好客舱动态监控。

（1）环境服务　要合理调节客舱温度和灯光，主动收取旅客用完的餐具物品，及时清理盥洗室，保持客舱、盥洗室的清洁和机舱环境舒适。

（2）细微服务　乘务员要根据旅客需要及时提供细致入微的服务，如主动为睡觉的旅客盖上毛毯、拉下遮光板；主动为阅读报纸、杂志的旅客打开阅读灯；做好客舱影视节目的播放。

（3）应答服务　乘务员要及时做好旅客呼唤铃的应答，一般要在90秒内来到旅客面前，询问旅客的需求，并提供相应的服务。

6.下降前工作

一般指航班落地时间前30分钟左右期间的工作，除了进行客舱安全检查工作之外，还应做好以下几点。

（1）整理客舱　乘务员要整理客舱物品，收取耳机、毛毯，并存放在指定的区域；要清理收回旅客使用过的杯子、餐盒、报纸、毛巾、拖鞋等杂物，放入垃圾箱，确保客舱内无杂物。

（2）机供品回收　乘务员应遵守机供品回收制度，将未使用过的机供品进行整理回收，填写相关单据。

（3）归还衣物　归还为旅客保管的衣物，避免出现差错和遗漏。

7.落地后工作

（1）致谢道别　所有乘务员应根据各自站位要求，进入客舱与旅客进行致谢道别，感谢旅客选乘航班，并欢迎旅客再次乘机；应引导两舱旅客搭乘专属的车辆，并避免经济舱旅客先于两舱旅客下机。

（2）清舱检查　乘务员应确保所有旅客都已下机，并且立即进行客舱清舱，如发现有旅客遗失的物品，应及时归还给旅客或请地面工作人员帮助转交给旅客。

（3）结束工作　乘务员要检查自身的证件，整理携带的装具，集体离开飞机。

二、注意事项

飞行实施阶段要注意以下五个方面。

1.飞行关键阶段

飞行关键阶段指的是滑行、起飞、着陆和除巡航飞行以外在3000米（约10000英尺）以下的飞行阶段。在这个阶段，机组人员不得从事与飞行安全无关的活动，禁止将任何与飞行无关的电源开关处于开启位置。

2.机组沟通

飞行机组与乘务组的沟通联络对航班的安全运行很重要，遵循安全、通畅、有效、合作的原则。应按照事先约定的正常和紧急情况下的方式进行联络；除紧急情况外，在飞行关键阶段，乘务员不得进入驾驶舱或与机组进行联络。

3.颠簸处置

颠簸英文名为turbulence，是航空器进入一定强度的湍流中，使航空器发生左右摇晃、前后冲激、上下抛掷以及机身震颤的现象。乘务员要严格按照颠簸的处置流程，及时广播提醒旅客。

4.及时报告

航班中遇有重要情况及突发事件应及时报告客舱经理或乘务长或机长，需按规定填写相关报告单。

航班运行中发生紧急医学事件，需要填写《紧急医学事件报告单》，发生其他紧急事件需要填写《重大事件报告单》，在事件发生后立即上报，并保存24个月。

5.体现优质服务

乘务员的服务要时刻体现以客为尊的服务宗旨，在航班中全心全意为旅客提供优质周到的服务，将微笑挂在脸上，营造轻松快乐的客舱氛围。

小结

飞行实施阶段是乘务工作的重要阶段，是切实体现乘务员的职业素养和专业技能的阶段，更是旅客对航班安全与服务品质留下深刻印象的主要阶段。乘务员亲切周到、热情细致的服务和航班全程的安全监控能够让旅客获得放心、安心、贴心、称心、温馨的乘机体验。

？ 思考题

1.简述飞行实施阶段的工作内容及要求。
2.飞行实施阶段的注意事项有哪些?
3.谈谈对细微服务的理解。

第四节　航后讲评阶段

航后讲评阶段是乘务工作的最后阶段，是指完成航班任务后的工作讲评，航后讲评阶段由客舱经理或乘务长负责组织召开。

一、讲评的重要性

1.总结反馈

航后讲评具有及时性，客舱经理或乘务长可以根据当日航班情况进行讲评与分析，及时总结经验，查找不足。

2.改进提升

航后讲评可以针对安全和服务中存在的问题进行分析探讨，制定整改措施，在今后的航班服务中予以改进，不断提升客舱安全服务管理水平。

 相关链接　"旅客休息提示卡"的诞生

在航班服务中，经常会发生在供餐时，有些旅客睡着了，没有享受到供餐服务，乘务员总是靠个别记录的方式来区别，但有时会发生遗漏服务的情况。乘务员在航后讲评阶段对存在的这个问题进行了探讨，创造发明了"旅客休息提示卡"（图8-2）。当旅客休息时，乘务员在其前座椅背后贴上旅客休息提示卡。等旅客醒来后，乘务员就能及时为旅客提供餐饮服务，杜绝了以往遗漏或重复询问的问题。

图8-2　旅客休息提示卡

二、讲评内容

讲评是总结航班服务工作，提高客舱安全管理和服务质量不可或缺的环节。

1.互通信息

讲评阶段乘务组成员应将航班中遇到的各种情况和处置方式进行充分的信息沟通，分享成功的经验，提出相关注意事项；向客舱经理或乘务长提出有关航班安全服务质量改进的建议，通过有效的沟通建立良好的工作氛围。

2.航班总结

客舱经理或乘务长应认真总结航班安全服务工作的完成情况，表扬激励优秀的乘务员，点评航班服务中的典型案例，针对存在的问题和需要改进的方面提出要求，通过相互反馈和交流，不断提升乘务员的业务能力。

 小结

航后讲评阶段汇集了航班服务过程中的各种信息，是回顾航班整体质量，持续改进提高的阶段。做好航后讲评，有助于乘务员相互借鉴学习，明确努力方向，从而不断提高航班的安全管理和服务质量。

❓ 思考题

1. 简述航后讲评的重要性。
2. 简述航后讲评的内容。
3. 模拟召开一次航后讲评会。

第五节　航班餐饮服务程序

各航空公司根据航线距离、航班时刻、旅客特征、服务目标等因素设计餐饮配备标准和服务程序。下面介绍不同时间段的餐饮服务程序。

一、1～1.5小时航班

计划飞行时间1小时（含）以下及1～1.5小时（含）航班普通舱餐饮服务程序分别列于表8-1及表8-2。

表8-1　计划飞行时间1小时（含）以下航班普通舱餐饮服务程序

餐种＼配置 机型	单通道			双通道		
	标准配置	优化配置	最低配置	标准配置	优化配置	最低配置
小瓶矿泉水	机上准备阶段：完成各项安全和服务设备检查以后，将小瓶水放置于小推车或餐车上部，垂直停放于1R门服务舱					
	迎客时：由带班乘务长灵活指派一名负责客舱外场服务的乘务员或亲自做好小瓶矿泉水发放和迎客问候服务					
小瓶矿泉水	平飞后：（1）进行平飞客舱广播 （2）乘务员做好客舱巡视，同时满足旅客个性化需求					
备注	（1）发放小瓶矿泉水时可摆放在塑料透明框内，不可使小瓶矿泉水集成塑料包装袋或包装盒直接暴露在旅客面前 （2）注意确保各程序符合安全要求					

表8-2　计划飞行时间1～1.5小时（含）航班普通舱餐饮服务程序

餐种 / 机型配置	单通道			双通道		
	标准配置	优化配置	最低配置	标准配置	优化配置	最低配置
热便餐/早餐+小瓶矿泉水	（1）送小瓶矿泉水（按需提供茶和咖啡） （2）送热便餐/早餐 （3）收餐盒（按需提供茶和咖啡）	（1）送小瓶矿泉水（按需提供茶和咖啡） （2）送热便餐/早餐 （3）收餐盒		（1）送小瓶矿泉水（按需提供茶和咖啡） （2）送热便餐/早餐 （3）收餐盒（按需提供茶和咖啡）	（1）送小瓶矿泉水（按需提供茶和咖啡） （2）送热便餐/早餐 （3）收餐盒	
干点+各类饮料	（1）送干点和各种冷、热饮料（同时发送） （2）边加饮料，边收餐盒	（1）送干点和各种冷、热饮料 （2）收餐盒		（1）送干点和各种冷、热饮料（同时发送） （2）边加饮料，边收餐盒	（1）送干点和各种冷、热饮料 （2）收餐盒	
三明治/果仁+各类饮料	（1）送三明治/果仁和各类冷、热饮料（同时发送） （2）边加饮料，边收杂物	（1）送三明治/果仁和各类冷、热饮料 （2）收杂物		（1）送三明治/果仁和各类冷、热饮料（同时发送） （2）边加饮料，边收杂物	（1）送三明治/果仁和各类冷、热饮料 （2）收杂物	
干点+小瓶矿泉水	干点和小瓶矿泉水同时发送	（1）干点车和小瓶矿泉水车同步推出，小瓶矿泉水车在前，干点车紧跟其后 （2）两车一前一后同时发送，保证基本同步		干点和小瓶矿泉水同时发送	干点和小瓶矿泉水同时发送	
糯米卷+小瓶矿泉水	糯米卷和小瓶矿泉水同时发送			糯米卷和小瓶矿泉水同时发送		
小瓶矿泉水	起飞后发送			起飞后发送		
各类饮料	（1）送各类冷、热饮料 （2）边加饮料，边收杂物					
备注	在提供餐饮服务时，必须遵循由前至后提供服务的原则进行，并请注意做好前、后餐车间的服务交接					

二、1.5 ～ 5小时航班

计划飞行1.5 ～ 5小时（含）航班普通舱餐饮服务程序见表8-3。

表8-3　计划飞行1.5 ～ 5小时（含）航班普通舱餐饮服务程序

机型 / 人员配置 / 餐种	单通道			双通道		
	标准配置	减员配置	最低配置	标准配置	减员配置	最低配置
热便餐/热正餐/早餐+各类饮料（注：餐盒+热食）	（1）选送餐，后送各类冷、热饮料 （2）手托热茶（2小时以上） （3）冰淇淋（如果配） （4）加冷、热饮料，收餐盘			（1）送餐盘/盒+热食和各类冷、热饮料 （2）手托热茶 （3）冰淇淋（如果配） （4）边加冷、热饮料，边收餐盘		1.2小时（含）以下 （1）送餐盘/盒+热食和各类冷、热饮料 （2）边加冷、热饮料，边收餐盘 2.2小时以上 同减员配置程序
热正餐/早餐+各类饮料（注：1/2餐盒+热食）						
热正餐/早餐+各类饮料（注：2/3餐盒+热食）	（1）送2/3餐盘+热食和各类冷、热饮料 （2）手托热茶（2小时以上） （3）冰淇淋（如果配） （4）边加冷、热饮料，边收餐盘					
干点/三明治/果仁+各类饮料	（1）送干点/三明治/果仁和各种冷、热饮料 （2）手托热茶（2小时以上） （3）边加冷、热饮料，边收餐盘			（1）送干点/三明治/果仁和各种冷、热饮料 （2）手托热茶 （3）边加冷、热饮料，边收餐盘		1.2小时（含）以下 （1）送干点/三明治/果仁和各种冷、热饮料 （2）边加冷、热饮料，边收餐盘 2.2小时以上 同减员配置程序
各类饮料	（1）送各类冷、热饮料 （2）边加冷、热饮料，边收杂物					
备注	（1）在提供餐饮服务时，所有餐车必须遵循由前至后提供服务的原则进行 （2）单通道机型：乘务长视情况安排人员或亲自参与普通舱的餐饮服务，尤其是饮料服务；前舱乘务员须适时为普通舱饮料车添加饮料；乘务组视情况可以安排第二辆饮料车提供服务 （3）配备冰淇淋的香港正餐航班（单通道）可以取消手托热茶服务					

第九章　客舱管理

一、知识目标
1.了解客舱管理的意义。
2.了解客舱资源管理相关理论。
二、能力目标
1.掌握客舱管理的内容与要求。
2.掌握机组服务的要点。
三、素质目标
1.培养学生客舱管理全局性的意识和能力。
2.学会分析客舱管理与运行效率的关系。

第一节　客舱管理的概念

客舱管理涉及的内容多、范围广、要求高，乘务员要掌握客舱管理的定义和相关知识，了解人为因素与客舱管理的重要相关性，对客舱中的冲突、差错和压力进行有效管理，提高运行品质。

一、管理与客舱管理的定义

1.管理

管理是指通过计划、组织、领导、控制及创新等手段，结合人力、物力、财力、信息等资源，以期高效地达到组织目标的过程。广义的管理是指应用科学的手段安排组织社会活动，使其有序进行，英文是administration，或regulation。狭义的管理是指为保证一个单位全部业务活动而实施的一系列计划、组织、协调、控制和决策的活动，英文是manage或run。

2.客舱管理

客舱管理是指客舱经理或乘务长为了实现航班的安全正常运行和服务质量目标，而对乘务组、旅客以及各种资源实施的统筹管理。也包括乘务员在航班执行过程中对客舱的人、机、料、法、环的管理。

二、客舱资源管理

1.客舱资源管理

客舱资源管理又称为机组资源管理（Crew Resource Management，简称CRM），是指有效地运用所有可用资源以达成安全而有效率的飞行运作。

2.人为因素

人为因素是指与人有关的任何因素。人为因素包括工作和生活中的人，以及人与人、机器、程序、环境的关系；人为因素是航空系统中最灵活、最能适应和最有价值的部分。

SHELL模型采用简化方法来认识复杂系统，由爱德华兹教授在1972年提出，是关于人为因素最经典的模型，强调了人与硬件、人与软件、人与环境和人与人之间的关系（图9-1）。

人与硬件指人员和机器设备之间的界面，决定了人员如何与物理工作环境相互作用，是人–机系统设计最为关键的界面。如飞机上的仪表、显示器等应符合人的感知特性。

人与软件指人员与其工作场所中的非物理支持系统之间的界面。软件包括各种规章、标准、程序、工作单和计算机应用软件等。

人与环境指人员与内部、外部工作环境之间的相互关系。内部工作环境包括内部温度、湿度、照明、噪声、振动、辐射等。外部工作环境包括外部天气、建筑物、机场设施等。

人与人指工作场所中人与人之间的相互关系。包括员工之间的相互交流、配合与监督，以及员工与管理人员之间的相互关系等。

SHELL模型如图9-1所示。

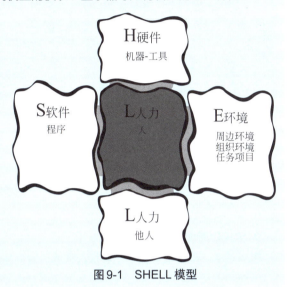

图9-1　SHELL 模型

3. 差错

差错是指一种人为失误，这种失误是对原本意愿的偏离，是无意的，大多数由于注意力分配不当、技能不熟练造成。

4. 违规

违规是指一种人为失误，这种失误是对标准或者程序的偏离，是有意的，大多数是由于不按章执行、不规范操作造成。

5. 冲突

冲突是指发生在同一空间两个或两个以上事物相互对立的需要同时存在而又处于矛盾中的心理状态。分为两种：一种是意识的，另一种是物质的。意识以认识为基础，所以是无形的，物质的冲突是可见、有形的。

6. 压力

压力是指心理压力源和心理压力反应共同构成的一种认知和行为体验过程。有"紧张、压力、强调"等意思，压力会影响人们的身心健康，这早已被公认。

7. 情景意识

情境意识是对一定时间及空间环境内各要素的理解，以及对其含义的领悟和对将来状态的预测。

三、客舱管理的意义

1. 确保客舱安全

安全是根，保证旅客安全是乘务员的法律责任和最高职责。安全是航空公司最重要的社会责任，是民航事业永恒的主题，确保客舱安全是乘务员提供给旅客最优质的服务。良好的客舱管理能够建立规范的安全保证系统，指导乘务员遵守规章，按照标准程序执行，才能负责任地履行岗位职责，确保客舱安全，保护国家和人民生命财产的安全，维护社会稳定。

案例　确保航空安全是第一职责

2008年3月7日，南航新疆分公司执行CZ6901航班。在飞行途中，乘务员闻到了淡淡的汽油味，按照气味的方向寻找，乘务员确定汽油气味来自洗手间。乘务员通过观察，发现有名旅客进入洗手间很长时间未返回座位。警惕的南航乘务员及时通知安全员，安全员立即实施洗手间检查，发现一名女子正拿着一个装着可疑液体的罐子，然后又在她的包里搜出第二个装有液体的罐子。乘务组立即向机长报告，由安全员对可疑旅客进行控制，飞机果断备降在兰州机场。事后发现，罐子里装有易燃液体，不法分子企图制造一起航空炸机事件。

点评

此案例反映出乘务员具有高度的安全警觉性，整个乘务组实施了有效的客舱管理。机组人员之间建立了良好配合，才能够成功截获一起企图制造航空灾难的事件，保证旅客和航空器的安全。

2.实现优质服务

服务是魂，是客舱乘务工作目标与核心，是航空企业服务生存和发展的命脉，提供优质服务是客舱乘务员的重要工作。优质服务的实现是客舱管理的作用体现。旅客们在乘机过程中获得满意度、舒适度和惬意度的全方位服务体验，需要客舱乘务员付出真情细致和周到亲切的服务。实现优质服务能够赢得旅客的信任感与忠诚度。

3.提高运行效率

效率是金，实施客舱管理就是提高运行效率，航空公司的运行效率体现在：航班准点、运行正常、成本精细和盈利效益。客舱管理一方面要提高人的工作效率，另一方面是实现物的利用效率，从而降成本增效率。航班正常运行确保了旅客利益，维护了旅客的权益，也为公司创造声誉和效益。

 小结

客舱管理是一门综合的课程，涵盖的内容较广泛。从20世纪90年代开始，航空界开始研究飞行机组人员的资源管理，以后又发展到对客舱乘务员、旅客以及他们之间相关性的研究。有效的客舱管理能确保航班安全、实现优质服务、提高运行效率。

？ 思考题

1.简述客舱管理的定义。

2.简述客舱资源管理的定义。

3.简述客舱管理的意义。

4.了解SHELL和REASON模型的构成，并谈谈自己的看法。

第二节　人为因素影响

人为因素是客舱服务管理最主要的内容，乘务员要掌握冲突、差错和压力产生的原因和预防处置的方法，提高自我管理的能力。

一、冲突

航班工作中会遇到各种各样的冲突，乘务员要了解冲突产生的原因，掌握解决冲突的方法，学会管理航班工作中的冲突，保证航班正常运行。

1.冲突产生的原因

（1）理解的差异　客舱乘务员与旅客的冲突往往源于理解的差异。人们对事物的看法喜欢从主观出发，就容易产生误解，导致冲突的产生。如航班起飞前要求将靠窗的遮阳板打开，当发生紧急情况时，窗外的阳光能够进入客舱缓解由于断电而造成的黑暗，同时又能让乘务员和旅客观察到飞机外部的情况，做出正确的判断，这是局方要求的安全规定；乘务员在进行安全检查时，会请靠窗的旅客帮助打开遮阳板，有时旅客会因为阳光刺眼而不愿意合作。一旦乘务员反复要求旅客打开遮阳板，就会造成乘务员和旅客之间不愉快，乘务员和旅客对安全规章理解的差异容易引发彼此的冲突。

（2）性格的差异　性格是指一个人对现实的态度以及与之相适应的习惯化的行为。乘务员与乘务员，旅客与机组人员之间的性格差异会引起冲突。如航班没有选择的餐食时，性格随和的旅客往往不会计较，通常能够接受，而性格固执的旅客会因为没有餐食可选而产生抱怨，此时，乘务员若性格急躁、处事简单，就会引发冲突，而影响航班服务质量。

相关链接　"性格色彩学"

"性格色彩学"的源头是希波克拉底的四液学说。追溯到古希腊，希波克拉底就已提出了"没有两个完全一样的人，但许多人有着相似的特征"的理论。希波克拉底通过观察将人进行分类，并能够精确地预示出不同人对于生活的不同态度。

希波克拉底将那些明显乐观、爱玩乐特征的人称为多血质；将那些喜欢成为领导者的人称为胆汁质；将那些循规蹈矩，感情细腻的人称为抑郁质；而将那些乐于旁观，很轻易就会被人所领导的人称为黏液质。

中国心理专家乐嘉在以上的基础上进一步结合，发展了个性修炼的有效策略，不同性格产生的行为互动关系及塑造个性的内容，并将其他性格分析系统相互整合。与此同时，赋予了"性格色彩"的概念，主要将人的性格分为红、蓝、黄、绿四种。

红色：看重个人赞誉，以人为导向，能说会道、冲动外向。

蓝色：对时间很敏感，以任务为导向，循规蹈矩、思维缜密。

黄色：对时间非常敏感，以目标为导向，坚定目标、努力不懈。

绿色：接纳他人意见，以感受为导向，独善其身、创造和谐。

"性格色彩学"广泛用于各种类型的培训，其中包括团队合作、管理绩效提升、领导艺术培训，沟通技巧、销售能力提升以及客户争议解决等。

2.解决冲突的方法

航班中发生冲突，乘务员要重视冲突发生的原因，停止争论，互相聆听，尊重对方，及时妥善解决冲突，以免冲突升级而引发抱怨、投诉，造成更大的影响。一般遵循下列三个原则。

（1）冷静控制原则　乘务员要在冲突管理中起到积极协调的作用。发生冲突之后，乘务员要以大局为重，保持冷静，控制情绪，应该停止争论，互相聆听，"就事论事"而不是"情绪论事"。如旅客对关闭移动电话的安全规章不理解、不支持时，乘务员要心平气和、耐心有礼地向旅客详细地解释和说明使用移动电话对飞机通信的影响，争取旅客的理解，获得支持。

（2）换位理解原则　乘务员要学会换位思考，运用有效的沟通技巧缓解冲突的影响。要站在旅客的立场思考与理解，如飞机落地后还在滑行，许多旅客会迫不及待地打开行李架拿取行李，乘务员对旅客进行劝阻时，要理解旅客想提前下机的急切心情，友善礼貌地劝阻，就能避免冲突的产生。

（3）求同存异原则　发生冲突时乘务员要遵循"求同存异"的原则，学会在各种冲突中寻求共同之处。如遇到旅客与旅客之间的冲突，乘务员应及时安抚双方的情绪，找到旅客的共同需求点，避免进行是与非的评论，帮助旅客双方进行协调沟通，求同存异，达成共识。

相关链接　深入他人之心

杰拉德在《深入他人之心》一书中这样写道："当你认为别人的观点、感觉与你自己的观点和感觉同样重要，并且向对方表达这样的观点时，你和别人的交谈就会愉快。""如果你是一个听者，你就要克制自己不要随意说话。如果对方是听者，你接受他的观点，将会使他大受鼓舞，能够与你愉快畅谈，并欣赏肯定你的观点。"

当与其他人发生冲突时，总是把注意力集中在自己说了什么，而忽略了别人说了什么。即便是自己不同意别人的意见，也应该表现出对别人的尊重。不要把问题个人化，应该针对事件和外部情况，而不是针对个人，这会帮助自己尽量去发现什么是对的，而不是谁是对的。当飞机安全着陆后，如果时间允许，解决冲突可以通过飞行后对问题的讲评来获得共识。为同伴倒一杯饮料或接过他递的饮料，来纾解紧张的氛围。重要的是不能对冲突听之任之，而是要想方设法妥善解决。

二、差错

差错是客舱管理中最常见的问题。由于人的能力存在局限性，人总会出现失误，总会在有意无意中出现差错。乘务员要掌握差错的类别，了解差错可能引发的后果，对差错进行有效预防。

1.差错的分类

差错分为三大类。

（1）技能缺失原因　由于乘务员的技术能力缺失而产生的差错。通常发生在飞行资历较浅、缺乏服务经验的乘务员身上。例如，某航班乘务员看到盥洗室外站着一对母子，孩子急着要上盥洗室，就直接打开显示"无人"的盥洗室，谁知里面有旅客，造成旅客的投诉。乘务员要掌握服务技巧，防止出现"好心办坏事"的结果，在打开盥洗室门之前首先要观察"有人／无人"的标识，然后还要用敲门的方式确认盥洗室内无人后，方可打开盥洗室门，防止有些旅客因未锁门而被打开，造成差错，引起误会和尴尬。

（2）规章操作原因　由于乘务员违反规章要求而造成的差错是差错形成的主要原因。乘务员在执行航班任务过程中，会因各种情况而发生对标准的偏离，如操作烤箱进行餐食烘烤，必须要确认烤箱内的餐食，取出干冰，并检查没有纸片、塑料瓶等易燃物品，还要防止出现空烤箱加热的安全隐患，如果乘务员没有按照规章操作就会造成安全差错而引发事故。

（3）不良习惯原因　乘务员的不良习惯会造成各类差错的产生。航班中造成差错的不良习惯包括：工作懒散、浪费时间、主观臆断、骄傲自满、缺乏交流、言行不一和消极心态等。乘务员的好习惯能够增进团队合作，形成团队合力，减少差错的产生。

相关链接 **墨菲定律**

"墨菲定律"是美国工程师爱德华·墨菲的著名论断。其主要内容是：凡事只要有可能出错，那就一定会出错。事情如果有变坏的可能，不管这种可能性有多小，它总会发生。Anything that can go wrong will go wrong.

"墨菲定律"的原话是这样说的：If there are two or more ways to do something, and one of those ways can result in a catastrophe, then someone will do it.（如果有两种或两种以上的方式去做某件事情，而其中一种选择方式将导致灾难，则必定有人会做出这种选择。）

"墨菲定律"告诉我们：任何事都没有表面看起来那么简单；所有的事都会比你预计的时间长；会出错的事总会出错；如果你担心某种情况发生，那么它就更有可能发生。

从被发现的第一天起，墨菲定律就被证明是对事情出错的最好解释。它告诉我们，容易犯错是人类与生俱来的弱点，不论科技多发达，错误都会发生。而且解决问题的手段越高明，面临的麻烦就越严重，我们不能心存侥幸，必须对错误有预防。

2.差错的预防

差错会对航班运行造成不同程度的影响，乘务员要对差错进行预防，有效控制差错的出现。一旦差错发生，乘务员要采取措施进行解决，不给差错形成连锁反应的时间，尽可能快地停止差错的连锁反应。

（1）执行标准操作程序 乘务员应通过严格执行标准操作程序来防止差错的产生。航班运行正常离不开程序，标准操作程序有助于差错的防范，它可将差错的危险性降到最低点。例如，严格执行舱门的开启和关闭程序，能够帮助乘务员集中精力，避免发生应急滑梯误放的事故；航班颠簸期间要按照颠簸标准程序进行客舱服务和安全监控，才能将颠簸的影响降到最低。乘务员只有坚持标准操作才能够进一步减少偏差，提高执行率。

（2）加强团队沟通协作 航班的正常运行离不开客舱机组与飞行机组、安全员间的默契配合，也离不开与其他部门良好的协作配合。乘务员可以通过团队之间良好的合作来避免差错的发生。如供餐前乘务组互相提醒餐食的烘烤准备工作，可以避免供餐时因餐食未准备妥当而发生的差错；乘务员在用烧水器煮水的时候，进行互相提示，能够起到监督管理的作用，避免烧水器内水烧干的安全隐患等。总之，乘务组成员之间良好的合作能够发挥团队补充和监控的作用，有效地减少差错。

（3）重视总结反馈工作 乘务员要将航班中发生的各类差错进行上报与反馈，防止类似的差错重复发生。如航班过站中乘务员忽视了飞机的清水添加情况，造成空中服务时无法正常实施热饮的供应服务，乘务员在航班返回后就要及时报告，提醒其他乘务员在过站时要注意清水添加的完成，避免重复发生此类事件。乘务员要善于总结经验，吸取教训，将自己的经验和教训报告给公司，让其他乘务员从中得到教育和启发，整体提高航班安全服务水平。

三、压力

1.压力的产生

压力是生活中的一个现实。无论是谁，从事什么工作，都会碰到压力。民航飞行更是以高技术、高要求、高强度和纪律性著称，乘务员经常会遇到或大或小压力。乘务员的压力一般产生于以下情况。

　　① 航班生产任务的压力；

　　② 乘务员高度的责任和义务的压力；

　　③ 航班延误、客舱设备故障造成的压力；

　　④ 由于个性不适应及能力缺乏的压力等。

2.缓解压力的方法

　　压力会明显地影响团队协作和工作效率，会破坏友好的气氛，怎样正确对待压力呢？下面介绍几种方法。

　　（1）明确压力来源，善于整体规划　　首先，必须清楚自己的压力的来源，比如，客舱乘务员准时、守时的压力会很大，一旦发生或即将发生迟到的行为，会产生心跳加快和过分担心的明显压力征兆。为避免发生这类现象，乘务员要有充分的时间提前准备，做到事前规划，"一切尽在掌握"，这样能较好地缓解压力。

　　（2）不断调整心态，尽量保持乐观　　压力下，难免会情绪低落、无精打采，这种状态会影响航班工作。为此，客舱乘务员需要及时采取各种措施，不断调整心态，使自己始终保持一种积极向上、充满活力的状态。即使遇到麻烦，也一定会以最快的速度重新调整状态。

　　（3）按照标准执行，从不耽搁迟延　　压力出现时，应专心于执行正确的标准规范，如洗手间的烟雾探测器发生啸叫，同时有烟雾冒出，客舱乘务员应立即执行标准灭火程序，用手册程序来缓解压力。同时，能在今天办完的事不拖到明天，能在当时办完的事不拖到数小时之后。因为很多事情搁着未做，本身就会造成巨大的心理压力。

　　（4）困惑及早倾诉，采用幽默减压　　客舱乘务员在感到困惑、棘手或压力的时候，要毫不掩饰地寻求乘务组成员的帮助，及时倾诉获得释放，或许还会得到其他组员给予的良好建议。如果气氛紧张，尝试讲个笑话，用幽默来化解压力的情绪。

 小结

　　良好的客舱管理能够保证航空安全、优质服务和运行品质的提升。乘务员要具备解决冲突和航班压力的技巧，减少差错的产生，从而提高客舱管理的能力。

？ 思考题

　　1.冲突产生的原因是什么？如何解决冲突？

　　2.如何预防差错？

　　3.谈谈压力对乘务员的影响。

第三节　客舱管理的内容与要求

一、旅客管理

　　为保证航班正常运行，乘务员要对航班旅客进行全面管理，顺利完成航班任务，以下为发生特殊情况时的通用规定。

1.可不接受的旅客范围

　　① 是或怀疑是中毒者；

② 是或怀疑是吸毒者；

③ 要求静脉注射者；

④ 已知是传染性疾病患者并在航班中有可能传染给他人的旅客，或该人无法提供其是无传染疾病患者的有效证明；

⑤ 干扰公共秩序者；

⑥ 拒绝提供有效证明者；

⑦ 精神不健全，有可能影响机上人员或自残者。

2.责令下机的旅客

（1）责令下机的范围　无票登机的、无登机牌的、登错飞机的、表现为醉酒的和证件不齐全等。

（2）责令下机无效时　乘务员应立即通知报告机长，要求机场公安采取措施强制该旅客下机。

3.睡觉的旅客

（1）安全　提醒睡觉的旅客系好安全带，防止意外颠簸受伤。

（2）巡视　注意巡视客舱，使用休息卡，做好客舱服务提示。

（3）服务　预留旅客的餐食，提供毛毯服务，关闭阅读灯和通风器。

（4）环境　夜航期间要适当调高客舱温度，调暗客舱灯光。

（5）细节　乘务员说话、动作要轻，除安全提醒外，尽量不要吵醒旅客。

4.晕机的旅客

（1）关心　主动询问情况加以安慰，擦去呕吐物，擦净被弄脏的衣服、地毯和行李，送上温水、毛巾和清洁袋。如果座位被弄脏，有条件的可以帮助调整座位。

（2）照顾　根据症状，帮助松开衣领、腰带和安全带，打开通风器，调直座椅；可用手在旅客背后自下而上推减轻旅客症状，征得旅客同意的情况下，提供人丹含服，在人中、太阳穴处擦拭清凉油。

（3）其他　如果旅客情况没有得到缓解，要及时报告机长并广播寻找医生；建议有晕机史的旅客在起飞前30分钟服用晕机药缓解症状。

5.怀抱婴儿的旅客

（1）安全管理　提供婴儿安全带，指导旅客正确的使用方法；提醒旅客起飞、颠簸和下降时系好安全带和注意各项安全要求；不安排怀抱婴儿的旅客坐在应急出口附近和靠通道的位置，一排不安排2名婴儿。

（2）物品存放　指定一名乘务员上下机时帮助旅客提拿行李、安排座位并安放妥当，航程中帮助旅客拿取用品；如接收婴儿车，在飞机停稳后及时交还给旅客。

（3）设备简介　向旅客介绍机上服务设备、呼唤铃、通风器和可供婴儿换尿片的盥洗室位置和使用方法；如果盥洗室无换尿片的设备，可以在空座位上铺上毛毯或毛巾，供婴儿换尿片。

（4）服务细致　乘务员要主动关心旅客，帮助冲泡奶粉，准备清洁袋和毛巾，及时清理废弃物；弄脏的毛毯要另外存放，后续交地面清洁人员处理；下降时告诉旅客，婴儿可能会压耳朵，提醒旅客唤醒婴儿；帮助旅客整理好随身物品；根据到达地气温，提醒穿好外套。

二、餐食管理

1.安全卫生

① 乘务员应在航前及航程中做好餐食安全管理工作，为旅客提供卫生、安全的机上餐食。

② 已经装机的餐食若飞机上没有冷藏设施，一般可在飞机上保存4小时；若飞机上有冷藏设施，可在飞机上保存12小时，但温度不得超过10摄氏度。

③ 如果餐食出现异味、变质、变色和过期等情况，要立即报告，并且通知地面工作人员予

以更换。

2. 规范操作

① 乘务员要将冷热餐食和用具分开冷藏或加温，保证凉的必凉、热的必热；内放干冰的餐车在供餐之前不得随便打开，以充分保持冷藏的温度。

② 餐食提供时要根据服务标准做好供餐、酒类和饮品等服务。

3. 干冰要求

① 干冰严禁放置于烤箱内，以防发生烘烤后的安全隐患；

② 干冰严禁放于水槽内，防止水槽与下水管冰冻；

③ 机上配备的干冰可均匀分散放置于餐车顶部，以降低餐车内的温度，保持餐食新鲜。

三、机供品管理

机供品是有限资源，乘务员要根据配备量合理使用，遵循均衡性、节约性原则，减少浪费与损耗。

1. 均衡性

有些机供品是一次性配备上机，一般情况下不予加配，对于这些机供品，乘务员要事先做好均衡调配，防止出现分配不均的现象。如机上报纸一般是一次性配备上机，过站期间不予补充。当连续执行四个航班时，乘务员需根据预报人数进行合理均衡分配，避免发生因前一个航班发放完毕，而造成后续航班无法提供的状况。

2. 节约性

乘务员在使用机供品时要注意节约，避免大手大脚，随意浪费。如可乐、雪碧打开后，瓶盖要留存起来，供应结束后，剩余的饮料将瓶盖拧紧。又如清洁盥洗室的洗手池时，乘务员不要抽取一厚叠纸巾擦拭，可以先用小毛巾擦一遍，再用1～2张纸巾将剩余的水迹擦干；而用过的小毛巾还可以继续使用，养成节约的好习惯。

四、厨房管理

1. 干净整洁

乘务员要保证厨房区域的冰箱、烤箱、保温箱、储藏室的干净整洁；保持厨房台面、地面的清洁；不要将油状液体、牛奶、果汁倒入池中，应倒入废物箱。

2. 规范操作

厨房内的所有服务用具要轻拿、轻放、轻开、轻关，并保证用具干净、无污物。不要将塑料纸或纸类用品放入烤箱或保温箱内；按要求，起飞、下降期间将所有厨房用电关闭。

五、盥洗室管理

1. 盥洗室清洁

乘务员要保持盥洗室清洁卫生、无异味，原则上头等/公务舱1人次、经济舱3人次使用后打扫一次，做到镜面、台面、地面、马桶周围干净无污迹，及时补充盥洗室卫生用品，按规定摆放整齐，卷纸前端折成三角形。

2. 盥洗室监控

乘务员要做好盥洗室的监控，关注烟雾探测器的工作状况，防止旅客在盥洗室内吸烟而影响客舱安全。当旅客长时间滞留在盥洗室内时，乘务员要主动用敲门和询问的方式了解旅客的情况，如发生旅客在盥洗室内昏厥，乘务员可直接打开盥洗室进行救助。

每个盥洗室的天花板或壁板上均装有烟雾探测器，当探测到烟雾时会发出高音量的蜂鸣声。乘务员在航前要仔细检查烟雾探测器的工作指示灯置于绿色工作位置，按中断按钮可使烟雾探测器停止蜂鸣。

六、飞行机组服务

1.总体要求

主动有礼、大方得体，确保与飞行机组的信息沟通及时准确，避免擅作主张和主观判断。

2.机组协同

乘务组要主动与飞行机组沟通，根据机组协同标准，逐一进行详细的准备和协同，了解航路天气及有关信息。

3.餐饮服务

① 直接准备阶段工作完毕后，应提供飞行机组饮料和毛巾，注意茶水勿倒过满，拧紧瓶盖或盖上纸杯起到防溅作用。

② 为飞行机组供餐的时间应事先询问机组每位成员，按需、按规定提供。机长和副驾驶应食用不同的餐食。如餐食相同，应间隔1小时以上用餐。

③ 为机组提供饮料、餐食时要使用托盘，注意平稳安放防止打翻。

4.注意事项

① 进入驾驶舱，应按照事先的联络暗号执行，防止有人尾随进入。

② 所有送入驾驶舱的餐具应在用完后及时收回，颠簸时禁止服务。

③ 与飞行机组交流时，应确认机组工作情况，避免打扰机组正常飞行操作。

④ 飞行实施阶段，全程做好驾驶舱安全监控，禁止非飞行机组人员进入。

⑤ 离开驾驶舱，应从观察孔观察外部情况，确认安全后方可开门离开。

⑥ 如在驾驶舱不慎打翻饮料，乘务员需在飞行机组人员指导下予以清洁，切勿自行盲目擦拭，以免造成对仪表、仪器的间接损坏。

 小结

乘务员在实施客舱管理过程中，要通过合理调配资源、建立岗位职责和团队良好合作来实现既定的航班目标。

? 思考题

1.旅客管理的内容和要求有哪些？

2.餐食管理有哪些要求？

3.机供品管理有哪些要求？

4.厨房管理有哪些要求？

5.盥洗室管理有哪些要求？

6.机组服务管理有哪些要求？

一、知识目标

1.了解客舱设备的配备。

2.了解客舱设备的用途。

二、能力目标

1.了解厨房各类设备的使用方法和注意事项，并能正确熟练地操作。

2.了解737-800型飞机客舱设备的使用方法和注意事项，并能正确熟练地操作。

三、素质目标

1.帮助学生理解客舱设备配备与服务质量的关系。

2.提高爱护设备、正确使用设备的意识和自觉性。

第一节　厨房设备及操作

　　厨房设备主要包括断路器、烤箱、烧水器、烧水杯、餐车、电源控制面板、水开关阀门和水槽等。在每次飞行航前检查时，乘务员都应该逐一确认设备的完好性和可用性，这样才能使餐饮服务得到良好的保证。

一、厨房概述

　　厨房通常位于客舱的前面和后面，有的机型客舱的中间也会有分布。厨房内有烤箱、烧水杯、烧水器、餐车、杂物储存柜、电源控制面板、厨房照明、积水槽、废物箱等（图10-1），各厨房还有单独的水开关阀门。

厨房

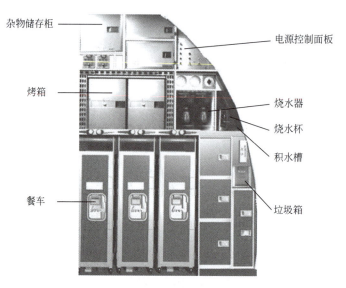

图10-1　厨房

二、厨房设备

1.断路器

断路器能切断电源，保护电路设备（图10-2）。

（1）操作

① 将黑色按钮拉出可切断电源。

② 按下黑色按钮可重新接通电源。

（2）注意事项

① 若断路器跳出，须冷却3分钟后方可重置。

② 在重置断路器前通知驾驶舱。

③ 一旦断路器重置正常，马上通知驾驶舱和客舱经理或
乘务长。

④ 断路器只允许重置一次，不可一直压着断路器，否则会引起火灾。

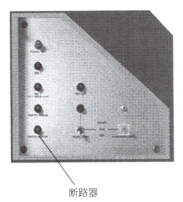

断路器模型

断路器

图10-2　电源控制面板

2.烤箱

烤箱只可用于加热食物。

类型一（图10-3）

（1）不设定服务时间操作程序

① 按压ON/OFF键打开电源开关，开关及中温指示灯亮，两个显示屏显示"00"。

② 按温度调节钮；TEMP键选择加热模式，有低温、中温、高温三种模式，一般选择中温
模式（MEDIUM）。

③ 顺时针扭转时间调节钮，至显示屏上显示所需时间。

④ 按加热时间锁定钮，指示灯亮。然后分别按压时间显示栏下面的SET按键，黄色的指示
灯亮起。

⑤ 按START键进行烤制，计时器开始进行倒计时。

⑥ 当时间为"00"时，会发出"嘀嘀"声，所有的指示灯及显示屏闪亮，按压ON/OFF键
关闭电源，烤箱停止工作。

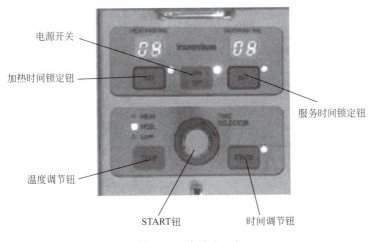

电源开关

加热时间锁定钮

服务时间锁定钮

温度调节钮

START钮

时间调节钮

图10-3　烤箱（一）

（2）设定服务时间操作程序

① 按设定完加热时间后，继续顺时针旋转时间调节钮，至服务时间显示屏显示所需的时间

（最长加热时间60分钟）。

②按服务时间锁定钮，指示灯亮。

③按START按钮，指示灯亮，服务时间倒计时。

④当服务时间与加热时间一致后，烤箱自动开始正常工作。如果要检查烤箱内的温度，按下温度调节按钮，两个显示屏共同显示温度，先显示摄氏温度，后显示华氏温度。

类型二（图10-4）

（1）操作

①将供电方式选择至"OVEN"位置。

②调节温度调节钮（左侧150摄氏度，右侧230摄氏度），每按一下可切换温度。

③顺时针转动定时器至所需的时间（以分为单位），烤箱开始工作。

④当烤制时间结束，定时器自动回转至"0"，把供电方式拨至"OFF"位。（OUTLET为插座位置）

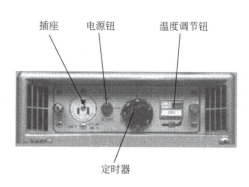

插座　　电源钮　　温度调节钮

定时器

图10-4　烤箱（二）

（2）注意事项

①在加热前确保烤箱内无任何纸片、纸制品以及干冰。

②为防止起火，严禁在烤箱内存放任何服务用器、用具、报纸、餐盒及各类可燃物。

③起飞、着陆前关闭电源。

3.烧水器（饮用水加热系统）

类型一（图10-5）

（1）操作

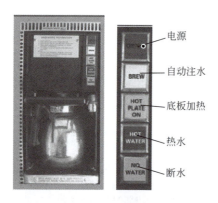

电源

自动注水

底板加热

热水

断水

图10-5　烧水器（一）

①按下ON/OFF按钮，指示灯亮。

②按下自动注水按钮，自动注水进行。

③达到烧水器的感应器的位置时，注水指示灯熄灭。

④可以按HOT WATER按钮，放出热水。

⑤按下HOT PLATE ON按钮，可以加热底板，起到保温作用。

（2）注意事项

①烧水器内烧煮沸水水温一般为80摄氏度左右。

②当"NO WATER"的灯亮起后，应该立即关闭电源，检查水阀、水量和水压是否正常。

③ 起飞、着陆前关闭电源。

类型二（图10-6）

（1）操作

① 放水至水流顺畅。

② 打开电源开关，两个指示灯全部亮，等加热灯熄灭后即可饮用，此时水的温度可达到88摄氏度。

（2）注意事项

① 每次打开电源开关前必须先放水，如无水流出需检查水关闭阀门。

② 如果水龙头出现喷气现象，要注意防止烫伤。

③ 连续用水量不得超过两壶。

④ 起飞、着陆前必须关闭电源。

4. 烧水杯

用于烧煮开水。

（1）操作

① 在水杯内加入七八成水，插在电源插座上，扣好保险卡。

② 旋转定时器或打开开关（图10-7），接通电源。

（2）注意事项

① 只在水杯内有水时方可通电。

② 起飞、着陆前关闭电源。

③ 倒空杯内的水，将水杯固定。

5. 餐车

餐车用于存放各类食品、饮料、用具和用品（图10-8）。

（1）种类：有长车和对半车。

（2）操作

① 打开固定餐车锁扣。

② 踩踏绿色踏板松开刹车，拉出餐车。

③ 使用餐车服务时打开车门。

（3）注意事项

① 餐车不得用于存放各种试剂、疫苗、或其他生物化学制剂、制成品。

② 餐车必须按规定位置存放。

③ 飞机在地面移动、起飞、着陆前，所有餐车必须存放在规定的位置并用刹车固定恰当（不超出规定限载重量），车门锁紧。

④ 所有餐车推出客舱时，必须有人监管；只要餐车在停止状态，必须踩下刹车。

⑤ 所有餐车使用完毕后必须重新收回并固定。

6. 电源控制面板

主要由厨房照明、断路器和开关组成（图10-9）。

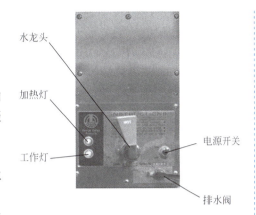

图10-6　烧水器（二）

图10-7　开关

餐车模型

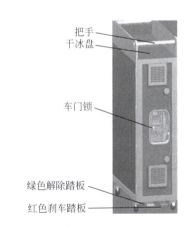

图10-8　餐车

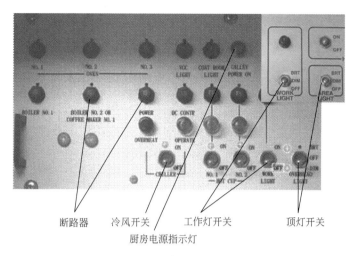

断路器　冷风开关　　工作灯开关　　顶灯开关

厨房电源指示灯

图10-9　电源控制面板

（1）厨房电源　驾驶舱的厨房电源电门接通时，才可给厨房提供电源。飞行中，有效的交流电源只有一台发动机时，厨房电源将自动切断。

（2）厨房灯光

①旅客登机、下机时，厨房顶灯灯光调至"BRT（高）"档。

②飞机起飞、下降期间，厨房顶灯灯光调至"DIM（暗）"档。

③起飞后，工作期间，厨房顶灯灯光调至"BRT（高）"档。

④夜航飞行值班期间，厨房顶灯灯光调至"OFF（关）"档，打开工作灯。

7.水开关阀门

每一个厨房均有一个水开关阀门（图10-10）。开关指向ON位时，水阀打开，开关指向OFF位时，水阀关闭。

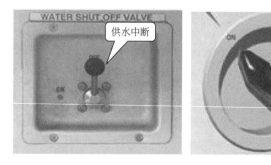

图10-10　水开关阀门

8.冷水管和积水槽（图10-11）

（1）冷水管　用于清洗物品，禁止饮用冷水管内的水。

（2）积水槽　冷水管下方的积水槽用于排水。禁止向积水槽内倒入牛奶、果汁、咖啡等液体，防止堵塞。

9.储物柜

储物柜位于厨房内，用于放置各类机供品和乘务员物品（图10-12）。用完后要及时关闭储物柜门并扣好。

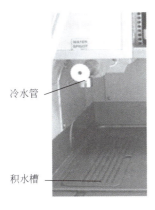

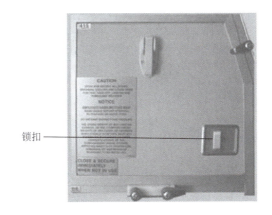

图10-11　冷水管和积水槽 冷水管 积水槽

图10-12　储物柜 锁扣

10. 废物箱

废物箱用来存放垃圾，不使用时应该保持废物箱的盖板关闭。

 小结

厨房设备的正确操作不仅关系到餐饮服务的品质，更关系到飞机的运行安全。只有熟悉厨房各类设备的使用方法，正确操作设备，才能延长设备使用寿命，确保使用安全。

思考题

1. 简述烤箱的操作及注意事项。
2. 简述烧水杯的操作及注意事项。
3. 简述餐车的操作及注意事项。
4. 简述烧水器的操作和注意事项。

第二节　客舱设备介绍及操作

以波音737-800为例。

波音737-800型飞机的客舱设备包括行李架、旅客服务单元、旅客座椅、客舱照明、乘务员座椅、通信系统、前后舱乘务员控制面板和盥洗室等。

一、行李架

1. 行李架用途

行李架（图10-13）纵贯整个客舱，可供放置毛毯、枕头及手提行李，也可放置应急设备。每个行李架均设有最大限载标示。

2. 行李架使用

行李架中部有一组锁扣，盖板锁扣外连接一个开启手柄。向外扳动开启手柄可以打开行李架。在关闭行李架时，要确认锁扣扣紧、锁好。部分飞机行李架下部边缘处有凹槽，用于飞机颠簸时作为扶手来使用。行李架两侧有旅客座位标示，旅客可以对号入座（图10-14）。

行李架模型

行李架

图 10-13　客舱设备——行李架　　　　图 10-14　行李架的座位标示

3. 注意事项

① 不能放置超过限重的行李（每个行李架均设有最大限载标示）。

② 不可放置尖锐、光滑、坚硬物品。

③ 不可放置可泄漏物品。

④ 行李架仅在旅客登机和下机时打开，其余时间必须关闭，关闭好后不得有物体外露（如包带、绳子等）。

二、旅客服务单元

1. 旅客服务单元介绍

旅客服务单元（PSU）位于每排座位上方，每个服务单元均安装有相应座位的阅读灯、氧气面罩储藏舱（附有化学氧气发生器和氧气面罩）、呼唤铃、呼唤铃灯、扬声器、"系好安全带"和"禁止吸烟"标志灯及通风孔（图 10-15）。

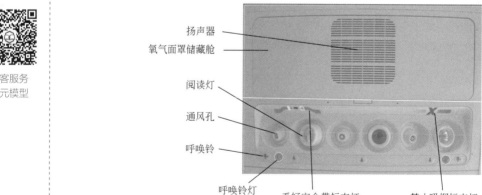

扬声器
氧气面罩储藏舱
阅读灯
通风孔
呼唤铃
呼唤铃灯　　　系好安全带标志灯　　　禁止吸烟标志灯

图 10-15　旅客服务单元

2. 旅客服务单元使用

（1）呼唤铃　按钮安装在旅客座椅上方的 PSU 面板上。呼唤铃分为两种，分体式和一体式，以下介绍分体式。

分体式，呼唤铃按钮与呼唤铃灯分别在 PSU 组件的两端，各有一套。任意一个呼唤铃按钮按下后，该组件的一个或两个呼唤铃灯都会同时亮起（图 10-16）。

旅客服务
单元模型

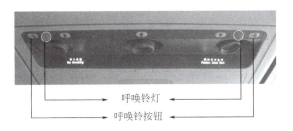

图10-16　分体式呼唤铃

（2）阅读灯　每个旅客都有独立的阅读灯和阅读灯按钮，可以自主操作。阅读灯照射的角度可以由旅客自行调节。

（3）通风孔　每个旅客都有独立的通风孔，可以自主操作。左右旋转通风口可以调节风向和风速。

（4）"系好安全带"和"禁止吸烟"标志灯　"系好安全带"和"禁止吸烟"标志灯位于旅客座位的上方，是由驾驶舱控制的。

三、旅客座椅

旅客座椅上配有小桌板、安全带和储藏袋，扶手上一般装有座椅调节控制钮、音频控制按键。

1.小桌板

大部分小桌板分布在座椅背部，并可折叠收起，还有一些小桌板放在扶手里侧或者是需要插入的辅助小桌板（图10-17）。

2.安全带

安全带由两根可以对扣的带子组成，两根带子的底部都与座椅相连（图10-18）。

普通乘客
座椅模型

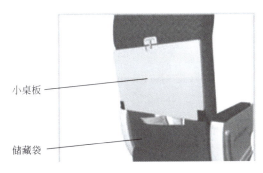

图10-17　小桌板和储藏袋

图10-18　安全带

3.座椅靠背调节按钮

在座椅的扶手上有座椅靠背调节按钮（图10-19），按下按钮，人向后靠，可以使座椅靠背向后倾斜15度左右；再次按下调节按钮座椅靠背可复位；起飞和下降必须调直。紧急出口的靠背不能调节。

四、客舱照明

客舱照明由白炽灯和荧光灯提供照明。安装于行李架上方，

图10-19　调节按钮

客舱顶灯

图 10-20　客舱顶灯

图 10-21　客舱顶灯控制开关

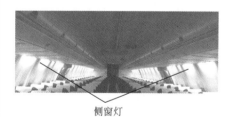

侧窗灯

图 10-22　客舱侧窗灯

客舱入口灯

图 10-23　客舱入口灯

即旅客服务单元和侧窗之间的侧壁荧光灯用于客舱照明。白炽灯为舱顶照明的一部分，提供夜航时使用。

1. 客舱顶灯（CEILING）（图 10-20）

前舱乘务员控制面板安装有一个舱顶灯控制电门，它共有五个控制位（图 10-21 中 a 部位）。

① 明亮（BRIGHT）　接通舱顶灯荧光灯至明亮。

② 中亮（MEDIUM）　接通舱顶灯荧光灯至中亮度。

③ 暗亮（DIM）　接通舱顶灯荧光灯至暗亮。

④ 夜间（NIGHT）　接通舱顶灯白炽灯至低度暗亮。

⑤ 关闭（OFF）　关断所有舱顶灯电源。

2. 客舱侧窗灯（WINDOW）（图 10-22）

前舱乘务员控制面板装有一个侧窗灯控制开关，它共有三个控制位（图 10-21 中 b 部位）。

① 明亮（BRIGHT）　接通所有侧窗灯至明亮。

② 暗亮（DIM）　接通所有侧窗灯至暗亮。

③ 关闭（OFF）　关断所有侧窗灯至电源。

3. 客舱入口灯（ENTRY）（图 10-23）

客舱入口灯用于提供前、后登机门区域照明。入口灯的控制电门位于相应的乘务员面板。它共有三个控制位（图 10-21 中 c 部位）。

① 明亮（BRIGHT）　接通客舱入口灯至明亮，同时接通门槛灯。

② 暗亮（DIM）　接通入口灯至暗亮。

③ 关闭（OFF）　关断所有入口灯电源（但外部电源接通时，入口灯将保持暗亮而不受电门的该位置限制）。

4. 应急照明（EMERGENCY EXIT LIGHTS）（图 10-24）

应急照明系统用于应急出口位置引导，并提供飞机内、外部应急通道照明。应急照明系统通常由驾驶舱应急灯电门控制，包括过道、撤离路线灯以及出口灯。该装置如果失去所有交流电源，将自动接通内、外应急照明系统。安装于后舱乘务员面板的应急灯开关（图 10-25）可操控驾驶舱控制电门。电门接通即可提供应急照明。

图 10-24　应急照明

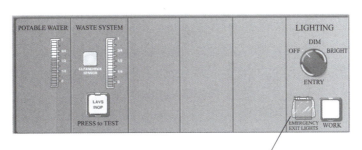

应急照明开关

图 10-25　应急灯开关

五、乘务员座椅

波音 737-800 型飞机的乘务员座椅为自动复位式，分别位于飞机的前部与登机门相连的位置以及后舱厨房内（图 10-26）。座椅上主要的部件有座椅头枕、座椅垫、安全带、内话/广播系统以及储藏柜，里面存放机组救生衣以及机载手电筒。

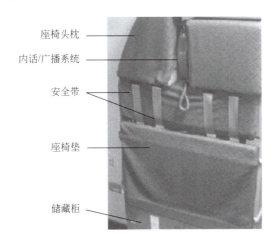

图 10-26　乘务员座椅

乘务员座椅
模型

客舱内话/
广播系统
模型

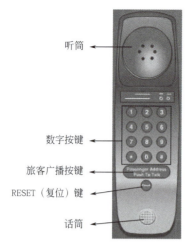

听筒

数字按键

旅客广播按键

RESET（复位）键

话筒

图 10-27　话筒

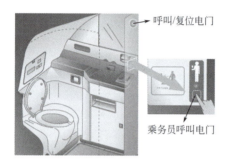

呼叫/复位电门

乘务员呼叫电门

图 10-28　盥洗室呼叫系统

七、前后舱乘务员控制面板

1.前舱乘务员控制面板（图 10-29）

前舱乘务员
控制面板
动画

六、通信系统

波音 737-800 的通信系统主要包括客舱内话/广播系统、旅客呼叫系统和盥洗室呼叫系统。

1.客舱内话/广播系统（图 10-27）

提供驾驶舱与乘务员之间、乘务员与乘务员之间以及乘务员使用内话向旅客广播。使用方法如下。

① 取下话筒。

② 按相应的数字按键开始呼叫或者广播。

③ 如需广播时，还要保持"旅客广播"按键常按直至广播结束。

④ 呼叫或广播结束时，按压"RESET"键复位，然后挂回到支架上。

2.旅客呼叫系统

旅客呼叫系统见本节"二、旅客服务单元"中呼唤铃内容。

3.盥洗室呼叫系统（图 10-28）

盥洗室呼叫系统用于乘务员对盥洗室内旅客的呼叫。使用方法如下。

① 按压"乘务员呼叫"电门，相应的盥洗室门外壁的呼叫/复位电门，琥珀色灯亮。

② 再次按压琥珀色呼叫/复位电门，琥珀色灯灭。

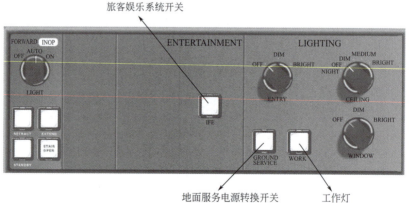

旅客娱乐系统开关

地面服务电源转换开关　工作灯

图 10-29　前舱乘务员控制面板

前舱乘务员控制面板位于左前门乘务员座椅上方，它可以控制客舱照明开关、旅客娱乐系统和地面服务电源转换开关、工作灯等。

① 客舱照明（参考本节"四、客舱照明"）。

② 每个乘务员工作区设有一个工作灯，其控制电门安装于相应的乘务员面板。按下开关，工作灯亮；再按一下，工作灯灭。

③ 地面服务电源转换开关（一般不用，故不作介绍）。

2. 后舱乘务员控制面板（图10-30）

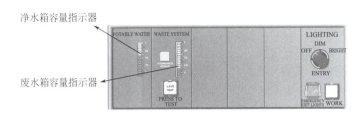

净水箱容量指示器

废水箱容量指示器

图10-30　后舱乘务员控制面板

后舱乘务员控制面板位于左后门乘务员座椅上方，它设有入口灯开关、应急照明开关、工作灯、可饮用水水位表、污水水位表等。

① 入口灯开关和应急照明开关（参考本节"四、客舱照明"）。

② 净水箱容量指示器：当水量剩余1/4时，需要加注净水。

③ 废水箱容量指示器：当水量达到3/4时，需要排除废水。

八、盥洗室

盥洗室内包括抽水马桶、洗漱池、镜子、客舱扬声器、乘务员呼叫电门、水箱、水加热器、供水阀门、排污系统、烟雾探测器、灭火设备、废物箱、氧气面罩等（图10-31）。

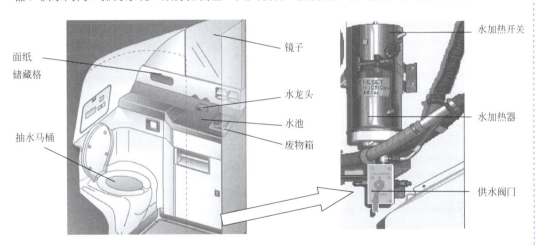

面纸
储藏格

抽水马桶

镜子

水龙头

水池

废物箱

水加热开关

水加热器

供水阀门

图10-31　盥洗室

（1）水加热器　盥洗室可提供冷、热用水。每个洗漱盆下都安装有420瓦的水加热器，可以使水温保持在52～56摄氏度。加热器的电源接通且正常工作时，位于水加热器顶部的琥珀色指示灯亮。水加热器控制电门与加热器琥珀色指示灯相邻。

（2）废物箱　废物箱盖板有隔绝空气阻燃的作用，复位弹簧应处于完好状态。

（3）盥洗室排污系统　盥洗室内洗漱池的排水通过加温的排放管排向机外。抽水马桶冲洗后的废水，可排放到可容纳60加仑（1加仑=0.00379立方米）废水的废水箱内。这个废水箱位于货舱夹层内飞行高度低于4800米时，排污系统利用真空泵收集废水，并储存于废水箱；飞行高度高于4800米时，系统将利用客舱与外界压差，使废水排放到废水箱。

（4）氧气面罩（图10-32）　当出现释压，客舱高度达到14000英尺（1英尺=0.3048米）时，氧气面罩自动脱落，盥洗室的"返回座位"灯不亮。每个盥洗室有两个氧气面罩。

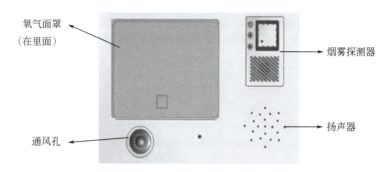

氧气面罩
（在里面）

烟雾探测器

扬声器

通风孔

图10-32　氧气面罩

九、衣帽间

飞机上的衣帽间由三部分组成：衣帽架、照明和锁扣（图10-33），主要作用是存储衣服。

锁扣

图10-33　衣帽间

提示

敞开式的衣帽间仅能悬挂衣物，不可用于行李物品的存储。

十、音乐及预录广播控制面板

音乐及预录广播控制面板（图10-34）位于左前门乘务员座椅的上方，用来播放备录信息和播放音乐，使用方法如下。

（1）开磁带盒密码　键入数字左"90"/右"1"。

（2）播放音乐　键入数字左"80"/右"1"/左"4"或者键入数字右"1"，等倒带完成后，"READY"指示灯亮，按"START"。

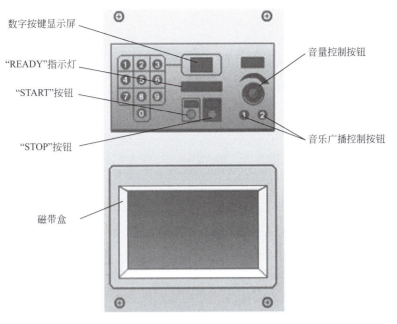

数字按键显示屏

"READY"指示灯

"START"按钮

"STOP"按钮

磁带盒

音量控制按钮

音乐广播控制按钮

图10-34　音乐及预录广播控制面板

 小结

　　波音737-800型飞机是波音737-700的加长型，它已经成为越来越多航空公司的主力机型之一。只有熟练掌握设备的使用方法和注意事项，才能确保在实际飞行中顺利达到操作要求，确保飞行安全和服务达标。

思考题

1. 旅客服务单元由哪些部件组成？
2. 客舱顶灯由几种灯光组成？根据光亮的不同程度，共有几个调节挡？
3. 应急照明有什么作用？控制按键安装在哪里，有何特殊性？
4. 简述机上内话机的使用方法。
5. 飞机上的净水箱容量指示器和废水箱容量指示器分别在哪里？有什么注意事项？
6. 盥洗室的排污系统原理是什么？
7. 若盥洗室水龙头出水是冷水，该如何处理？

第十一章　机供品管理

一、知识目标
1.了解机供品的含义和类别。
2.了解机供品管理的意义。
二、能力目标
1.了解机供品的基本配备内容和标准。
2.了解机供品的管理要求。
三、素质目标
1.帮助学生提高对机供品管理重要性的认识。
2.培养学生合理使用机供品，养成成本控制的意识。

第一节　机供品的介绍

机供品是客舱服务项目中"物"的总称，是为旅客提供客舱服务的物资资源。一般包括餐饮餐具、洗漱用品、书报杂志、毛毯等。

一、机供品含义

1.机供品单

指标有机供品配备数量与种类，供乘务员在航前或航后确认配机和填写回退量的单据。乘务员按照要求填写机供品单，以备核查。

2.清点

指乘务员在航前对照机供品单进行数量核对、质量抽查和安全检查的工作过程。

3.回收

指乘务员在航班服务结束后，将机上剩余的机供品进行整理后放在指定的位置或区域，并填写机供品单的工作过程。

二、机供品类别

机供品一般分为六大类。

图11-1　旅客餐食

1.餐食

餐食分为旅客餐和机组餐两种。

（1）旅客餐　一般根据舱位、航班时刻和航程配备。按舱位可分为头等舱、公务舱和经济舱餐食；按航班时刻可分为正餐、简便餐、点心餐等；按航程长远可供一餐至多餐（图11-1）。

（2）机组餐　是根据中国民用航空局要求和航班时刻为飞行机组配备的餐食，

包括正餐、点心、水果等。机长餐食与副驾驶餐食应有差别，机长餐食有特别标记。

提示

　　如提供给机长和副驾驶的餐食相同，则机长与副驾驶的进餐时间间隔在一个小时以上。

相关链接 新加坡航空精美的餐食国际风尚美食

　　新加坡航空公司的所有客舱均为旅客供应通常只出现在顶级饭店餐桌上的精致美食。旅客可以尽情享受由新航国际烹饪顾问团精心准备的美食菜单，辅以香槟、葡萄酒以及从全球各地精心挑选的美味饮料（图11-2）。

图11-2　新加坡机上餐食

　　新航为头等舱客人准备的精美葡萄酒与大餐，由享誉全球的著名厨师组成的国际烹饪顾问团精心准备高级菜单，菜单上有屡获殊荣的名厨专门设计的带有锅形符号标志的菜品。通过极具个性化和灵活性的餐饮服务，旅客可以随意选择自己所喜爱的美食。

　　为使旅客的餐食完美无瑕，新航还提供精选窖藏葡萄酒，每一瓶酒都由著名的新航品酒顾问团专家亲手挑选，包括Dom Perignon香槟（顶级香槟品牌，新航是为数不多的提供此酒的航空公司之一）以及Krug香槟（顶级的香槟品牌之一）。

2.饮品

　　机上饮品一般分为五大类。

　　（1）水　机上一般配备矿泉水或纯净水，它们含有人体必需的微量元素和矿物质，清洁卫生，是航班中配备量最大，使用量最多的饮品。

　　（2）软饮料　含有碳酸气体（二氧化碳）的饮料，一般情况下加入冰块提供，口感清新舒爽。包括可口可乐、苏打水、干姜水、雪碧、橙味汽水等。

　　（3）果汁　由水果制成的饮料，航班上一般提供橙汁、番茄汁、苹果汁、菠萝汁、西柚汁、果蔬汁和椰汁等。头等舱、公务舱配备的果汁品种更丰富。

　　（4）热饮　包括绿茶、红茶、咖啡等。一般在餐后提供。乘务员必须掌握热饮冲泡的方法，在递送时要慢而稳，避免烫伤旅客。

相关链接 茶、咖啡的冲泡方法

　　喝茶大有讲究：绿茶（如龙井茶），一般不用沸水冲泡，水温应控制在80～85摄氏度为宜。红茶、花茶，可用90～95摄氏度开水冲泡。送红茶时可搭配糖包、柠檬片或奶精。铁观音、乌龙茶和普洱茶须用沸腾的开水冲泡，航班上此类用茶量较大。

航班上一般配备的是即时冲泡的袋装咖啡。最适合冲泡咖啡的水温应在88～95摄氏度之间，水温过高会影响咖啡的风味。送咖啡时可根据旅客的需求配送糖包和奶精。

（5）酒类　含有酒精的饮品，其酒精含量在2%～50%之间。航班上一般提供啤酒、红白葡萄酒和香槟等酒类。一般在国际航班和两舱配备的酒类品种较多，乘务员可根据机上配备的酒类和饮料，为旅客调制鸡尾酒。

3.餐具

机上餐具一般分为以下几类。

（1）杯具　玻璃杯（图11-3）、葡萄酒杯、香槟杯、咖啡杯、塑料杯、纸杯、咖啡壶（图11-4）、茶壶、咖啡棒等。

图 11-3　玻璃杯　　　　　　图 11-4　经济舱咖啡壶

（2）餐具　汤碗、汤勺、面包碟、沙拉碗、餐盘、不锈钢刀叉、塑料叉勺、铝箔盒、纸餐盒等。

（3）辅助用品　餐布、餐谱、面包夹（图11-5）、面包篮（图11-6）、大小托盘、保温桶、开瓶器、摇酒壶、冰碗、冰勺、毛巾夹、纸巾、杯垫等。

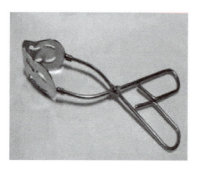

图 11-5　面包夹　　　　　　图 11-6　面包篮

部分餐具中英文对照

名称	英文	名称	英文
整餐车	Full meal cart	葡萄酒杯	Wine glass
半餐车	Half meal cart	香槟酒杯	Champagne glass
饮料车	Beverage cart	茶、咖啡杯/碟	Tea/coffee pot
供酒车	Alcohol cart	瓷汤碗	China soup bowl
烤炉架	Oven rack	瓷盘	China casserole
烤炉片	Oven insert	不锈钢刀叉	Steel knife fork
纸餐盒	Paper meal box	塑料抽屉	Plastic drawer

4.餐车、储物箱

用于存放餐食、饮品、餐具等服务用品，包括整餐车、半餐车、免税品车和供酒车等（图11-7）。

5.舒适用品

一般包括被子、毛毯、靠枕（图11-8）、拖鞋、洗漱包和毛巾等。

 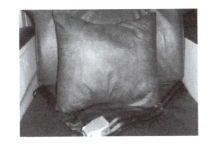

图11-7　餐车　　　　图11-8　靠枕

6.盥洗室用品

一般包括洗手液、肥皂、护手液、清香剂、擦手纸、卷筒纸和马桶垫纸等（图11-9）。

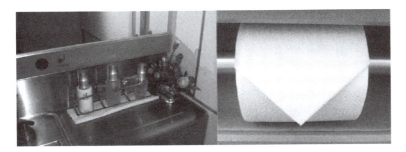

图11-9　盥洗室用品

三、机供品管理的意义

机供品管理质量的高低直接影响旅客的满意度、绿色环保和企业的经济效益。

1.有助于充分发挥机供品的效能

机供品是客舱服务不可或缺的重要组成部分，乘务员要充分利用机上配备的机供品资源，根据旅客的需求、航班的特点和季节的因素等，合理使用和调节机供品，发挥机供品的最大效能，从而提高旅客的满意度。

（1）体现合理化　乘务员在服务过程中，要对各类机供品进行合理的调配和使用，才能将有限的资源发挥更高的效能。例如，国内航班由于航程、机型的限制，毛毯不是满员配备，无法保证每位旅客人手一条。当毛毯不够分发时，乘务员要把握分配原则，一般优先提供给老人、孕妇、儿童等特殊旅客，并做好适当的预留，以备有旅客急需时能及时提供。

（2）提高满意度　旅客的满意度与机供品提供的条件、质量等具有相关性。由于机供品配备有限，当发生供需矛盾时，往往会使旅客感到不满意。如供餐时，当旅客没有选择餐食的余地时，容易引起不满。此时，乘务员要灵活应对，除了诚恳地向旅客说明情况以取得谅解之外，还应该主动推荐可供的餐食品种，来弥补配备的不足，从而及时化解旅客的不满情绪，提高旅客的满意度。同时乘务员要做有心人，注意观察和总结各条航线机供品使用情况，向有关部门提出调整机供品配备的合理化建议，来持续不断地改进服务品质。

2.有助于推进精细化管理

机供品是航空公司的成本支出，乘务员要树立成本控制意识，加强对机供品的使用管理，倡导绿色环保理念，实现降本增效。

（1）降本增效　航班机供品的运送环节多、备用量大且周转时间长，存在流失多、浪费大和管理难的现象。乘务员在服务过程中要本着厉行节约的原则，控制机供品的使用。如机上配备的无纺布毛巾，需湿润后提供给旅客，乘务员要根据旅客的人数，适量地准备湿润毛巾。要避免因贪图省事、方便，而将毛巾全部浸湿的做法，致使剩余的毛巾无法回退而造成浪费。航班结束前，乘务员要将剩余机供品分门别类地进行整理，做好机供品的回收再利用，降低机供品成本。

相关链接　机供品管理口诀

（1）餐车轻推又轻放，使用寿命可延长；
（2）餐具器皿轻取用，防止破碎扰服务；
（3）碳酸饮料开启后，瓶盖一定要保留；
（4）高档酒类可回退，保质期内还可用；
（5）纸杯不是一次性，反复使用很环保；
（6）毛毯耳机要收回，清点数量存放好；
（7）旅客人数先了解，用量适宜免浪费。

（2）绿色环保　绿色环保、减少环境污染也是航空企业应承担的社会责任。机供品的有效管理也是绿色环保、减少环境污染的有效途径之一。乘务员除了节约使用机供品外，还要注意机供品的回收。如在回收餐具时，要将餐布与用过的餐具分开存放，避免油渍污染餐布，减少洗涤对环境的影响。又如在提供饮料时，当旅客选择类同的饮品，乘务员可提示旅客重复使用水杯，既满足旅客的需求，又能降低水杯的使用量，体现绿色环保的理念。

相关链接 杜绝浪费

丰田生产方式的核心：杜绝浪费。随着日本经济的低迷，日本汽车市场也陷于长期衰退之中，然而丰田汽车却在日益激烈的竞争中继续保持利润增长，丰田提出"世界第一"的宣言，宣称要达到全世界汽车销售总量的15%，显示了其迈向世界顶点的决心。

杜绝浪费任何材料、人力、时间、空间、能量、运输等资源，是丰田生产方式最基本的概念。丰田要求每个员工在每一项作业环节里，都要重复问为什么（Why），然后想如何做（How），即"5W1H"，并确认自己以严谨的态度打造完美的制造任务。丰田生产方式倡导的是：以"杜绝浪费的思想为基础，追求制造汽车的合理性而产生的生产方式"。由此，可以看到丰田生产方式核心理念的关键词是"杜绝浪费"与"合理性生产"。

相比生产的规模效应，丰田更看重从生产者到供应商以及物流配送、零售商，各方都做到合理调整自己，根据下道工序对产品的需求时间、数量、结构以及其他的要求组织好均衡生产、供应和流通。在丰田看来，单位成本低只是在生产领域，但对整个供应链来说，这之后所付出的成本可能要远远高于规模经济所节约的成本。

小结

机供品涉及的数量大、种类多、环节长，乘务员要了解机供品的含义和类别，树立成本意识和环保意识，科学合理使用机供品，避免机供品浪费，在机供品资源配备有限的条件下，通过灵活运用的服务能力，最大限度提高旅客的满意度。

❓ 思考题

1. 简述机供品的含义。
2. 简述机供品的类别。
3. 简述机供品管理的意义。
4. 如何实现机供品管理精细化？
5. 当没有餐食可供旅客选择时，该如何处理？

第二节　机供品管理要求

机供品管理贯穿航班始终，乘务员要掌握管理要求和相关注意事项，有利于做好机供品管理工作。

一、掌握配备标准

机供品的配备不是一成不变的，会随着航季的变化、旅客的需求、时刻的调整而做出相应的修订。乘务员要及时掌握这些信息，做到心中有数、准备充分。归纳起来有两点要求。

1. 做好航前准备

乘务员在执行航班前必须做好航前准备，包括旅客人数、配备标准、餐饮品种等内容。遇到航班延误，起飞时刻发生变化，供应的餐种也要随之变化。例如，原先上午9点起飞的航班延误至上午11点起飞，那么原先配备的点心餐应调整为正餐。乘务员在准备时要有预见性，及时与地面保障部门取得联系，做好餐食调整与准备，适应航班调整的需求。

2.掌握服务要求

乘务员应熟练掌握机供品的供应方法、服务要求和注意事项，保证旅客得到良好的服务体验。如在供餐前啤酒、白葡萄酒要冰镇，瓷器餐具要事先预热，干冰要在餐食烘烤前取出等，乘务员要贯彻执行业务部门制定的各项服务要求，体现机供品提升服务价值的作用。

二、航前仔细清点

机供品由地面工作人员先于机组登机前装载上机，存放于规定的位置。乘务员登机后在完成清点的前提下，与地面工作人员确认签字。清点要注意以下几点。

1.核查铅封

由于航空安全运输的要求，机供品从仓库运输到飞机上必须进行铅封，乘务员要仔细核对铅封号，并对上机的机供品进行全面的安全检查，防止外来物品夹带上机。

2.标准清点

乘务员要根据机供品单据上的配备数量和种类进行核对，避免出现机供品数量的短缺和种类不符的现象，对后续的服务造成影响或航班延误。

3.质量抽查

乘务员要抽查机供品的配机质量，如餐食的有效保质期、外包装的完好和用具的卫生质量等，确保机供品的质量符合健康卫生安全的要求。

三、加强过站监控

航班在过站期间会对机供品进行配送和增补。乘务员要了解乘机人数临时变化的情况，及时通知地面工作人员做好配送和增补；同时要加强过站期间的监控，防止发生机供品不必要的损耗。

1.旅客人数变化

乘务员要在过站期间及时了解下一航段的旅客人数，一旦发生人数变化，与机供品配备数量不符，要及时通知地面工作人员进行补充或回退。如果发生旅客大量增加，除了做好餐食的调整外，还需要做好饮料、餐具等用品的补充，保证客舱服务工作正常开展。

2.防止意外损耗

过站期间会有客舱清洁、设备检修等地面人员进入客舱，乘务员要加强机供品的保管和监控，避免发生误将正常的机供品当做废弃物而卸下飞机的现象，这不但造成意外的浪费，还会影响后续航班的正常服务。

 相关链接 监控缺失

某航班在中途过站期间，负责经济舱餐食管理的乘务员要求地面客舱清洁人员清理餐车，卸下餐车内回收的旅客用过的餐盒等垃圾。乘务员随手指了一部餐车后，就离开，也没有对清洁人员的工作进行查核。

直到回程航班旅客登机完毕，舱门关闭后，乘务员才发现：地面清洁人员错将一整车75份干净的餐盒卸下飞机，旅客的餐食服务无法正常供应。乘务员监控失责，给后续航班服务造成不良影响。

四、航后回收交接

结束航班任务前，乘务员要对剩余的机供品进行清点、整理和分类，集中放置在规定的位置，并准确填写机供品使用情况。在有条件的情况下，做好与地面人员的当面交接工作。

 小结

乘务员是航班机供品的使用者和管理者，航前要掌握服务要求，做好充分准备。航班过程中要根据实际情况合理使用、灵活调配、加强过站监控，并做好航后回退和信息的反馈，充分发挥机供品的服务价值。

思考题

1. 简述机供品管理的要求。
2. 浅谈合理使用机供品的重要性。
3. 谈谈过站监控的重要性。

一、知识目标

1.了解旅客表扬与投诉的意义。

2.了解旅客投诉对企业的影响。

二、能力目标

1.学会如何接受旅客表扬。

2.了解投诉处置原则，并能够进行相关处置。

三、素质目标

1.培养学生正确对待旅客表扬和投诉的心态。

2.培养学生分析、改进、积累、提高的能力。

第一节　旅客表扬

在现代市场经济条件下，越来越多的企业已深刻认识到：企业竞争成败的关键在于如何赢得顾客并留住顾客。对于许多行业来说，企业最大的成本之一就是吸引新顾客的成本。根据统计数据显示：企业吸引一个新顾客的成本是保持一个老顾客成本的5～10倍。根据美国消费者事务办公室调查发现：90%～98%不满意的顾客从不抱怨，而是直接转到别的商家。顾客满意度和企业利润之间存在着密切联系。

顾客满意度是指顾客对所购买产品或服务的评价与心理预期相对比所产生的结果，反映的是顾客的一种心理状态。"满意"并不是一个绝对概念，而是一个相对概念。从根本上来说，它主要取决于企业所提供的有形产品或无形服务与顾客期望、要求等吻合的程度。所以，"顾客的满意程度=可感知效果（或结果）−顾客的期望值"，透过这一公式，我们可以发现：如果旅客的感知大于旅客的期望，旅客的满意状态是"惊喜"；相反，则旅客是"不满意"（图12-1）。旅客的感知与期望的比值越大，旅客的满意度越高，越可能赢得旅客表扬；相反，则旅客的满意度越低，这种心理的落差如果未能有效疏导，可能会产生投诉。

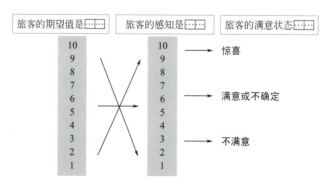

图12-1　旅客满意状态图示

一、表扬的作用

表扬是旅客对所接受的服务作出积极、肯定的评价，说明该次服务赢得了旅客的认可，是旅客满意度的一种表现形式。其作用主要有以下几个方面。

1.有利于树立良好的企业形象

旅客对服务提出表扬是对企业品牌认同的一种表现形式。如果旅客对服务感到非常满意，还会将他们的亲身感受通过"口口相传"传播给其亲友和同事。在现代信息社会，口碑传播正在成为影响当前或潜在旅客作出购买决策的重要信息来源之一。根据有关研究发现：每位非常满意的顾客会将其满意的原因告诉至少12人，而这12人中又会有10人左右在产生相同需求时光顾该顾客推荐的企业。同样一份来自欧洲的调查显示：7000个来自欧洲各国的顾客中，有60%承认他们曾在家人或朋友的影响下尝试购买新的品牌。显然，口碑传播具有较高的影响力和说服力。

口碑传播是指一个具有感知信息的非商业传播者和接受者关于某个产品、品牌、组织、服务的非正式的人际传播。相对于正式或有组织的信息来源而言，旅客在选择决策中往往更多地依赖非正式的、人际传播的信息来源。这主要是基于人际关系的承诺和信任机制在口碑传播中发挥的重要作用。专家指出，就信息传播的有效性和影响力而言，口碑传播是广告的3倍、人员推销的4倍、报纸或杂志的7倍。

通过正面的口碑传播能够增加旅客对企业的信任感，提高品牌亲和力。在服务业口碑传播研究中发现，拥有良好服务口碑的企业在顾客心目中的印象更好，往往会受到社会公众的拥护和支持，从而提高企业的知名度和美誉度，提升品牌的影响力，使企业树立良好的形象。

> **相关链接　三次登门成佳话**
>
> 某日，家住重庆市某小区的祖女士听说海尔社区服务站在小区落户了，便抱着试试看的心理给小区物业打了个电话，要对家中1999年买的两台老式空调进行维护保养。哪知刚放下电话不到十分钟，服务人员就上门了，令祖女士惊讶不已。然而就在工作人员刚把空调部件打开时，祖女士家的门铃响了，原来是祖女士的一位好友带着家人来做客。看着满满一屋子人，祖女士面露难色，犹豫再三后小心翼翼地对工作人员说："能不能暂且停止，下次再来？"服务人员二话没说，带着微笑收拾工具退了出来。
>
> 第二天，当祖女士再次打电话时，和上次一样，服务人员又在十分钟内就登门了，然而这次正当保养工作接近尾声时，祖女士家的电话突然响了起来，接起一听，是公司上司要求祖女士立即回公司处理事情。怎么办？当祖女士再次为难地表达歉意时，服务人员像上次一样，依然面带微笑悄然退出。
>
> 一周后，当祖女士第三次打电话时，服务人员再次登门，这一次进行得很顺利，而且服务人员的热情不减，工作仔细周到。当祖女士送走服务人员，回头看着焕然一新的空调时，禁不住感慨万千。而海尔服务人员保养空调三次登门的事迹也在该小区以及周边居民小区流传开来。

2.有利于提高旅客的忠诚度

忠诚度是旅客长期以来所形成的对企业的产品和服务的一种消费偏好，是旅客的认知忠诚、情感忠诚、意向忠诚和行为忠诚的有机结合。忠诚的旅客是指那些能拒绝企业同行竞争者提供的价格优惠，持续地购买本企业的产品或服务的旅客。如果企业能提高旅客的忠诚度，减少目前正在流失的旅客，相信多数企业会取得更高的增长与利润。

　　美国经济学家赖克尔德和萨塞曾经对许多行业进行了长时间的观察分析，他们发现：顾客忠诚度在决定企业利润方面比市场份额更加重要。当顾客忠诚度上升5个百分点时，利润上升的幅度将达到25%～85%。与此同时，企业为老顾客提供服务的成本却逐年下降。更为重要的是，忠诚的顾客能向其他消费者推荐企业的产品和服务，并愿意为其所接受的产品和服务支付较高的价格。由此可见，维护和提高顾客的忠诚度是企业生存和发展的根本所在，更是企业长期利润的主要来源。

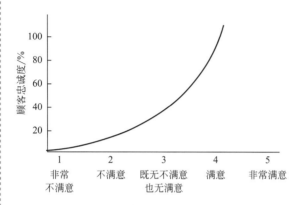

图12-2　顾客满意度与顾客忠诚度的关系

　　哈佛大学商学院的研究人员发现：只有最高的满意等级才能产生忠诚。从图12-2可以较直观地看出"顾客满意"和"顾客忠诚"之间的关系。

　　顾客非常不满意对应的"顾客忠诚度"为零，达不到"顾客满意"，顾客会离你而去；只有在"顾客满意"的基础上，进而达到"非常满意"，顾客才会保持较高的忠诚度。

　　表扬意味着服务使旅客感到"物有所值"或"物超所值"，这里的"有""超"是旅客付出的价格与其期望的使用价值相比较而言的。旅客在对服务感到非常满意的同时，还会产生愉悦、感激的心理状态，如果将这种好感深植于旅客的内心和思想中，能增进企业与旅客的关系，提升旅客满意度。旅客满意得到不断"强化"时，旅客对服务就会逐渐产生一份认同和信赖，在企业与旅客之间也会建立起一种相互信任、相互依赖的"质量价值链"，最终帮助企业赢得旅客的忠诚。

　　此外，旅客的表扬一般反映了其对产品或服务的切身感受，企业应及时汇集旅客的表扬，从中获取旅客的偏好和相关信息，扬长避短，使产品或服务更能"投旅客所好"，进一步增强旅客对企业的依赖度。

3.有利于形成良性的激励机制

　　表扬是旅客给予乘务员工作的褒奖，说明服务得到了旅客的重视、肯定与欣赏，会给人心理上带来愉悦。对于乘务员来说，无疑是一种精神上的极大鼓励与有效激励，不仅满足了乘务员"尊重"与"自我实现"的高层次需求，还能有效调动乘务员的工作积极性，使其个人能力得到进一步的挖掘和展现。"一句表扬能使我生活两个月。"马克·吐温的这句话形象地揭示出表扬对人的催化力量。

　　旅客是服务过程中重要的参与者，也是服务的最终使用者。旅客按照自身需求的满足程度来衡量服务质量的高低，给出的评价是客观的、真实的，具有重要的指导与参考价值。因此，企业对于旅客表扬会给予高度重视与适时关注，并形成相应的激励机制，使旅客满意最大化成为乘务员共同的理念与追求的目标。为了不断提高乘务员的工作积极性与主动性，进一步发挥"榜样"的力量，企业还会根据表扬的情况和程度，对于表现突出的乘务员给予嘉奖和表彰，激发乘务员的工作热情，使得企业的激励机制得到充分运用。

二、接受表扬

　　表扬是旅客满意的反映，也是对乘务员工作的肯定。在服务现场得到旅客表扬时，乘务员应该做到以下几点。

1.真诚感谢

对旅客的表扬，乘务员应第一时间向旅客表示发自内心的感谢，并表示旅客对于乘务员工作上的关心与肯定，会成为乘务员工作的动力。如果对于表扬，乘务员表现出"不在意"的态度，则会使旅客对服务的印象大打折扣，甚至产生一定的负面影响。

2.善于总结

好的服务只有得到总结，才能使其在今后的工作中发挥更大的效应。乘务员在工作中要勤于积累、善于总结，只有把带有普遍性、根本性的服务经验提炼出来，才能使好的经验更具价值，促进整体服务水平的提升。

 小结

表扬是旅客对服务感到满意的一种表现形式，它有利于树立良好的企业形象，提高旅客忠诚度。表扬也能激励乘务员，激发乘务员的荣誉感和自豪感，为旅客提供更优质的服务。

? 思考题

1.简述表扬对于树立企业形象的作用。

2.简述顾客满意与顾客忠诚之间的关系。

3.简述在接到旅客表扬时，乘务员应如何对待？

第二节　旅客投诉

旅客投诉，系旅客对服务过程中任意一个环节或行为，认为损害其合法权益，向公司反映情况或提出索赔及处理的请求行为。

一、投诉的影响

引起旅客投诉最根本的原因是旅客没有得到预期的服务，即旅客的实际感知与原有期望间产生较大的心理落差。这种落差有可能是因为有形的产品，也有可能是无形的服务。假若此落差未能得到有效解决或控制，则旅客可能会将此心理现象转变成投诉的行为。投诉产生的影响如下。

1.有损企业的对外形象

旅客往往也会将自己不愉快的服务经历向朋友、亲人诉说。专家指出：如果顾客对公司产生不满，平均会告诉9～10人，有13%的人会把这件事情告诉20人以上；问题没有得到满意解决，他们会把负面经验告诉8～16人。这种负面的"口碑"传播因其具有较高的影响力，对企业是一种极为不利的宣传。

2.给企业带来经济损失

旅客投诉主要因为旅客主观上认为由于他人工作差错而给其带来麻烦和烦恼或损害其利益等，如果投诉没有得到很好地处置，可能会给企业带来"意料不到"的巨大损失。下面是一个真实的投诉案例。

2009年7月，加拿大歌手戴夫·卡罗尔与乐队成员一起乘坐美联航的航班赴美国，在芝加哥奥黑尔机场转机时，他目睹了自己的演出器材被行李员在装卸时抛来抛去。随后他与机场3名雇员交涉，他们均不以为然。到达内布拉斯加后，卡罗尔发现他的价值3000美元的吉他已经被摔坏了。于是他只好花了1200美元把吉他修好，但演奏效果已大不如前。卡罗尔一气之下走上了维权之路。

他通过电话、传真、电子邮件等方式，向美联航在芝加哥、纽约、加拿大甚至印度的服务部门投诉，结果他被"踢皮球"。在长达一年的投诉过程中，听到的答复通常是"不要问我""对不起，先生，您可以去别处索赔"，最后一位名叫艾尔维格的女客服代表干脆对卡罗尔说"NO"，这一下激怒了卡罗尔。于是，卡罗尔想以自己特有的方式来惩罚一下美联航。他把这件事情的经过写成了歌曲——"美联航摔坏吉他"，并做成了视频上传到了互联网YouTube网站，上传10天内互联网上歌曲点击量就达到400万人次。他的遭遇得到了大家的同情和支持，就在几天内，美联航的股价下跌了10%，相当于蒸发了1.8亿美元的市值。美联航态度随之来了个180度的大转弯，主动要求赔偿，公司发言人还对美国《洛杉矶时报》说："这段歌曲视频非常精彩，我们打算用它来教育培训员工，以使我们的旅客可以得到更优质的服务。"

一把摔坏的吉他价值1.8亿美元，美联航最终为这起旅客投诉付出了惨痛代价，企业形象也遭受重创。

二、投诉的一般处置

旅客提出投诉表明其仍然相信差错是可以改正或弥补的。当投诉被很好地解决，补救措施能够满足旅客的要求时，不但能挽回公司声誉，还能让旅客感到公司对服务质量是高度重视的，对于投诉旅客也是十分尊重的。这一部分客源将很有可能成为公司的忠实旅客，从而稳定现有的客源市场。数据显示：54%～70%的旅客在问题获得解决后，会再次上门消费；如果解决问题足够快，这个比例会攀升至95%。

投诉按照其发生模式可分为现场投诉和非现场投诉。投诉处理工作要以公正、及时、有效为宗旨，努力做到合法、合理、合情。下面将介绍现场投诉的一般处置流程。

1.快速受理

接到投诉时，乘务员应耐心倾听，真诚道歉，虚心接受，并及时向客舱经理或乘务长汇报（必要时，客舱经理或乘务长将情况报告机长）；客舱经理或乘务长应与旅客进行充分沟通后，视实际情况，在第一时间内采取补救措施，取得旅客谅解；在处理过程中，如旅客需要回复或需要进一步处理，客舱经理或乘务长可根据旅客需求，选择合适的处理方式。原则上，乘务组不要向旅客提供书面证明。

2.相关取证

在旅客意见处理过程中，如双方对事实认定存在差异，乘务员应在不激化双方矛盾的前提下，视实际情况，尽可能做好相关取证工作。

取证的一般操作：以书面形式获取其他旅客对该事件经过的描述，并留下旅客的个人信息、联系方式等，但操作中要注意对提供证言旅客的保护。

3.航后汇报

航班结束后，客舱经理或乘务长做好投诉的书面汇报工作，内容包括：事件经过、已采取的处置措施、旅客反馈、旅客姓名和联系方式等；如有"旅客意见卡"，应在航后第一时间交给相关受理部门。

 小结

投诉是旅客维护乘机权益的一种行为，也是其对服务关注的一种表现。所以要重视旅客投诉，视投诉为改进服务品质的一种推动力，不断完善服务产品和服务行为。要及时处置旅客投诉，避免因不重视而错失旅客谅解的机会，对企业造成不利的负面影响。

❓ 思考题

1. 简述投诉对企业形象的影响。
2. 简述1976年最佳公关活动的成功之处。
3. 简述投诉的一般处置。

第三节　投诉的处置原则与方法

投诉即是信任，投诉是旅客给我们改进的机会。借此机会我们可以反问一下：旅客为什么会投诉？是不是我们哪里工作还做得不够好？随着日趋激烈的市场竞争和买方市场的全面形成，企业要寻求持续发展就需要适应"以旅客满意为中心"的竞争法则。快速、圆满地解决投诉，有利于赢得旅客的满意和忠诚。

一、处置原则

无论是由于有形的产品还是无形的服务引起投诉，乘务员应掌握的处置原则是一致的。

1.首问负责

在处理投诉时，第一个被询问到的乘务员即为首问责任人。要求首问责任人对旅客提出的问题或要求，无论是否是自己职责（权）范围内的事，都要给旅客一个满意的答复。不得借口推诿、拒绝或拖延处理时间。

2.及时汇报

及时汇报的主要目的在于提高投诉处理效率，避免因内部各环节沟通不及时或不顺畅导致"脱节"现象的出现。汇报时，要求内容准确无误、不得瞒报漏报、拖延不报。

3.有礼有节

带着问题和要求来投诉的旅客，难免会态度不好、心情急躁。此时，乘务员要学会审时度势，具体情况具体处理，展现出良好的职业素质。要求耐心倾听、积极应对，在任何情况下不得采取过激的语言行为。旅客投诉为公司或个人提供了一次认识自身服务缺陷和改善服务质量的机会，因此，最后还要真诚地对旅客表示感谢。

4.换位思考

站在旅客的立场想问题，学会换位思考："如果我是旅客，碰到这种情况，我会怎么样呢？"只有站在旅客的角度，想旅客所想、急旅客所急，才能真正地理解旅客，与其产生共鸣。

5.快速行动

探寻旅客希望解决的办法，一旦找到，需征求旅客的同意。如果旅客不接受所提出的办法，要真诚地询问旅客有什么提议或解决的办法。无论是否有权决定，让旅客随时清楚地了解进展。如果无法解决，可推荐其他合适的人，但要主动代为联络。

二、处置方法

在掌握旅客投诉的基本处置原则后，为了提高处置效率，还需要配合使用一定的处置方法，才能达到"事半功倍"的效果。

1.采取"性格差异法"

在处理投诉的过程中，建议针对不同类型的旅客，采取不同的处置策略和技巧，举例如下。

（1）感情用事者——稳　这类旅客比较容易受感情的支配，带有较强的情绪色彩，心态往往跟着感觉走，遇到不满时情绪比较激动。面对这种类型的旅客，要保持镇定，适当让旅客发泄，对其反映的情况表示理解，尽力安抚，告诉旅客一定会有解决的方法。在沟通语气上，要谦和但有原则。

（2）固执己见者——缓　这类旅客往往以自我为中心，坚持自己的意见，不听解释，爱钻牛角尖。面对这种类型的旅客，要先表示理解，从旅客的角度向其解释原因并为其提出解决方案，适时劝导旅客站在相互理解的角度解决问题。

（3）有备而来者——专　这类旅客大多有相当的常识，对相关政策、规章制度有一定的了解，注重细节。面对这种类型的旅客，首先自身要清楚地了解相关政策、规章制度。其次，沟通时要充满自信。最后要抓住时机，适时地赞扬旅客的"高见"，寻求为旅客解决问题的方案。

（4）冷静思考者——理　这类旅客遇事沉稳、冷静、客观，不易冲动，具有较强的自我控制能力。面对这种类型的旅客，要对其晓之以理，阐明相关规定，向其表示出希望解决问题的诚意。

（5）生性多疑者——诚　这类旅客对周围的人或事容易产生怀疑，甚至对相关规定也会持有怀疑态度，或担心被歧视。面对这类旅客应以亲切的态度与其交谈，千万不要与其争辩，更不能向其施加压力。在处理时，要注意观察旅客的困扰之处，以朋友般的语气与其交流，之后再说明相关规定，使其信服。

2.采取"清空不满"法

"CLEAR"——"清空"：

C——控制情绪（Control）；L——倾听旅客诉说（Listen）；E——建立与旅客"共鸣"的局面（Establish）；A——对旅客表示歉意（Apologize）；R——提出解决方案（Resolve）。

（1）控制情绪　当旅客提出投诉时，往往心情不好，其语言或行为可能是不耐烦的，甚至带有攻击性。受其影响，乘务员容易产生冲动，丧失"理性"，这样会使得事态发展更加复杂。因此，要懂得控制自己的反应情绪。旅客提出投诉是因为他们有需求没有被满足。所以，乘务员应充分理解他们可能表现出的失望、愤怒、沮丧或其他过激情绪等。

以下建议，可能会有所帮助。

① 学会深呼吸，平复自己的情绪；

② 衡量问题的严重程度；

③ 以退为进；

④ 如果有可能的话，给自己争取更多时间。

（2）倾听旅客诉说　静下心来积极、细心地聆听旅客的说话内容，在字里行间里找到旅客投诉问题的实质和旅客的真实意图，了解旅客想表达的感觉与情绪。倾听也是给旅客抱怨一个宣泄，辅以语言上的缓冲。随后，应为发生的事情向旅客道歉，表示出与旅客合作的态度。这样既让旅客将抱怨一吐为快，也为自己后面提出解决方案做好准备。

以下建议，可能会有所帮助。

① 要学会全方位倾听，比较所听到、感到和想到内容的一致性，揣摩弦外之音。

② 不要打断旅客的陈述。

③ 明确旅客投诉的内容，如果有不清楚的地方，要请旅客进一步说明，但措辞要委婉。

④ 向旅客表达他是被重视的。

（3）建立与旅客"共鸣"的局面　共鸣就是站在旅客的立场，对他们的遭遇表示真诚的理解。当旅客投诉时，他们最希望自己的意见受到对方的尊重，自己能被别人理解。建立与旅客的共鸣就是要促使双方交换信息、思想和情感。

以下建议，可能会有所帮助。

① 学会适时复述旅客的说话，用自己的话重述旅客投诉的原因，可略微夸大旅客的感受。

② 对旅客的感受做出积极回应。

③ 表现出对旅客观点的理解。

（4）对旅客表示歉意　投诉发生，即使是客观原因或他人原因造成的，也不要推脱责任，否则只会使旅客对公司整体留下不好的印象，其实也就是对自己留下坏印象。发自内心地向旅客表示歉意，即使旅客是错的，也要为旅客情绪上受到的影响表示歉意，使旅客的情绪趋于平静。

以下建议，可能会有所帮助。

① 即使在问题的归属上还不是很明确、需要进一步认定时，也要首先向旅客表示歉意，但不要让旅客误以为公司已完全承认是自己的错误，只是为发生的事情而道歉。

② 可以用这样的语言："让您不方便了，对不起。""给您添了麻烦，非常抱歉。"这样的道歉既有助于平息旅客的愤怒，又没有承担可导致旅客误解的具体责任。

（5）提出解决方案　在耐心地倾听、与旅客产生共鸣和向旅客表示歉意之后，就要把重点转到旅客最关心的问题——如何解决。应迅速就目前的具体问题，向旅客说明各种可能的解决办法，或者询问他希望怎么办，充分听取旅客对问题解决的意见，然后确认方案，进行解决。

以下建议，可能会有所帮助。

① 要确认旅客已经理解。

② 争取重新获得旅客的信赖。

相关链接　相关法律条款

1.《中华人民共和国民用航空法》

（1）第九章《公共航空运输》第一百二十四条："因发生在民用航空器上或者在旅客上、下民用航空器过程中的事件，造成旅客人身伤亡的，承运人应当承担责任；但是，旅客的人身伤亡完全是由于旅客本人的健康状况造成的，承运人不承担责任。"

（2）第九章《公共航空运输》第一百二十五条："因发生在民用航空器上或者在旅客上、下民用航空器过程中的事件，造成旅客随身携带物品毁灭、遗失或者损坏的，承运人应当承担责任。因发生在航空运输期间的事件，造成旅客的托运行李毁灭、遗失或者损坏的，承运人应当承担责任。……本条所称航空运输期间，是指在机场内、民用航空器上或者机场外降落的任何地点，托运行李、货物处于承运人掌管之下的全部期间。"

（3）第九章《公共航空运输》第一百二十五条："……旅客随身携带物品或者托运行李的毁灭、遗失或者损坏完全是由于行李本身的自然属性、质量或者缺陷造成的，承运人不承担责任。本条所称航空运输期间，是指在机场内、民用航空器上或者机场外降落的任何地点，托运行李、货物处于承运人掌管之下的全部期间。"

（4）第九章《公共航空运输》第一百二十七条："在旅客、行李运输中，经承运人证明，损失是由索赔人的过错造成或者促成的，应当根据造成或者促成此种损失的过错的程度，相应免除或者减轻承运人的责任。旅客以外的其他人就旅客死亡或者受伤提出赔偿请求时，经承运人证明，死亡或者受伤是旅客本人的过错造成或者促成的，同样应当根据造成或者促成此种损失的过错的程度，相应免除或者减轻承运人的责任。……"

2.《国内航空运输承运人赔偿责任限额规定》（中国民用航空总局第164号令）

2006年1月29日经国务院批准，2006年2月28日公布，3月28日生效。

第三条："国内航空运输承运人（以下简称承运人）应当在下列规定的赔偿责任限额内按照实际损害承担赔偿责任，但是《民用航空法》另有规定的除外：①对每名旅客的赔偿责任限额为人民币40万元；②对每名旅客随身携带物品的赔偿责任限额为人民币3000元；……"

第五条："旅客自行向保险公司投保航空旅客人身意外保险的，此项保险金额的给付，不免除或者减少承运人应当承担的赔偿责任。"

3.《蒙特利尔公约》

本公约适用于用航空器运送旅客、行李或货物以收取报酬的所有国际运输。本公约同样适用于航空运输企业使用航空器免费运输。

为本公约目的，"国际运输"一词指：依当事各方约定，不论该运输有无中断或转换，凡其出发地和目的地在两个当事国境内，或者在一个当事国境内，而在另一国（即使该国为非当事国）有一个约定经停地点的任何运输。在一个当事国境内两个地点之间的运输，而在另一国境内没有约定经停地点者，为本公约目的，不是国际运输。

（1）第三章《承运人的责任和赔偿损害的范围》第17条旅客伤亡。

① 对于旅客因死亡或身体伤害而蒙受损失，只要造成伤亡的事故发生在航空器上或者登机或下机过程的任何阶段，在此条件下，承运人应承担责任。但是，由于旅客健康状况造成的伤亡，在此范围内承运人没有责任。

② 对于因托运行李毁灭、遗失或损坏而蒙受损失，只要造成毁灭、遗失或损坏的事件发生在航空器上或者登机或下机过程的任何阶段，或者该行李在承运人掌管之下，在此条件下，承运应承担责任。但是，若该损失是由该行李的固有缺陷、质量或瑕疵造成的，在此范围承运人没有责任。对于非托运行李，包括个人物件，若损失是由承运人过失造成的，它应承担责任……

（2）第三章《承运人的责任和赔偿损害的范围》第21条旅客伤亡的赔偿。

① 对于第17条第1款中所引起的损害赔偿，每位旅客不超过10万特别提款权者，承运人不得排除或限制其责任。

② 对于第17条第1款中所引起的损害赔偿，每位旅客超过10万特别提款权者，承运人若证明由下列情况者，则不承担责任：

（a）该损失不是由承运人或其受雇人或代理人的过失或者其他不当行为或不行为造成；

（b）该损失完全是由第三方的过失或者其他不当行为或不行为造成。

 小结

妥善处理投诉，并用优质服务巧妙挽回投诉带来的负面影响，是证明企业或个人能为旅客提供什么样服务的最佳机会。应把投诉看作为一种有价值的反馈，及时圆满地解决投诉，就是将投诉转变为财富的过程。通过投诉改进服务，避免再次发生相同或类似的服务差错，从而实现自我提升。

思考题

1. 简述投诉的处置原则。

2. 举例说明"性格差异法"的应用。

3. 简述"清空不满法"的内容，并举例说明。

第十三章　机上急救

一、知识目标

1.了解人的四大生命体征。

2.了解并能判断与航空活动有关的疾病及机上常见疾病的发病特征。

二、能力目标

1.掌握机上急救的一般原则和程序。

2.掌握机上疾病旅客的处置步骤，并能够进行实地操作。

3.掌握机上创伤旅客的处置步骤，并能够进行实地操作。

三、素质目标

1.提高学生对熟练掌握急救知识和能力重要性的认识。

2.培养学生的急救处置能力，关键时刻发挥作用。

第一节　机上急救处置

机上急救是指对飞机上突发疾病或意外的患者采取必要的基本的紧急救治，维持生命、防止病情恶化、加速康复和进行必要的护理，直到专业医务人员赶到。

一、人的生命四大体征

生命四大体征包括体温、脉搏、呼吸和血压。在正常情况下，四大生命体征互相协调，互相配合，维持生命；在异常情况下，它们之间互相影响，危及生命。

1.体温

正常人的体温范围在36.2～37.2摄氏度，24小时内略有波动，一般不超过1摄氏度。

口腔测温：将体温计置于患者的舌下部，闭口3分钟；腋下测温：擦干腋下汗液，将体温计置于腋窝深处，屈臂过胸，贴紧皮肤5～10分钟，腋下比口腔低0.5摄氏度，故应将腋下读数加上0.5为体温读数。

由于飞机上消毒条件无法达到医学规范标准，飞机上通常采取腋下测温方式。

2.脉搏

脉搏为体表可触摸到的动脉搏动。成人一般为60～100次/分，儿童一般为100～120次/分，婴儿一般为120～140次/分。

3.呼吸

生物体与外界进行气体交换称为呼吸，是人体获取氧气的方式。正常人的呼吸不仅有规律，而且均匀。成人每分钟16～20次/分，儿童30～40次/分。

4.血压

血液在血管内流动对血管壁产生的侧压称为血压。血压用收缩压（高压）和舒张压（低压）两个数值来表示。

成年人正常血压：收缩压（高压）90～140毫米汞柱❶，舒张压（低压）60～90毫米汞柱。

二、机上急救一般原则

采取及时、正确、有效的急救措施，能最大限度地减少病患痛苦，降低致残率，减少死亡率，为医院抢救打好基础。采取急救措施应遵循下列6条原则。

1.先复后固
遇有心跳呼吸骤停又有骨折者，应先进行心肺复苏术，待患者恢复心跳呼吸后，再进行固定骨折。

2.先止后包
遇有大出血又有创口者时，先用直接压迫、指压、止血带等方法止血，再消毒伤口进行包扎。

3.先重后轻
同时遇有垂危患者和症状较轻人员时，应优先抢救危重伤患者。

4.先救后运
不要停止抢救措施，注意观察患者病情变化，注意保暖少颠簸，等待专业医护人员到来。

5.急救与呼救并重
最快地争取到急救外援，要镇定有序地分工合作。

6.搬运与救护一致
搬运时应考虑伤员的具体伤情，搬运和救护不能分家。

三、机上急救程序

1.伤势评估
（1）告知身份　乘务员告知生病或受伤的旅客自己是机组客舱乘务员，愿提供帮助。如果旅客尚有意识，询问他/她是否需要帮助，取得同意后提供帮助；如果旅客是脑力、情感受到干扰或是婴儿，应得到父母或监护人的同意后提供帮助；如果旅客已失去知觉，即暗示已经同意乘务员提供帮助。

（2）寻求医务信息　简单询问病情、目前症状及既往病史、服用药物情况、有无自带药物以及过敏史。如旅客失去知觉应检查个人物品中有无药品和个人诊断信息。

（3）检查医疗警戒标示　快速检查旅客脖子或手腕上的检查医疗警戒标示，该标示将提供有关此人的已知医疗问题、医疗警戒系列编号和24小时医疗报警电话方面的信息。

（4）识别事故/疾病类型　分为严重事故/疾病（威胁生命）和轻微事故/疾病（不会威胁生命）两种：

① 威胁生命　大出血、食物阻塞、呼吸困难、严重急腹症、心脏病等。

② 不会威胁生命　中耳炎、晕机、一度烧烫伤等。

2.初步检查
（1）检查病人的意识状况　成人和儿童可轻拍双肩，高声呼唤双耳；婴儿可拍击其足底。病人睁眼或有肢体活动表示有意识，如病人对呼喊等刺激无反应，则表明意识丧失，已陷入危重状态。

（2）检查气道情况　保持气道畅通是呼吸的必要条件。如病人有反应但不能说话，不能咳

---

❶ 1毫米汞柱=133帕（斯卡）。

嗽，可能存在呼吸道阻塞，必须立即检查和清除。

（3）评估呼吸活动　危重病人的呼吸变快、变浅乃至不规则，呈叹息样。

（4）检查循环情况　呼吸停止心跳随之停止，心跳停止呼吸也随之停止。检查脉搏一般选取桡动脉和颈动脉，过快或过慢、忽强忽弱或不规则，均为心脏呼救信号，乘务员都要引起重视。

（5）检查瞳孔反应　正常时双眼瞳孔等大等圆，当患者脑部受伤，脑出血，严重药物中毒时瞳孔可缩为针尖大小，对光线没反应或反应迟钝。

（6）检查血压、体温　在抢救过程中要随时观察病人的血压、体温以及呼吸和脉搏等生命体征。

四、机上急救注意事项

① 提供急救时，注意保护自己和旅客，以减少被感染的危险。

② 避免皮肤或嘴巴直接接触血液和伤口等。

③ 采取某种保护措施以防止皮肤直接接触任何体液。建议用手套、塑料袋、清洁纱布或餐巾等。

④ 提供急救时应戴上口罩，急救后尽快洗手。

⑤ 如果在提供急救时接触了任何体液，被接触的机组人员应报告实情。

⑥ 急救时采用急救药箱，如遇传染病患者，可用机上的卫生防疫包来处理被体液污染的东西。

 小结

机上急救最基本的要求就是乘务员必须具备较好的心理能力。在掌握急救原则的基础上对突发的危重旅客能够做到快速评估、果断决策，用最短的时间完成各种抢救治疗工作。必须熟练地实施急救程序，以确保后期的实际抢救工作得到很好的实施。

？ 思考题

1. 人的四大生命体征是什么？

2. 机上急救的一般原则是什么？

3. 机上急救的程序如何进行，有哪些注意事项？

第二节　机上常见病处置

随着航空事业的不断发展、民航客机性能的提高和安全系数的增加，空难发生率显著降低，但是，客机舱内"低气压"的特殊环境和飞机起飞、降落及气流颠簸的"加速度"引发一些病理现象却逐年上升。正确的处置机上常见病不但可以消除旅客的紧张情绪，还能为航空公司减少返航和备降事件而节能增效。

一、心肺复苏

对于在短时间内出现的呼吸和心跳停止的病人，如果能立即进行人工呼吸和心脏按压，会为进一步的救治争取宝贵的时间，有的可以直接救活病人。

1.判断指症

（1）检查患者意识。俯下身，靠近患者耳旁呼叫；拍或摇晃病人的肩部判断意识。

（2）检查患者呼吸。看有无胸腹部起伏运动，听有无呼吸音，感觉口鼻部有无气流。检查5秒。（图13-1）

图13-1　检查患者呼吸

（3）检查患者脉搏搏动（颈动脉）

成人：检查单侧颈动脉，检查5秒。（图13-2）

（a）　　　　　　　　　　　（b）

图13-2　检查成人患者脉搏搏动

婴儿：上臂内侧中部下压。（图13-3）

图13-3　检查婴儿患者脉搏搏动

2.心肺复苏程序

如果没有上述反应，则应立即按照CAB的顺序进行心肺复苏。

（1）C（compression）：胸外按压

定位点：两乳头连线中点。

成人：病人仰卧于硬板或地面上，在两乳头连线中点进行按压。双手掌重叠，十指相扣，双手臂垂直，用身体的重力往下压迫患者的胸骨，使其胸骨下陷5～6厘米，然后放松（手不离开胸骨面），使胸壁弹起。（图13-4）

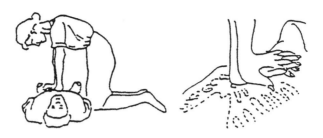

图13-4　成人胸外按压

儿童：单手掌根在胸骨下1/2处进行按压，按压深度使其胸骨下陷至少为胸廓前后径1/3（3～5厘米）。（图13-5）

婴儿：在胸部正中乳头连线下方用两手指进行按压，按压深度使其胸骨下陷至少为胸廓前后径1/3（2～4厘米）。（图13-6）

图13-5　儿童胸外按压

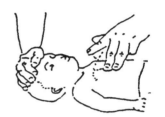

图13-6　婴儿胸外按压

下压的速度：成人为80～100次/分钟，儿童和婴儿为100～120次/分钟。

（2）A（airway）：开通气道

戴上手套检查有无口腔异物（如有血块、假牙等应先取出），使病人仰卧于硬板或地面上，下颌角与耳垂连线垂直于地面，使用以下方法开通气道，防止舌根后坠而引起的咽腔梗阻。

① 拉颌法（图13-7）。

② 仰头举颈法（图13-8）。

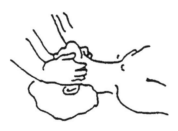

图13-7　拉颌法

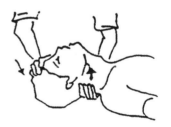

图13-8　仰头举颈法

③ 仰头拉颏法（图13-9）。

（3）B（Breathing）：人工呼吸

采用简单有效的口对口吹气方法（图13-10）。在保持呼吸道通畅的基础上以一手捏紧病人的鼻孔，吸气后张口包牢病人的口部向内吹气（有效的吹气应使病人胸腹部鼓起）。成人以每分钟10～12次的速度连续吹两次，每次持续1秒，吹气不可过量或用力过度，以免损伤肺泡组织和引起胃部扩张。儿童以每分钟12～20次吹气，每次持续1秒。

婴儿可对口鼻同时吹气，每分钟吹气12～20次，每次持1秒，切勿吹气过度过猛，以免损伤婴儿肺部。

 民航客舱服务与管理

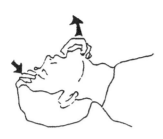

图 13-9　仰头拉颏法

图 13-10　人工呼吸

人工呼吸的注意事项：人工呼吸必须在气道开放的基础上进行；吹气量不能过大过猛；进行人工呼吸应做好自我防护，使用应急医疗箱内的吹气面罩，避免交叉感染。

3.心脏按压

心肺复苏的吹气与心脏按压应交替进行。

（1）一人操作：吹气2次，按压15次。

（2）二人操作：一人吹气2次，另一人按压心脏15次。

持续5组循环后进行有效指征的判断。

4.有效指征

（1）能扪到大动脉搏动。

（2）面色、口唇、甲床及皮肤等色泽转红。

（3）散大的瞳孔（双侧）出现缩小。

（4）有自主吞咽反应。

（5）意识逐渐恢复，昏迷变浅，出现挣扎。

（6）自主呼吸恢复。

如果出现以上有效指征，则证明病人被救活。如果没有，继续抢救,直至其他乘务员或专业的医护人员到来。

二、心脏病

这里主要指由于心肌缺血缺氧引起的冠心病。

1.症状

① 心前区疼痛，短时间内出现的胸骨后压榨感或窒息感，有时有濒死感。

② 疼痛可放射到左肩左臂。

③ 脉搏常加快变弱，也可能有心律不齐。

④ 伴有出汗、心慌、气短、面色苍白，有时会昏迷。

2.处理

① 立即让患者安静卧位休息，并尽快给吸氧。

② 松开其紧身衣物。

③ 帮助患者服下自备的药，硝酸甘油片要含在舌下。

④ 如出现心跳呼吸停止，应进行心肺复苏。

⑤ 密切观察、关心和安慰患者。

⑥ 及时寻求医务人员帮助。

三、呼吸道阻塞

1.气道异物阻塞

患者如有进食时或刚进食后出现清醒状态下的呼吸困难或不能呼吸，或是说不出话来，应该怀疑是气道异物阻塞。

（1）症状

① 皮肤苍白，然后发紫甚至变黑。

② 显得极度紧张，说不出话来。

③ 患者本能用手抓自己喉部。

④ 人工呼吸时，口对口吹气，吹不进患者肺内。

（2）处理

① 立即尝试用手指取出异物，速度要快。

② 鼓励患者用力咳嗽。

③ 用力以手掌叩拍患者背部肩胛骨之间。

④ 采用腹部冲击法（海姆立克法）从后方以双手抱患者，一手握拳放在腹部正中线，脐上两指处，远离剑突，另一只手抓住此拳，然后向内向上连续冲击5次，直至异物排出。

⑤ 对倒地的患者可以骑跨在大腿上（女乘务员可在患者一侧）进行腹部推挤。

⑥ 在异物没有排出之前尽量避免口对口吹气，否则异物将可能进入更深，而阻塞更难解除。

⑦ 儿童气道阻塞时也可用腹部冲击法，单手冲击。

⑧ 婴儿气道阻塞时可用背部叩击法：轻拍婴儿背部4次，按压胸部4次，操作时保持头部位置较低。

（3）腹部冲击法图例

① 站立位腹部冲击法（图13-11）

② 坐位腹部冲击法（图13-12）

③ 仰卧位腹部冲击法（图13-13）

  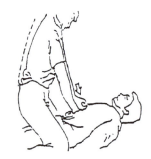

图13-11　站立位腹部冲击法　　　图13-12　坐位腹部冲击法　　　图13-13　仰卧位腹部冲击法

④ 儿童单手腹部冲击法（图13-14）

⑤ 婴儿背部叩击法（图13-15）

 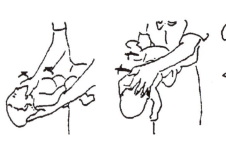

图13-14　儿童单手腹部冲击法　　　　　图13-15　婴儿背部叩击法

2.窒息

这是一种可致命的情况，发生时身体组织会得不到足够的供氧，从而使组织出现缺氧坏死，大脑细胞在完全缺氧5～6分钟即会出现坏死。导致窒息的原因有吸入氧气含量不足，吸入有毒气体以及呼吸系统的疾病或损伤等。

（1）症状

① 呼吸困难，呼吸加深、加快。

② 出现口唇青紫（紫绀），可能会口吐白沫。

③ 出现精神错乱、意识丧失，最后呼吸停止。

（2）处理

① 立即查找窒息原因或使患者脱离窒息场所。

② 保持呼吸道通畅和吸入足够空气或纯氧。

③ 如呼吸停止，应立即做人工呼吸。

④ 呼吸和脉搏恢复后，应保持恢复体位密切观察。

⑤ 尽快寻求医务人员帮助。

3.过度换气综合征

紧张、焦虑或晕机常会使人不自主地加深加快呼吸。深和快的呼吸使得体内呼出过多的二氧化碳，可引起呼吸性碱中毒。

（1）症状

① 明显的呼吸频率过快和过深。

② 头昏、视物模糊，手、脚和嘴唇麻木。

③ 肌肉僵硬痉挛，不能保持平衡，甚至昏迷。

（2）处理

① 向患者指出并解释症状和呼吸过深过快的结果。安慰患者并告知放慢呼吸的速度（并不时屏气）。

② 让患者对着一个大袋子缓慢呼吸从而重新吸入过多流失的二氧化碳。

③ 发作时避免吸氧，因为持续流出的氧气和面罩上的气阀反而会降低面罩内二氧化碳的浓度。

四、糖尿病

1.症状

糖尿病昏迷和胰岛素休克症状见表13-1。

表13-1　糖尿病昏迷和胰岛素休克的症状

项目	糖尿病昏迷	胰岛素休克
起病	渐起需数日	突然几分钟
患者表情	重病容	很虚弱
皮肤	发红干燥	苍白湿润
嘴	干燥	流涎
口渴	严重	没有
饥饿	无	重
呕吐	常见	不常见
腹痛	经常有	没有

项目	糖尿病昏迷	胰岛素休克
脉搏	快	正常
头痛	有	无
神志	由不安发展到昏迷	由淡漠进展到昏迷
震颤	无	有
尿糖	用胰岛素后6～12小时内缓慢改善	在口服含糖物（葡萄糖糖块、橙汁糖等）后恢复较快

2.处理

① 如果是胰岛素休克则给饮用甜饮，几分钟后即可恢复。

② 如肯定是糖尿病昏迷则不能给饮甜水，尽快寻求医生帮助，并仔细查看患者有无带疾病的标识牌。

③ 神志不清的患者，应将头部偏向一侧，以免呕吐造成窒息。

五、哮喘

1.症状

① 患者呼吸困难，尤其是呼出气费劲。

② 患者常常坐直并使身体前靠以帮助呼吸。

③ 患者常很焦急，甚至说话困难。

④ 可以听到明显的哮鸣音。

⑤ 往往会咳出黏稠的痰。

2.处理

① 对哮喘患者要安慰，并使其保持镇静。

② 如果患者带有药物，应该给其服下以助缓解。

③ 告诉患者坐直，使身体前靠以帮助呼吸。

④ 可以给患者吸氧以缓解症状。

六、发热

1.症状

① 严重肌肉痉挛，通常是在腿/腹部上。

② 精疲力竭。

③ 头晕或脸色苍白。

2.处理

① 松开旅客的紧身衣物，让旅客安静休息。

② 给冷或冰敷，打开通风气道。

③ 检查患者有无伴发咳嗽、皮疹、黄疸或呕吐腹泻等。

④ 如有频繁的腹泻患者，应将其座位隔离并让其使用专门的盥洗室。

七、中暑

1.症状

① 体温高；

② 皮肤热、红、干燥；

③ 可能有抽搐现象；

④ 失去知觉。

2.处理

① 用冷水擦裸露的皮肤和腋下，踝关节和颈部进行冷敷，多喝含盐分的清凉饮料；

② 必要时提供氧气；

③ 观察重要体征；

④ 为休克的病人提供急救。

八、耳压疼

1.症状

① 突发的耳闷、耳聋、耳痛。

② 耳鸣。

③ 头晕。

2.处理

① 鼓励患者忍受，打呵欠，嚼口香糖。增加吞咽动作，捏鼻闭口吞咽，捏鼻吹张等咽鼓管吹张法。

② 指导患者学会瓦耳萨耳瓦氏手法（将口鼻闭住，作深呼气，空气无其他通路可泄就会进入咽鼓管）。

九、鼻出血

1.症状

鼻孔流血。

2.处理

① 让患者坐直。

② 捏住鼻子（两侧鼻翼），以控制出血。施加压力至少10～15分钟。

③ 在前额及后颈部用冰敷。

④ 让患者休息。

⑤ 指示患者不要击打他/她的鼻子。

⑥ 可用明胶海绵纱条加压填塞法。

提示

如果怀疑头、颈或背受伤的话，请不要试着控制流血。相反，要稳定患者的头部并使他/她保持安静。

十、烧伤、烫伤

1.一度烧伤、烫伤

（1）症状

①局部呈红斑，轻度红、肿、热、痛、干燥、无水泡、拔毛痛。

②皮肤泛红、充血。

③肿胀。

④疼痛。

（2）处理

①在烧烫伤部位用冷水冲洗或盖上冷压布。

②需要的话，轻轻地绑上绷带。

③为休克患者提供急救。

2.二度烧伤、烫伤

（1）症状

①破的或鼓起的水疱，基底均匀发红或苍白。

②皮肤深红或有红点。

③水肿明显。

④皮肤潮湿。

⑤疼痛（越痛烧伤度越轻）。

（2）处理

①未破的水疱不要刺破，用冷水冲洗或浸泡至少15分钟直至疼痛消失，涂上烫伤膏，用消毒绷带轻轻包扎。

②已破的水疱，不能用水冲洗或浸泡，以防感染。再用干的消毒绷带轻轻包扎，将烧伤肢体轻轻抬起。

③航程长可口服含盐水分。

④为休克患者提供急救。

3.三度烧伤、烫伤

（1）症状

①皮肤上出现白色物体，焦黄炭化，干燥、无水泡、无弹性、焦痂下水肿，拔毛及针刺无痛。

②组织或骨骼可能暴露。

③人可能休克。

④痛觉消失。

（2）处理

①将衣服留在烧伤的皮肤上。

②用干的消毒绷带轻轻包扎。

③为休克患者提供急救。

> **相关链接**　烫伤处理要及时
>
> 　　无论乘务员还是旅客，在飞行中有时会发生烫伤的意外。这些烫伤事件有的是人主观原因造成，比如思想不集中，精力分散造成自己烫伤或烫伤别人，有的则是由于客观原因

引起，比如遇有中度和严重颠簸时热饮晃出，机上设备老化或损坏（座椅靠背相对固定不牢固、小桌板倾斜等）和热饮壶开裂或手柄断裂等。无论发生什么程度的烫伤，都应该先正确处理烫伤部位，以免感染和恶化。例如，乘务员递送咖啡发生打翻而烫伤旅客时，应该根据烫伤的部位和症状，给予冰块或烫伤药膏等处理。如果是上肢一度烫伤，则应该把旅客带到盥洗室用冷水不断地冲洗，使皮肤表面迅速降温。总之，烫伤的处理要做到及时、正确，这样才能避免留下严重的瘢痕。

十一、惊厥/抽搐

1.症状
① 突然意识模糊或丧失意识，两眼上翻斜视，双手握拳，全身僵直。
② 肌肉变僵硬，通常持续几秒钟到半分钟，随后是阵发性抽搐动作。
③ 在僵硬期间，患者可能会停止呼吸、呼吸不规则或暂停，咬自己的舌头或大小便失禁。
④ 皮肤先苍白后发绀。
⑤ 嘴吐泡沫或淌口水。
⑥ 发作时瞳孔散大。

2.处理
① 不要试图强行去阻止，患者的抽搐或在抽搐期间搬动他/她。
② 保护好患者使其不要受伤，清除身上锐利的物品，周围垫上毛毯/枕头。
③ 如果患者呕吐，则应给予方便呕吐的姿势，让其呕吐。
④ 在抽搐结束之后，检查有效体征。
⑤ 让患者保持休息。如需要的话则给予吸氧。
⑥ 提供安静环境使患者不受困扰。

3.注意
① 症状往往是随着时间的推移而逐渐减弱的。
② 如果发作时间超过10分钟或者反复发作，则要尽快获得医疗的帮助。

十二、晕厥

1.症状
（1）发作前症状视力模糊、耳鸣、神志恍惚，口腔内充满唾液、脸色苍白、眩晕、虚弱、全身乏力，冷而黏湿的皮肤并全身出汗。
（2）发作时症状可分三个阶段
① 意识模糊伴呕吐，面色蜡样苍白，肢体无力，摇晃欲倒，头低垂胸前。
② 继上述后，意识完全丧失，全身肌张力消失，患者跌倒，背部伸直，眼睛向上转。
③ 出现强直性痉挛，呈角张双拳紧握 1～2 秒。

2.处理
① 立即平卧，松解衣物，保持呼吸道畅通，观察患者的重要体征。
② 用手指掐人中穴。
③ 必要时可吸氧。
④ 在额头进行冷敷。
⑤ 当恢复知觉时，消除患者的疑虑并提供热饮料。

十三、癫痫

1. 症状

癫痫发作时全身发紧、抽搐、昏迷倒地、牙关紧咬、口吐白沫。有过发作经验的患者在倒地前往往有预感而可能避免受伤。

2. 处理

① 不要强行开通气道及撬开其口，以免被患者咬伤或伤害患者，不要限制其痉挛。但应保护患者，以免被周围物品伤害，并帮助去除身上可能会伤害到患者的物品，如眼镜及其他硬物等。

② 迅速在口中塞上一些软的物品，以防咬伤口唇及舌部。

③ 待患者清醒后询问情况，如患者带有药物应帮助其服药。

④ 可给予镇静止痛药。

十四、急腹症

1. 症状

急腹症是突然发作的腹部疼痛，表现为普遍性的或广泛性的疼痛，恶心、呕吐、腹泻或便秘，腹部肿胀。

2. 处理

① 让患者处于尽可能的舒适的体位——半卧位，使腹部放松。

② 保持呼吸道畅通，处理好呕吐物。

③ 如果呼吸浅或者有呼吸困难者，则给予吸氧。

④ 禁食。

⑤ 为休克患者提供急救。

十五、晕机

1. 症状（因人而异，有轻重之分）

① 轻者表现为头痛，全身稍有不适、胸闷、脸色绯红。

② 重者表现为脸色苍白发青、头痛心慌、表情淡漠、微汗。

③ 更严重表现为浑身盗汗、眩晕恶心、呕吐不止等难以忍受的痛苦。

2. 处理

① 先给旅客准备一个干净的清洁袋备用。

② 帮助旅客把座椅调节到躺卧位。闭眼休息，同时深呼吸。

③ 打开通风孔，开通新鲜的空气。

④ 及时送上温开水和毛巾，必要时在征求旅客同意的情况下提供晕机药品。

⑤ 对于晕机严重的旅客，可提供氧气。

十六、休克

休克往往是因为失血过多、创伤、严重失水、心律失常、感染及过敏而引起的。

1.症状（伤后旅客可出现下列状况）

① 面部表情淡漠、眼睛无神、瞳孔放大。

② 皮肤苍白湿冷，口唇、四肢轻度发绀，血压降低或测不出。

③ 呼吸浅而不规则，脉搏很弱或摸不着。

④ 出血过多者伴口渴和烦躁不安。

2.处理

① 安静平卧，下肢稍抬高。如呼吸困难，可将头部躯干适当抬高。

② 立即给氧。

③ 有出血者，首先是止血。

④ 保持呼吸道畅通。

⑤ 要注意保暖、防止体温散失、避开风道，用毯子盖好。

⑥ 广播找医生。

⑦ 密切观察主要体征和尿量的变化。

十七、死亡处理

乘务员没有资格正式宣布旅客的健康状况，应像处于严重情况下一样，不要张扬。注意客舱控制，以免惊吓其他旅客。

尸体处理方法如下：

① 如条件允许，要将死者和其他旅客隔离。建议将尸体固定在座位上，应考虑将其遮盖以免引起其他旅客的恐惧和伤感。并疏散周围旅客。

② 将死者仰卧，头及四肢放正，用湿毛巾擦净脸部，梳理头发，用棉花塞住口、鼻、耳和肛门，避免体液流出。

③ 飞机降落后，乘务员应与地面工作人员做好信息的沟通，并配合工作人员的工作。

④ 抵达后，未得到当地有关部门的许可前，不要搬动尸体。

⑤ 尸体运走后，通知有关部门对机舱进行消毒和处理。

 小结

机上常有旅客突发常见病，有的病发突然，有的时间短促，乘务员只有熟练掌握常见病的急救知识，准确地判断，有效地采取措施，才能冷静沉着地应对，从而减轻患者的痛苦。

? 思考题

1.如何进行心肺复苏？

2.旅客进餐后发生食物卡在喉部，出现呼吸困难该如何施救？

3.旅客晕机如何帮助旅客？

4.旅客有严重的腹痛应如何处理？

5.突发心脏病的旅客如何处置？

第三节　机上外伤处置

机上外伤急救的正确操作将达到三个目的：保存生命——止血；避免恶化——处理伤口，固定骨部；促进复原——避免非必要的移动、谨慎处理，以专业的要求将患者的痛苦降到最低，避免造成更大的伤害。

一、止血

1.外伤出血的判断

根据出血的部位不同，出血可分为内出血和外出血两种。

根据损伤血管的种类不同，出血可以分为动脉出血、静脉出血和毛细血管出血三种。如是轻度出血可用消毒无菌敷料敷于伤处并用三角巾或绷带包扎。

2.外伤出血严重时

首先将受伤的肢体抬高到心脏水平以上，再采用下述方法止血。

（1）压迫止血　只能短时间内使用，一般小于15分钟。

① 直接压迫　用干净敷料盖在伤口上按压或紧急时直接用手按压。

② 间接压迫　用手指压迫供应出血区域的动脉使其出血减缓。

③ 压迫止血图例

a.直接压迫流血的伤口（图13-16）。

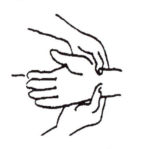

图13-16　直接压迫流血的伤口

b.压迫损伤部的供血动脉（图13-17）。

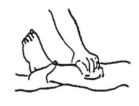

图13-17　压迫损伤部的供血动脉

（2）止血带止血　发生于四肢的严重出血，而其他方法止血效果不好时，可用止血带止血。因是完全阻断整个肢体供血，特别应注意以下几点。

① 止血带不能扎在皮肤上，应该先用布料包垫一圈再扎止血带。

② 止血带应该绕肢体两周并在外侧打结。扎的时候要松紧适当，如果过松起不到止血效

果，过紧则容易致组织坏死，因此要以刚好止住出血的松紧度为宜。上肢的结扎部位应在上臂的1/3处，下肢的结扎部位应该在大腿的中上1/3交界处。

③ 要定时放松止血带以使远端肢体得到血液，保证不会缺血坏死。一般应每半小时放松2～3分钟。

④ 应在扎带时立即记录准确的扎带时间并标放在明显的部位，这样才能保证准时放松。

⑤ 止血带扎法（图13-18）。

图13-18 止血带扎法

此外还应注意，即使定时放松，总的扎带时间也不能过长，否则肢体有可能坏死。因此在航线超过5～6个小时的时候，应设法备降处理。

二、颈、背部损伤的处理

颈、背部损伤的症状主要是颈或背部疼痛，并可能会有麻痹或瘫痪，感觉异常、没感觉或针刺样感，以及可能会出现大小便失禁。

机上发现这类患者时，要注意不要搬动患者，不要使患者抬头或扭头部，注意保暖并密切观察。如果需要搬运时，应该绑在硬板担架上并加以头部固定。

> **提示**
>
> 如果无法判断伤情，则不要轻易搬动旅客，等待医生上机处置。

三、擦伤（挫伤）的处理

一般用冰袋（或凉水）冷敷，抬高和支持受伤部位来防止出血肿胀和减轻疼痛。

四、包扎

有损伤伤口时，必须及时加以处理，以尽量防止感染和发生严重出血。进行下述包扎即可达此目的。根据所用材料而不同，有绷带包扎法（环形包扎法、螺旋包扎法、8字包扎法）和三角巾包扎法。

1.绷带包扎法

（1）绷带包扎的起始法（图13-19）

（2）环形包扎法　在起始法的基础上每圈都压在前一圈上直到包严。

（3）螺旋包扎法　在起始法的基础上每圈压住前一圈的1/2～2/3直到包严（图13-20）。

图13-19　绷带包扎的起始法　　　图13-20　绷带的螺旋包扎法

2.三角巾包扎法

三角巾可用于身体各部位损伤伤口的包扎，如头部、肩部、胸背部、腹部和四肢等都可用三角巾包扎。

（1）头部风帽式包扎法　用于脑后部及侧面部的损伤（图13-21）。

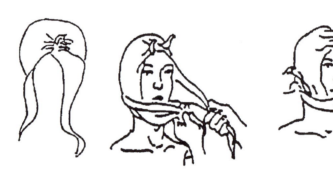

图13-21　头部风帽式包扎法

（2）头顶部伤口的三角巾包扎法　见图13-22。

头顶部伤口
的三角巾
包扎法动画

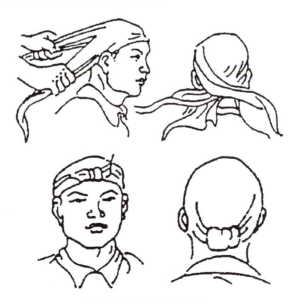

图13-22　三角巾包扎法

（3）胸、背部包扎法　见图13-23。

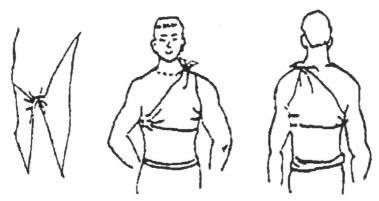

图13-23　胸、背部包扎法

（4）肩部包扎法　见图13-24。

图13-24　肩部包扎法

（5）手足包扎法　见图13-25。

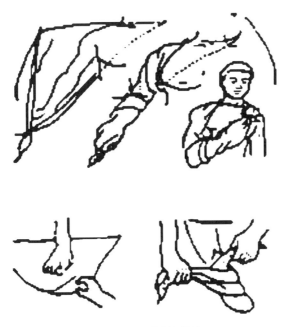

图13-25　手足包扎法

五、固定

1.骨折的类型
骨折分为单纯性骨折、开放性骨折和伴有并发症的骨折。

2.骨折的表现及处理
（1）单纯性骨折

① 表现　受伤部位严重疼痛或触痛；受伤部位肿胀变形，与对侧的部位不对称；受伤肢体活动限制或处于不自然位置。

② 处理方法　尽量用夹板把包括骨折部位上下方关节在内的骨折骨固定好；尽量使伤者舒适；不要试图去对接骨折；上肢骨折要曲肘悬吊；要注意观察，保暖和防休克。

③ 肢体骨折固定

a.前臂骨折夹板固定法（图13-26）。

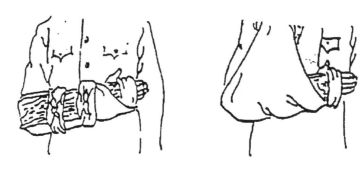

图13-26　前臂骨折夹板固定法

b.上臂骨折夹板固定法（图13-27）。

图13-27　上臂骨折夹板固定法

c.大腿骨折夹板固定法（图13-28）。

图13-28　大腿骨折夹板固定法

民航客舱服务与管理

d.小腿骨折固定法（图13-29）。

图13-29　小腿骨折固定法

e.前臂骨折衣襟固定法（图13-30）。

图13-30　前臂骨折衣襟固定法

f.上臂骨折三角巾固定法（图13-31）。

图13-31　上臂骨折三角巾固定法

g.大腿骨折健肢固定法（图13-32）。

图13-32　大腿骨折健肢固定法

h.用三角巾作上肢悬吊（图13-33）。

图13-33　用三角巾作上肢悬吊

④ 注意事项

a.四肢骨折如果不先固定而随意搬动的话，会造成骨折伤害加重。例如，骨折残端损害骨周围血管、神经。

b.脊柱骨折如果不事先固定而随意搬动的话，会造成脊髓神经的损伤，甚至造成伤者瘫痪及生命的威胁。

c.脊柱骨折者在搬运时，应由2～3人在同一侧水平移动患者，两手分别置于脑部、腰部或下肢。

d.颈椎骨折时，对颈椎轴动作幅度不宜过大，如有不慎会造成患者全身瘫痪。

（2）开放性骨折

① 表现　除了有单纯骨折的症状外，还有皮肤伤口或骨折断端可能刺到皮肤外面。

② 处理方法

a.止血：避免压迫骨折处。

b.用消毒敷布盖伤口。

c.不做固定，但可以做悬吊处理，以免发生二次伤害。

d.密切观察，保暖防休克。

（3）伴有并发症的骨折　指单纯骨折或开放性骨折伴有其他损伤的情况。

① 表现　除骨折症状外，还伴有其他损伤的症状。

② 处理方法　按开放性骨折处理。

六、关节扭伤的表现及处理

1.表现

① 关节周围韧带撕拉或过伸。

② 关节肿胀。

③ 关节活动时疼痛。

2.处理方法

① 使受伤关节尽量减少活动。

② 抬高受伤关节并作冷敷。

③ 用棉纱裹上后以弹性绷带包牢固定受伤关节。

七、脱位的表现及处理

1.表现

① 骨头离开关节位置。

② 关节变形。

③ 不能活动。

2.处理方法

① 按单纯骨折加以固定。

② 不要试图复位关节。

③ 尽量减轻与脱位关节相连的肢体重量，可以采用悬吊肢体的方法。

 小结

急救中的止血、包扎和固定如果能得到及时、准确、有效地应用，在挽救伤员生命，减少痛苦以及预防并发症等方面均有良好的作用。因此，止血、包扎和固定是每一名空中乘务员必须熟练掌握的技能。

? 思考题

1.外伤出血严重时，有哪些方法可以止血？如何操作？

2.有损失伤口出现时，有哪几种包扎方法？如何操作？

3.单纯性骨折有哪些表现？如何处理？如何将骨折肢体固定（上臂和下肢）？

4.有旅客在登机时不慎滑倒，如能判断是脊椎骨折，是先搀扶入座还是等待医生救援？为什么？

附录一 《中华人民共和国出境入境边防检查条例》

第一章 总则

第一条 为维护中华人民共和国的主权、安全和社会秩序，便利出境、入境的人员和交通运输工具的通行，制定本条例。

第二条 出境、入境边防检查工作由公安部主管。

第三条 中华人民共和国在对外开放的港口、航空港、车站和边境通道等口岸设立出境入境边防检查站（以下简称边防检查站）。

第四条 边防检查站为维护国家主权、安全和社会秩序，履行下列职责：

（一）对出境、入境的人员及其行李物品、交通运输工具及其载运的货物实施边防检查；

（二）按照国家有关规定对出境、入境的交通运输工具进行监护；

（三）对口岸的限定区域进行警戒，维护出境、入境秩序；

（四）执行主管机关赋予的和其他法律、行政法规规定的任务。

第五条 出境、入境的人员和交通运输工具，必须经对开放的口岸或者主管机关特许的地点通行，接受边防检查、监护和管理。

第六条 边防检查人员必须依法执行业务。

任何组织和个人不得妨碍边防检查人员依法执行公务。

第二章 人员的检查和管理

第七条 出境、入境的人员必须按照规定填写出境、入境登记卡，向边防检查站交验本人的有效护照或者其他出境、入境证件（以下简称出境、入境证件），经查验核准后，方可出境、入境。

第八条 出境、入境的人员的有下列情形之一的，边防检查站有权阻止其出境、入境：

（一）未持出境、入境证件的；

（二）持用无效出境、入境证件的；

（三）持用他人出境、入境证件的；

（四）持用伪造或者涂改的出境、入境证件的；

（五）拒绝接受边防检查的；

（六）未在限定口岸通行的；

（七）国务院公安部门、国家安全部门通知不准出境、入境的；

（八）法律、行政法规规定不准出境、入境的。

出境、入境的人员有前款第（三）项、第（四）项或者中国公民有前款第（七）项、第（八）项所列情形之一的，边防检查站可以扣留或者收缴其出境、入境证件。

第九条 对交通运输工具的随行服务员工出境、入境的边防检查、管理，适用本条例的规定。但是，中华人民共和国与有关国家或者地区订有协议的，按照协议办理。

第十条 抵达中华人民共和国口岸的船舶的外国籍船员及其随行家属和香港、澳门、台湾船员及其随行家属，要求在港口城市登陆、住宿的，应当由船长或者其代理人向边防检查站申请办理登陆、住宿手续。

经批准登陆、住宿的船员及其随行家属，必须按照规定的时间返回船舶。登陆后有违法行为、尚未构成犯罪的，责令立即返回船舶，并不得再次登陆。

从事国际航行船拍上的中国船员，凭本人的出境、入境证件登陆、住宿。

第十一条　申请登陆的人员有本条例第八条所列情形之一的，边防检查站有权拒绝其登陆。

第十二条　以下外国船舶的人员，必须向边防检查人员交验出境、入境证件或者其他规定的证件，经许可后，方可上船、下船。口岸检查、检验单位的人员需要登船执行公务的，应当着制服并出示证件。

第十三条　中华人民共和国与毗邻国家（地区）接壤地区的双方公务人员、边境居民临时出境、入境的边防检查，双方订有协议的，按照协议执行；没有协议的，适用本条例的规定。

毗邻国家的边境居民按照协议临时入境的，限于在协议规定范围内活动；需要到协议规定范围以外活动的，应当事先办理入境查人员进行。

第十四条　边防检查站认为必要时，可以对出境、入境的人员进行人身检查。人身检查应当由两名与受检查人同性别的边防检查人员进行。

第十五条　出境、入境的人员下列情形之一，边防检查站有权限制其活动范围，进行调查或者移送有关机关处理：

（一）有持用他人出境、入境证件嫌疑的；

（二）有持用的伪造或者涂改的出境、入境证件嫌疑的；

（三）国务院公安部门、国家安全部门、省、自治区、直辖市公安机关、国家安全机关通知有犯罪嫌疑的；

（四）有危害国家安全、利益和社会秩序嫌疑的。

第三章　交通运输工具的检查和监护

第十六条　出境、入境的交通运输工具离、抵口岸时，必须接受边防检查。对交通运输工具的入境检查，在最先抵达的口岸进行。出境检查，在最后离开的口岸进行。在特殊情况，经主管机关批准，对交通运输工具的入境、出境检查，也可以在特许的地点进行。

第十七条　交通运输工具的负责人或者有关交通运输部门，应当事先将出境、入境的船舶、航空器、火车离、抵口岸的时间，停留地点和载运人员、货物情况，向有关的边防检查站报告。

交通运输工具抵达口岸时，船长、机长或者其代理人必须向边防检查站申报员工和旅客的名单；列车长及其他交通运输工具的负责人必须申报员工和旅客的人数。

第十八条　对交通运输工具实施边防检查时，其负责人或者代理人应当到场协助边防检查人员进行检查。

第十九条　出境、入境的交通运输工具在中国境内必须按照规定的路线、航线行驶。外国船舶未经许可不得在非对外开放的港口停靠。

出境的交通运输工具自出境检查后到出境前，入境的交通运输工具自入境后到入境检查前，未经边防检查站许可，不得上下人员、装卸物品。

第二十条　中国船舶需要搭靠外国船舶的，应当由船长或者其代理人向边防检查站申请办理搭靠手续；未办理手续的，不得擅自搭靠。

第二十一条　边防检查站对处于下列情形之一的出境、入境交通运输工具，有权进行监护：

（一）离、抵口岸的火车、外国船舶和中国客船在出境检查后到出境前、入境后到入境检查前和检查期间；

（二）火车及其他机动车辆在国（边）界线距边防检查站较远的区域内行驶期间；

（三）外国船舶在中国内河航行期间；

（四）边防检查站认为有必要进行监护的其他情形。

第二十二条　对随交通运输工具执行监护职务的边防检查人员，交通运输工具的负责人应当提供必要的办公、生活条件。

被监护的交通运输工具和上下该交通运输工具的人员应当服从监护人员的检查。

第二十三条　未实行监护措施的交通运输工具，其负责人应当自行管理，保证该交通运输工具和员工遵守本条例的规定。

第二十四条　发现出境、入境的交通运输工具载运不准出境、入境人员，偷越国（边）境人员及未持有效出境、入境证件的人员的，交通运输工具负责人应当负责将其遣返，并承担由此发生的一切费用。

第二十五条　出境、入境的交通运输工具有下列情形之一的，边防检查站有权推迟或者阻止其出境、入境：

（一）离、抵口岸时，未经边防检查站同意，擅自出境、入境的；

（二）拒绝接受边防检查、监护的；

（三）被认为载有危害国家安全、利益和社会秩序的人员或者物品的；

（四）被认为载有非法出境、入境人员的；

（五）拒不执行边防检查站依法作出的处罚或者处理决定的；

（六）未经批准擅自改变出境、入境口岸的。

边防检查站在前款所列情形消失后，对有关交通运输工具应当立即放行。

第二十六条　出境、入境的船舶、航空器，由于不可预见的紧急情况或者不可抗拒的原因，驶入对外开放口岸以外地区的，必须立即向附近的边防检查站或者当地公安机关报告并接受检查和监护；在驶入原因消失后，必须立即按照通知的时间和路线离去。

第四章　行李物品、货物的检查

第二十七条　边防检查站根据维护国家安全和社会秩序的需要，可以对出境、入境人员携带的行李物品和交通运输工具载运的货物进行重点检查。

第二十八条　出境、入境的人员和交通运输工具不得携带、载运法律、行政法规规定的危害国家安全和社会秩序的违禁物品；携带、载运违禁物品的，边防检查站应当扣留违禁物品，对携带人、载运违禁物品的交通工具负责人依照有关法律、行政法规的规定处理。

第二十九条　任何人不得非法携属于国家秘密的文件、资料和其他物品出境；非法携带属于国家秘密的文件、资料和其他物品的，边防检查站应当予以收缴，对携带人依照有关法律、行政法规规定处理。

第三十条　出境、入境的人员携带或者托运枪支、弹药，必须遵守有关法律、行政法规的规定，向边防检查站办理携带的或者托运手续；未经许可，不得携带、托运枪支、弹药出境、入境。

第五章　处罚

第三十一条　对违反本条例规定的处罚，由边防检查站执行。

第三十二条　出境、入境的人员有下列情形之一的，处以500元以上2000元以下的罚款或者依照有关法律、行政法规的规定处以拘留：

（一）未持出境、入境证件的；

（二）持用无效出境、入境证件的；

（三）持用他人出境、入境证件的；

（四）持用伪造或者涂改的出境、入境证件的。

第三十三条　协助他人非法出境、入境，情节轻微尚不构成犯罪的，处以2000元以上10000元以下的罚款；有非法所得的，没收非法所得。

第三十四条　未经批准携带或者托运枪支、弹药出境、入境的，没收其枪支、弹药，并处以1000元以上5000元以下的罚款。

第三十五条　有下列情形之一的，处以警告或者500元以下罚款：

（一）未经批准进入口岸的限定区域或者进入后不服从管理、扰乱口岸管理秩序的；

（二）侮辱边防检查人员的；

（三）未经批准或者未按照规定登陆、住宿的。

第三十六条　出境、入境的交通运输工具载运不准出境、入境人员，偷越国（边）境人员及未持有效出境、入境证件的人员出境、入境的，对其负责人按每载运1人处以5000元以上10000元以下的罚款。

第三十七条　交通运输工具有下列情形之一的，对其负责人处以10000元以上30000元以下的罚款：

（一）离、抵口岸时，未经边防检查站同意，擅自出境、入境的；

（二）未按照规定向边防检查站申报员工、旅客和货物情况的，或者拒绝协助检查的；

（三）交通运输工具有入境后到入境检查前、出境检查后到出境前，未经边防检查站许可，上下人员，装卸物品的。

第三十八条　交通运输工具有下列情形之一的，对其负责人给予警告并处500元以上5000元以下的罚款：

（一）出境、入境的交通运输工具有中国境内不按照规定的路线行驶的；

（二）外国船舶未经许可停靠在非对外开放港口的；

（三）中国船舶未经批准擅自搭靠外国籍船舶的。

第三十九条　出境、入境的船舶、航空器，由于不可预见的紧急情况或者不可抗拒的原因，驶入对外开放口岸以外地区，没有正当理由不向附近边防检查站或者当地公安机关报告的；或者在驶入原因消失后，没有按照通知的时间和路线离去的，对其负责人处以10000元以下的罚款。

第四十条　边防检查站执行罚没款处罚，应当向被处罚人出具收据。罚没款应按照规定上缴国库。

第四十一条　出境、入境的人员违反本条例的规定，构成犯罪的，依法追究刑事责任。

第四十二条　被处罚人对边防检查站作出的处罚决定不服的，可以自接到处罚决定书之日起15日内，向边防检查站所在地的县级公安机关申请复议；有关县级公安机关应当自接到复议申请书之日起15日内作出复议决定；被处罚人对复议决定不服的，可以自接到复议决定书之日起15日内，向人民法院提起诉讼。

第六章　附则

第四十三条　对享有外交特权与豁免权的外国人入境、出境的边防检查，法律有特殊规定的，从其规定。

第四十四条　外国对中华人民共和国公民和交通运输工具入境、过境、出境的检查和管理有特别规定的，边防检查站可以根据主管机关的决定采取相应的措施。

第四十五条　对往返香港、澳门、台湾的中华人民共和国公民和交通运输工具的边防检查，适用本条例的规定；法律、行政法规有专门规定的，从其规定。

第四十六条　本条例下列用语的含义：

"出境、入境的人员"，是指一切离开、进入或者通过中华人民共和国（边）境的中国籍、外国籍和无国籍人；

"出境、入境的交通运输工具"，是指一切离开、进入或者通过中华人民共和国（边）境的船舶、航空器、火车和机动车辆、非机动车辆以及驮畜；

"员工"，是指出境、入境的船舶、航空器、火车和机动车辆的负责人、驾驶员、服务员和其他工作人员。

第四十七条　本条例自1995年9月1日起施行。1952年7月29日中央人民政府政务院批准实施的《出入国境治安检查暂行条例》和1965年4月30日国务院发布的《边防检查条例》同时废止。

附录二 《中华人民共和国出境入境管理法》

第一章 总则

第一条 为了规范出境入境管理，维护中华人民共和国的主权、安全和社会秩序，促进对外交往和对外开放，制定本法。

第二条 中国公民出境入境、外国人入境出境、外国人在中国境内停留居留的管理，以及交通运输工具出境入境的边防检查，适用本法。

第三条 国家保护中国公民出境入境合法权益。

在中国境内的外国人的合法权益受法律保护。在中国境内的外国人应当遵守中国法律，不得危害中国国家安全、损害社会公共利益、破坏社会公共秩序。

第四条 公安部、外交部按照各自职责负责有关出境入境事务的管理。

中华人民共和国驻外使馆、领馆或者外交部委托的其他驻外机构（以下称驻外签证机关）负责在境外签发外国人入境签证。出入境边防检查机关负责实施出境入境边防检查。县级以上地方人民政府公安机关及其出入境管理机构负责外国人停留居留管理。

公安部、外交部可以在各自职责范围内委托县级以上地方人民政府公安机关出入境管理机构、县级以上地方人民政府外事部门受理外国人入境、停留居留申请。

公安部、外交部在出境入境事务管理中，应当加强沟通配合，并与国务院有关部门密切合作，按照各自职责分工，依法行使职权，承担责任。

第五条 国家建立统一的出境入境管理信息平台，实现有关管理部门信息共享。

第六条 国家在对外开放的口岸设立出入境边防检查机关。

中国公民、外国人以及交通运输工具应当从对外开放的口岸出境入境，特殊情况下，可以从国务院或者国务院授权的部门批准的地点出境入境。出境入境人员和交通运输工具应当接受出境入境边防检查。

出入境边防检查机关负责对口岸限定区域实施管理。根据维护国家安全和出境入境管理秩序的需要，出入境边防检查机关可以对出境入境人员携带的物品实施边防检查。必要时，出入境边防检查机关可以对出境入境交通运输工具载运的货物实施边防检查，但是应当通知海关。

第七条 经国务院批准，公安部、外交部根据出境入境管理的需要，可以对留存出境入境人员的指纹等人体生物识别信息作出规定。

外国政府对中国公民签发签证、出境入境管理有特别规定的，中国政府可以根据情况采取相应的对等措施。

第八条 履行出境入境管理职责的部门和机构应当切实采取措施，不断提升服务和管理水平，公正执法，便民高效，维护安全、便捷的出境入境秩序。

第二章 中国公民出入境

第九条 中国公民出境入境，应当依法申请办理护照或者其他旅行证件。

中国公民前往其他国家或者地区，还需要取得前往国签证或者其他入境许可证明。但是，中国政府与其他国家政府签订互免签证协议或者公安部、外交部另有规定的除外。

中国公民以海员身份出境入境和在国外船舶上从事工作的，应当依法申请办理海员证。

第十条　中国公民往来内地与香港特别行政区、澳门特别行政区，中国公民往来大陆与台湾地区，应当依法申请办理通行证件，并遵守本法有关规定。具体管理办法由国务院规定。

第十一条　中国公民出境入境，应当向出入境边防检查机关交验本人的护照或者其他旅行证件等出境入境证件，履行规定的手续，经查验准许，方可出境入境。

具备条件的口岸，出入境边防检查机关应当为中国公民出境入境提供专用通道等便利措施。

第十二条　中国公民有下列情形之一的，不准出境：

（一）未持有效出境入境证件或者拒绝、逃避接受边防检查的；

（二）被判处刑罚尚未执行完毕或者属于刑事案件被告人、犯罪嫌疑人的；

（三）有未了结的民事案件，人民法院决定不准出境的；

（四）因妨害国（边）境管理受到刑事处罚或者因非法出境、非法居留、非法就业被其他国家或者地区遣返，未满不准出境规定年限的；

（五）可能危害国家安全和利益，国务院有关主管部门决定不准出境的；

（六）法律、行政法规规定不准出境的其他情形。

第十三条　定居国外的中国公民要求回国定居的，应当在入境前向中华人民共和国驻外使馆、领馆或者外交部委托的其他驻外机构提出申请，也可以由本人或者经由国内亲属向拟定居地的县级以上地方人民政府侨务部门提出申请。

第十四条　定居国外的中国公民在中国境内办理金融、教育、医疗、交通、电信、社会保险、财产登记等事务需要提供身份证明的，可以凭本人的护照证明其身份。

第三章　外国人出入境

第一节　签证

第十五条　外国人入境，应当向驻外签证机关申请办理签证，但是本法另有规定的除外。

第十六条　签证分为外交签证、礼遇签证、公务签证、普通签证。

对因外交、公务事由入境的外国人，签发外交、公务签证；对因身份特殊需要给予礼遇的外国人，签发礼遇签证。外交签证、礼遇签证、公务签证的签发范围和签发办法由外交部规定。

对因工作、学习、探亲、旅游、商务活动、人才引进等非外交、公务事由入境的外国人，签发相应类别的普通签证。普通签证的类别和签发办法由国务院规定。

第十七条　签证的登记项目包括：签证种类，持有人姓名、性别、出生日期、入境次数、入境有效期、停留期限，签发日期、地点，护照或者其他国际旅行证件号码等。

第十八条　外国人申请办理签证，应当向驻外签证机关提交本人的护照或者其他国际旅行证件，以及申请事由的相关材料，按照驻外签证机关的要求办理相关手续、接受面谈。

第十九条　外国人申请办理签证需要提供中国境内的单位或者个人出具的邀请函件的，申请人应当按照驻外签证机关的要求提供。出具邀请函件的单位或者个人应当对邀请内容的真实性负责。

第二十条　出于人道原因需要紧急入境，应邀入境从事紧急商务、工程抢修或者具有其他紧急入境需要并持有有关主管部门同意在口岸申办签证的证明材料的外国人，可以在国务院批准办理口岸签证业务的口岸，向公安部委托的口岸签证机关（以下简称口岸签证机关）申请办理口岸签证。

旅行社按照国家有关规定组织入境旅游的，可以向口岸签证机关申请办理团体旅游签证。

外国人向口岸签证机关申请办理签证，应当提交本人的护照或者其他国际旅行证件，以及申请事由的相关材料，按照口岸签证机关的要求办理相关手续，并从申请签证的口岸入境。

口岸签证机关签发的签证一次入境有效，签证注明的停留期限不得超过30日。

第二十一条　外国人有下列情形之一的，不予签发签证：

（一）被处驱逐出境或者被决定遣送出境，未满不准入境规定年限的；

（二）患有严重精神障碍、传染性肺结核病或者有可能对公共卫生造成重大危害的其他传染病的；

（三）可能危害中国国家安全和利益、破坏社会公共秩序或者从事其他违法犯罪活动的；

（四）在申请签证过程中弄虚作假或者不能保障在中国境内期间所需费用的；

（五）不能提交签证机关要求提交的相关材料的；

（六）签证机关认为不宜签发签证的其他情形。

对不予签发签证的，签证机关可以不说明理由。

第二十二条　外国人有下列情形之一的，可以免办签证：

（一）根据中国政府与其他国家政府签订的互免签证协议，属于免办签证人员的；

（二）持有效的外国人居留证件的；

（三）持联程客票搭乘国际航行的航空器、船舶、列车从中国过境前往第三国或者地区，在中国境内停留不超过24小时且不离开口岸，或者在国务院批准的特定区域内停留不超过规定时限的；

（四）国务院规定的可以免办签证的其他情形。

第二十三条　有下列情形之一的外国人需要临时入境的，应当向出入境边防检查机关申请办理临时入境手续：

（一）外国船员及其随行家属登陆港口所在城市的；

（二）本法第二十二条第三项规定的人员需要离开口岸的；

（三）因不可抗力或者其他紧急原因需要临时入境的。

临时入境的期限不得超过15日。

对申请办理临时入境手续的外国人，出入境边防检查机关可以要求外国人本人、载运其入境的交通运输工具的负责人或者交通运输工具出境入境业务代理单位提供必要的保证措施。

第二节　入境出境

第二十四条　外国人入境，应当向出入境边防检查机关交验本人的护照或者其他国际旅行证件、签证或者其他入境许可证明，履行规定的手续，经查验准许，方可入境。

第二十五条　外国人有下列情形之一的，不准入境：

（一）未持有效出境入境证件或者拒绝、逃避接受边防检查的；

（二）具有本法第二十一条第一款第一项至第四项规定情形的；

（三）入境后可能从事与签证种类不符的活动的；

（四）法律、行政法规规定不准入境的其他情形。

对不准入境的，出入境边防检查机关可以不说明理由。

第二十六条　对未被准许入境的外国人，出入境边防检查机关应当责令其返回；对拒不返回的，强制其返回。外国人等待返回期间，不得离开限定的区域。

第二十七条　外国人出境，应当向出入境边防检查机关交验本人的护照或者其他国际旅行证件等出境入境证件，履行规定的手续，经查验准许，方可出境。

第二十八条　外国人有下列情形之一的，不准出境：

（一）被判处刑罚尚未执行完毕或者属于刑事案件被告人、犯罪嫌疑人的，但是按照中国与外国签订的有关协议，移管被判刑人的除外；

（二）有未了结的民事案件，人民法院决定不准出境的；

（三）拖欠劳动者的劳动报酬，经国务院有关部门或者省、自治区、直辖市人民政府决定不准出境的；

（四）法律、行政法规规定不准出境的其他情形。

第四章　外国人停留居留

第一节　停留居留

第二十九条　外国人所持签证注明的停留期限不超过180日的，持证人凭签证并按照签证注明的停留期限在中国境内停留。

需要延长签证停留期限的，应当在签证注明的停留期限届满7日前向停留地县级以上地方人民政府公安机关出入境管理机构申请，按照要求提交申请事由的相关材料。经审查，延期理由合理、充分的，准予延长停留期限；不予延长停留期限的，应当按期离境。

延长签证停留期限，累计不得超过签证原注明的停留期限。

第三十条　外国人所持签证注明入境后需要办理居留证件的，应当自入境之日起30日内，向拟居留地县级以上地方人民政府公安机关出入境管理机构申请办理外国人居留证件。

申请办理外国人居留证件，应当提交本人的护照或者其他国际旅行证件，以及申请事由的相关材料，并留存指纹等人体生物识别信息。公安机关出入境管理机构应当自收到申请材料之日起15日内进行审查并作出审查决定，根据居留事由签发相应类别和期限的外国人居留证件。

外国人工作类居留证件的有效期最短为90日，最长为5年；非工作类居留证件的有效期最短为180日，最长为5年。

第三十一条　外国人有下列情形之一的，不予签发外国人居留证件：

（一）所持签证类别属于不应办理外国人居留证件的；

（二）在申请过程中弄虚作假的；

（三）不能按照规定提供相关证明材料的；

（四）违反中国有关法律、行政法规，不适合在中国境内居留的；

（五）签发机关认为不宜签发外国人居留证件的其他情形。

符合国家规定的专门人才、投资者或者出于人道等原因确需由停留变更为居留的外国人，经设区的市级以上地方人民政府公安机关出入境管理机构批准可以办理外国人居留证件。

第三十二条　在中国境内居留的外国人申请延长居留期限的，应当在居留证件有效期限届满30日前向居留地县级以上地方人民政府公安机关出入境管理机构提出申请，按照要求提交申请事由的相关材料。经审查，延期理由合理、充分的，准予延长居留期限；不予延长居留期限的，应当按期离境。

第三十三条　外国人居留证件的登记项目包括：持有人姓名、性别、出生日期、居留事由、居留期限，签发日期、地点，护照或者其他国际旅行证件号码等。

外国人居留证件登记事项发生变更的，持证件人应当自登记事项发生变更之日起10日内向居留地县级以上地方人民政府公安机关出入境管理机构申请办理变更。

第三十四条　免办签证入境的外国人需要超过免签期限在中国境内停留的，外国船员及其随行家属在中国境内停留需要离开港口所在城市，或者具有需要办理外国人停留证件其他情形的，应当按照规定办理外国人停留证件。

外国人停留证件的有效期最长为180日。

第三十五条　外国人入境后，所持的普通签证、停留居留证件损毁、遗失、被盗抢或者有符合国家规定的事由需要换发、补发的，应当按照规定向停留居留地县级以上地方人民政府公安机关出入境管理机构提出申请。

第三十六条　公安机关出入境管理机构作出的不予办理普通签证延期、换发、补发，不予办理外国人停留居留证件、不予延长居留期限的决定为最终决定。

第三十七条　外国人在中国境内停留居留，不得从事与停留居留事由不相符的活动，并应当在规定的停留居留期限届满前离境。

第三十八条　年满16周岁的外国人在中国境内停留居留，应当随身携带本人的护照或者其他国际旅行证件，或者外国人停留居留证件，接受公安机关的查验。

在中国境内居留的外国人，应当在规定的时间内到居留地县级以上地方人民政府公安机关交验外国人居留证件。

第三十九条　外国人在中国境内旅馆住宿的，旅馆应当按照旅馆业治安管理的有关规定为其办理住宿登记，并向所在地公安机关报送外国人住宿登记信息。

外国人在旅馆以外的其他住所居住或者住宿的，应当在入住后24小时内由本人或者留宿人，向居住地的公安机关办理登记。

第四十条　在中国境内出生的外国婴儿，其父母或者代理人应当在婴儿出生60日内，持该婴儿的出生证明到父母停留居留地县级以上地方人民政府公安机关出入境管理机构为其办理停留或者居留登记。

外国人在中国境内死亡的，其家属、监护人或者代理人，应当按照规定，持该外国人的死亡证明向县级以上地方人民政府公安机关出入境管理机构申报，注销外国人停留居留证件。

第四十一条　外国人在中国境内工作，应当按照规定取得工作许可和工作类居留证件。任何单位和个人不得聘用未取得工作许可和工作类居留证件的外国人。

外国人在中国境内工作管理办法由国务院规定。

第四十二条　国务院人力资源和社会保障主管部门、外国专家主管部门会同国务院有关部门根据经济社会发展需要和人力资源供求状况，制定并定期调整外国人在中国境内工作指导目录。

国务院教育主管部门会同国务院有关部门建立外国留学生勤工助学管理制度，对外国留学生勤工助学的岗位范围和时限作出规定。

第四十三条　外国人有下列行为之一的，属于非法就业：

（一）未按照规定取得工作许可和工作类居留证件在中国境内工作的；

（二）超出工作许可限定范围在中国境内工作的；

（三）外国留学生违反勤工助学管理规定，超出规定的岗位范围或者时限在中国境内工作的。

第四十四条　根据维护国家安全、公共安全的需要，公安机关、国家安全机关可以限制外国人、外国机构在某些地区设立居住或者办公场所；对已经设立的，可以限期迁离。

未经批准，外国人不得进入限制外国人进入的区域。

第四十五条　聘用外国人工作或者招收外国留学生的单位，应当按照规定向所在地公安机关报告有关信息。

公民、法人或者其他组织发现外国人有非法入境、非法居留、非法就业情形的，应当及时向所在地公安机关报告。

第四十六条　申请难民地位的外国人，在难民地位甄别期间，可以凭公安机关签发的临时身份证明在中国境内停留；被认定为难民的外国人，可以凭公安机关签发的难民身份证件在中国境内停留居留。

第二节　永久居留

第四十七条　对中国经济社会发展作出突出贡献或者符合其他在中国境内永久居留条件的外国人，经本人申请和公安部批准，取得永久居留资格。

外国人在中国境内永久居留的审批管理办法，由公安部、外交部会同国务院有关部门规定。

第四十八条　取得永久居留资格的外国人，凭永久居留证件在中国境内居留和工作，凭本人的护照和永久居留证件出境入境。

第四十九条　外国人有下列情形之一的，由公安部决定取消其在中国境内永久居留资格：

（一）对中国国家安全和利益造成危害的；

（二）被处驱逐出境的；

（三）弄虚作假骗取在中国境内永久居留资格的；

（四）在中国境内居留未达到规定时限的；

（五）不适宜在中国境内永久居留的其他情形。

第五章　交通工具出入境检查

第五十条　出境入境交通运输工具离开、抵达口岸时，应当接受边防检查。对交通运输工具的入境边防检查，在其最先抵达的口岸进行；对交通运输工具的出境边防检查，在其最后离开的口岸进行。特殊情况下，可以在有关主管机关指定的地点进行。

出境的交通运输工具自出境检查后至出境前，入境的交通运输工具自入境后至入境检查前，未经出入境边防检查机关按照规定程序许可，不得上下人员、装卸货物或者物品。

第五十一条　交通运输工具负责人或者交通运输工具出境入境业务代理单位应当按照规定提前向出入境边防检查机关报告入境、出境的交通运输工具抵达、离开口岸的时间和停留地点，如实申报员工、旅客、货物或者物品等信息。

第五十二条　交通运输工具负责人、交通运输工具出境入境业务代理单位应当配合出境入境边防检查，发现违反本法规定行为的，应当立即报告并协助调查处理。

入境交通运输工具载运不准入境人员的，交通运输工具负责人应当负责载离。

第五十三条　出入境边防检查机关按照规定对处于下列情形之一的出境入境交通运输工具进行监护：

（一）出境的交通运输工具在出境边防检查开始后至出境前、入境的交通运输工具在入境后至入境边防检查完成前；

（二）外国船舶在中国内河航行期间；

（三）有必要进行监护的其他情形。

第五十四条　因装卸物品、维修作业、参观访问等事由需要上下外国船舶的人员，应当向出入境边防检查机关申请办理登轮证件。

中国船舶与外国船舶或者外国船舶之间需要搭靠作业的，应当由船长或者交通运输工具出境入境业务代理单位向出入境边防检查机关申请办理船舶搭靠手续。

第五十五条　外国船舶、航空器在中国境内应当按照规定的路线、航线行驶。

出境入境的船舶、航空器不得驶入对外开放口岸以外地区。因不可预见的紧急情况或者不可抗力驶入的，应当立即向就近的出入境边防检查机关或者当地公安机关报告，并接受监护和管理。

第五十六条　交通运输工具有下列情形之一的，不准出境入境；已经驶离口岸的，可以责令返回：

（一）离开、抵达口岸时，未经查验准许擅自出境入境的；

（二）未经批准擅自改变出境入境口岸的；

（三）涉嫌载有不准出境入境人员，需要查验核实的；

（四）涉嫌载有危害国家安全、利益和社会公共秩序的物品，需要查验核实的；

（五）拒绝接受出入境边防检查机关管理的其他情形。

前款所列情形消失后，出入境边防检查机关对有关交通运输工具应当立即放行。

第五十七条　从事交通运输工具出境入境业务代理的单位，应当向出入境边防检查机关备案。从事业务代理的人员，由所在单位向出入境边防检查机关办理备案手续。

第六章　调查和遣返

第五十八条　本章规定的当场盘问、继续盘问、拘留审查、限制活动范围、遣送出境措施，由县级以上地方人民政府公安机关或者出入境边防检查机关实施。

第五十九条　对涉嫌违反出境入境管理的人员，可以当场盘问；经当场盘问，有下列情形之一的，可以依法继续盘问：

（一）有非法出境入境嫌疑的；

（二）有协助他人非法出境入境嫌疑的；

（三）外国人有非法居留、非法就业嫌疑的；

（四）有危害国家安全和利益，破坏社会公共秩序或者从事其他违法犯罪活动嫌疑的。

当场盘问和继续盘问应当依据《中华人民共和国人民警察法》规定的程序进行。

县级以上地方人民政府公安机关或者出入境边防检查机关需要传唤涉嫌违反出境入境管理的人员的，依照《中华人民共和国治安管理处罚法》的有关规定执行。

第六十条　外国人有本法第五十九条第一款规定情形之一的，经当场盘问或者继续盘问后仍不能排除嫌疑，需要作进一步调查的，可以拘留审查。

实施拘留审查，应当出示拘留审查决定书，并在24小时内进行询问。发现不应当拘留审查的，应当立即解除拘留审查。

拘留审查的期限不得超过30日；案情复杂的，经上一级地方人民政府公安机关或者出入境边防检查机关批准可以延长至60日。对国籍、身份不明的外国人，拘留审查期限自查清其国籍、身份之日起计算。

第六十一条　外国人有下列情形之一的，不适用拘留审查，可以限制其活动范围：

（一）患有严重疾病的；

（二）怀孕或者哺乳自己不满1周岁婴儿的；

（三）未满16周岁或者已满70周岁的；

（四）不宜适用拘留审查的其他情形。

被限制活动范围的外国人，应当按照要求接受审查，未经公安机关批准，不得离开限定的区域。限制活动范围的期限不得超过60日。对国籍、身份不明的外国人，限制活动范围期限自查清其国籍、身份之日起计算。

第六十二条　外国人有下列情形之一的，可以遣送出境：

（一）被处限期出境，未在规定期限内离境的；

（二）有不准入境情形的；

（三）非法居留、非法就业的；

（四）违反本法或者其他法律、行政法规需要遣送出境的。

其他境外人员有前款所列情形之一的，可以依法遣送出境。

被遣送出境的人员，自被遣送出境之日起1至5年内不准入境。

第六十三条　被拘留审查或者被决定遣送出境但不能立即执行的人员，应当羁押在拘留所或者遣返场所。

第六十四条　外国人对依照本法规定对其实施的继续盘问、拘留审查、限制活动范围、遣送出境措施不服的，可以依法申请行政复议，该行政复议决定为最终决定。

其他境外人员对依照本法规定对其实施的遣送出境措施不服，申请行政复议的，适用前款规定。

第六十五条　对依法决定不准出境或者不准入境的人员，决定机关应当按照规定及时通知出入境边防检查机关；不准出境、入境情形消失的，决定机关应当及时撤销不准出境、入境决定，并通知出入境边防检查机关。

第六十六条　根据维护国家安全和出境入境管理秩序的需要，必要时，出入境边防检查机关可以对出境入境的人员进行人身检查。人身检查应当由两名与受检查人同性别的边防检查人员进行。

第六十七条　签证、外国人停留居留证件等出境入境证件发生损毁、遗失、被盗抢或者签发后发现持证人不符合签发条件等情形的，由签发机关宣布该出境入境证件作废。

伪造、变造、骗取或者被证件签发机关宣布作废的出境入境证件无效。

公安机关可以对前款规定的或被他人冒用的出境入境证件予以注销或者收缴。

第六十八条　对用于组织、运送、协助他人非法出境入境的交通运输工具，以及需要作为办案证据的物品，公安机关可以扣押。

对查获的违禁物品，涉及国家秘密的文件、资料以及用于实施违反出境入境管理活动的工具等，公安机关应当予以扣押，并依照相关法律、行政法规规定处理。

第六十九条　出境入境证件的真伪由签发机关、出入境边防检查机关或者公安机关出入境管理机构认定。

第七章　法律责任

第七十条　本章规定的行政处罚，除本章另有规定外，由县级以上地方人民政府公安机关或者出入境边防检查机关决定；其中警告或者5000元以下罚款，可以由县级以上地方人民政府公安机关出入境管理机构决定。

第七十一条　有下列行为之一的，处1000元以上5000元以下罚款；情节严重的，处5日以上10日以下拘留，可以并处2000元以上10000元以下罚款：

（一）持用伪造、变造、骗取的出境入境证件出境入境的；

（二）冒用他人出境入境证件出境入境的；

（三）逃避出境入境边防检查的；

（四）以其他方式非法出境入境的。

第七十二条　协助他人非法出境入境的，处2000元以上10000元以下罚款；情节严重的，处10日以上15日以下拘留，并处5000元以上20000元以下罚款，有违法所得的，没收违法所得。

单位有前款行为的，处10000元以上50000元以下罚款，有违法所得的，没收违法所得，并对其直接负责的主管人员和其他直接责任人员，依照前款规定予以处罚。

第七十三条　弄虚作假骗取签证、停留居留证件等出境入境证件的，处2000元以上5000元以下罚款；情节严重的，处10日以上15日以下拘留，并处5000元以上20000元以下罚款。

单位有前款行为的，处10000元以上50000元以下罚款，并对其直接负责的主管人员和其他直接责任人员依照前款规定予以处罚。

第七十四条　违反本法规定，为外国人出具邀请函件或者其他申请材料的，处5000元以上10000元以下罚款，有违法所得的，没收违法所得，并责令其承担所邀请外国人的出境费用。

单位有前款行为的，处10000元以上50000元以下罚款，有违法所得的，没收违法所得，并责令其承担所邀请外国人的出境费用，对其直接负责的主管人员和其他直接责任人员依照前款规定予以处罚。

第七十五条　中国公民出境后非法前往其他国家或者地区被遣返的，出入境边防检查机关应当收缴其出境入境证件，出境入境证件签发机关自其被遣返之日起6个月至3年以内不予签发出境入境证件。

第七十六条　有下列情形之一的，给予警告，可以并处2000元以下罚款：

（一）外国人拒不接受公安机关查验其出境入境证件的；

（二）外国人拒不交验居留证件的；

（三）未按照规定办理外国人出生登记、死亡申报的；

（四）外国人居留证件登记事项发生变更，未按照规定办理变更的；

（五）在中国境内的外国人冒用他人出境入境证件的；

（六）未按照本法第三十九条第二款规定办理登记的。

旅馆未按照规定办理外国人住宿登记的，依照《中华人民共和国治安管理处罚法》的有关规定予以处罚；未按照规定向公安机关报送外国人住宿登记信息的，给予警告；情节严重的，处1000元以上5000元以下罚款。

第七十七条　外国人未经批准，擅自进入限制外国人进入的区域，责令立即离开；情节严重的，处5日以上10日以下拘留。对外国人非法获取的文字记录、音像资料、电子数据和其他物品，予以收缴或者销毁，所用工具予以收缴。

外国人、外国机构违反本法规定，拒不执行公安机关、国家安全机关限期迁离决定的，给予警告并强制迁离；情节严重的，对有关责任人员处5日以上15日以下拘留。

第七十八条　外国人非法居留的，给予警告；情节严重的，处每非法居留一日500元、总额不超过10000元的罚款或者5日以上15日以下拘留。

因监护人或者其他负有监护责任的人未尽到监护义务，致使未满16周岁的外国人非法居留的，对监护人或者其他负有监护责任的人给予警告，可以并处1000元以下罚款。

第七十九条　容留、藏匿非法入境、非法居留的外国人，协助非法入境、非法居留的外国人逃避检查，或者为非法居留的外国人违法提供出境入境证件的，处2000元以上10000元以下罚款；情节严重的，处5日以上15日以下拘留，并处5000元以上20000元以下罚款，有违法所得的，没收违法所得。

单位有前款行为的，处10000元以上50000元以下罚款；有违法所得的，没收违法所得，并对其直接负责的主管人员和其他直接责任人员，依照前款规定予以处罚。

第八十条　外国人非法就业的，处5000元以上20000元以下罚款；情节严重的，处5日以上15日以下拘留，并处5000元以上20000元以下罚款。

介绍外国人非法就业的，对个人处以每非法介绍一人5000元、总额不超过50000元的罚款；对单位处每非法介绍一人5000元，总额不超过100000元的罚款；有违法所得的，没收违法所得。

非法聘用外国人的，处每非法聘用一人1万元、总额不超过10万元的罚款；有违法所得的，没收违法所得。

第八十一条　外国人从事与停留居留事由不相符的活动，或者有其他违反中国法律、法规规定，不适宜在中国境内继续停留居留情形的，可以处限期出境。

外国人违反本法规定，情节严重，尚不构成犯罪的，公安部可以处驱逐出境。公安部的处罚决定为最终决定。

被驱逐出境的外国人，自被驱逐出境之日起10年内不准入境。

第八十二条　有下列情形之一的，给予警告，可以并处2000元以下罚款：

（一）扰乱口岸限定区域管理秩序的；

（二）外国船员及其随行家属未办理临时入境手续登陆的；

（三）未办理登轮证件上下外国船舶的。

违反前款第一项规定，情节严重的，可以并处5日以上10日以下拘留。

第八十三条　交通运输工具有下列情形之一的，对其负责人处5000元以上50000元以下罚款：

（一）未经查验准许擅自出境入境或者未经批准擅自改变出境入境口岸的；

（二）未按照规定如实申报员工、旅客、货物或者物品等信息，或者拒绝协助出境入境边防检查的；

（三）违反出境入境边防检查规定上下人员、装卸货物或者物品的。

出境入境交通运输工具载运不准出境入境人员出境入境的，处每载运一人5000元以上10000元以下罚款。交通运输工具负责人证明其已经采取合理预防措施的，可以减轻或者免予处罚。

第八十四条　交通运输工具有下列情形之一的，对其负责人处2000元以上20000元以下罚款：

（一）中国或者外国船舶未经批准擅自搭靠外国船舶的；

（二）外国船舶、航空器在中国境内未按照规定的路线、航线行驶的；

（三）出境入境的船舶、航空器违反规定驶入对外开放口岸以外地区的。

第八十五条　履行出境入境管理职责的工作人员，有下列行为之一的，依法给予处分：

（一）违反法律、行政法规，为不符合规定条件的外国人签发签证、外国人停留居留证件等出境入境证件的；

（二）违反法律、行政法规，审核验放不符合规定条件的人员或者交通运输工具出境入境的；

（三）泄露在出境入境管理工作中知悉的个人信息，侵害当事人合法权益的；

（四）不按照规定将依法收取的费用、收缴的罚款及没收的违法所得、非法财物上缴国库的；

（五）私分、侵占、挪用罚没、扣押的款物或者收取的费用的；

（六）滥用职权、玩忽职守、徇私舞弊，不依法履行法定职责的其他行为。

第八十六条　对违反出境入境管理行为处500元以下罚款的，出入境边防检查机关可以当场作出处罚决定。

第八十七条　对违反出境入境管理行为处罚款的，被处罚人应当自收到处罚决定书之日起15日内，到指定的银行缴纳罚款。被处罚人在所在地没有固定住所，不当场收缴罚款事后难以执行或者在口岸向指定银行缴纳罚款确有困难的，可以当场收缴。

第八十八条　违反本法规定，构成犯罪的，依法追究刑事责任。

第八章　附则

第八十九条　本法下列用语的含义：

出境，是指由中国内地前往其他国家或者地区，由中国内地前往香港特别行政区、澳门特别行政区，由中国大陆前往台湾地区。

入境，是指由其他国家或者地区进入中国内地，由香港特别行政区、澳门特别行政区进入中国内地，由台湾地区进入中国大陆。

外国人，是指不具有中国国籍的人。

第九十条　经国务院批准，同毗邻国家接壤的省、自治区可以根据中国与有关国家签订的边界管理协定制定地方性法规、地方政府规章，对两国边境接壤地区的居民往来作出规定。

第九十一条　外国驻中国的外交代表机构、领事机构成员以及享有特权和豁免的其他外国人，其入境出境及停留居留管理。其他法律另有规定的，依照其规定。

第九十二条　外国人申请办理签证、外国人停留居留证件等出境入境证件或者申请办理证件延期、变更的，应当按照规定缴纳签证费、证件费。

第九十三条　本法自2013年7月1日起施行。《中华人民共和国外国人入境出境管理法》和《中华人民共和国公民出境入境管理法》同时废止。

附录三 《中华人民共和国海关法》

第一章 总则

第一条 为了维护国家的主权和利益，加强海关监督管理，促进对外经济贸易和科技文化交往，保障社会主义现代化建设，特制定本法。

第二条 中华人民共和国海关是国家的进出关境（以下简称进出境）监督管理机关，海关依照本法和其他有关法律、法规，监管进出境的运输工具、货物、行李物品、邮递物品和其他物品（以下简称进出境运输工具、货物、物品），征收关税和其他税、费，查缉走私，并编制海关统计和办理其他海关业务。

第三条 国务院设立海关总署，统一管理全国海关。

国家在对外开放的口岸和海关监管业务集中的地点设立海关。海关的隶属关系，不受行政区划的限制。

海关依法独立行使职权，向海关总署负责。

第四条 海关可以行使下列权力

（一）检查进出境运输工具，查验进出境货物、物品；对违反本法或者其他有关法律、法规的，可以扣留。

（二）查阅进出境人员的证件；查问违反本法或者其他有关法律、法规的嫌疑人，调查其违法行为。

（三）查阅、复制与进出境运输工具、货物、物品有关的合同、发票、账册、单据、记录、文件、业务函电、录音录像制品和其他资料；对其中与违反本法或者其他有关法律、法规的进出境运输工具、货物、物品有牵连的，可以扣留。

（四）在海关监管区和海关附近沿海沿边规定地区，检查有走私嫌疑的运输工具和有藏匿走私货物、物品嫌疑的场所，检查走私嫌疑人的身体；对走私罪嫌疑人，经关长批准，可以扣留移送司法机关，扣留时间不超过24小时，在特殊情况下可以延长到48小时。

海关附近沿海沿边规定地区的范围，由海关总署和国务院公安部门会同有关省级人民政府确定。

（五）进出境运输工具或者个人违抗海关监管逃逸的，海关可以连续追至海关监管区和海关附近沿海沿边规定地区以外，将其带回处理。

（六）海关为履行职责，可以配备武器。海关工作人员佩带和使用武器的规则，由海关总署会同国务院公安部门制定，报国务院批准。

第五条 进出境运输工具、货物、物品，必须通过设立海关的地点进境或者出境。在特殊情况下，需要经过未设立海关的地点临时进境或者出境的，必须经国务院或者国务院授权的机关批准，并依照本法规定办理海关手续。

第六条 进出口货物，除另有规定的外，由海关准予提示册的报关企业或者有权经营进出口业务的企业负责办理报关纳税手续。上述企业的报关员应当经海关考核认可。

进出境物品的所有人可以自行办理报关纳税手续，也可以委托他人办理报关纳税手续。

接受委托办理报关手续的代理人，应当遵守本法对其委托人的各项规定。

第七条　海关工作人员必须遵守法律、法规，秉公执法，忠于职守，文明服务。

海关依法执行职务，任何单位和个人不得阻挠。

海关执行职务受到抗拒时，执行有关任务的公安机关和人民武装警察部队应当予以协助。

第二章　进出境运输工具

第八条　进出境运输工具到达或者驶离设立海关的地点时，运输工具负责人应当向海关如实申报，交验单证，并接受海关监管和检查。

停留在设立海关的地点的进出境运输工具，未经海关同意，不得擅自驶离。

进出境运输工具从一个设立海关的地点驶往另一个设立海关的地点的，应当符合海关监管要求，办理海关手续；未办结海关手续的，不得改驶境外。

第九条　进境运输工具在进境以后向海关申报以前，出境运输工具在办结海关手续以后出境以前，应当按照交通主管机关规定的路线行进；交通主管机关没有规定的，由海关指定。

第十条　进出境船舶、火车、航空器到达和驶离时间、停留地点、停留期间更换地点以及装卸货物、物品时间，运输工具负责人或者有关交通运输部门应当事先通知海关。

第十一条　运输工具装卸进出境货物、物品或者上下进出境旅客，应当接受海关监管。

货物、物品装卸完毕，运输工具负责人应当向海关递交反映实际装卸情况的交接单据和记录。

上下进出境运输工具的人员携带物品的，应当向海关如实申报，并接受海关检查。

第十二条　海关检查进出境运输工具时，运输工具负责人应当到场，并根据海关的要求开启舱室、房间、车门；有走私嫌疑的，并应当开拆可能藏匿走私货物、物品的部位，搬移货物、物料。

海关根据工作需要，可以派员随运输工具执行职务，运输工具负责人应当提供方便。

第十三条　进境的境外运输工具和出境的境内运输工具，未向海关办理手续并缴纳关税，不得转让或者移作他用。

第十四条　进出境船舶和航空器兼营境内客、货运输，需经海关同意，并应当符合海关监管要求。

进出境运输工具改营境内运输，需向海关办理手续。

第十五条　沿海运输船舶、渔船和从事海上作业的特种船舶，未经海关同意，不得载运或者换取、买卖、转让进出境货物、物品。

第十六条　进出境船舶和航空器，由于不可抗力的原因，被迫在未设立海关的地点停泊、降落或者抛掷、起卸货物、物品，运输工具负责人应当立即报告附近海关。

第三章　进出境货物

第十七条　进口货物自进境起到办结海关手续止，出口货物自向海关申报起到出境止，过境、转运和通运货物自进境起到出境止，应当接受海关监管。

第十八条　进口货物的收货人、出口货物的发货人应当向海关如实申报，交验进出口许可证和有关单证。国家限制进出口的货物，没有进出口许可证的，不予放行，具体处理办法由国务院规定。

进口货物的收货人应当自运输工具申报进境之日起14日内，出口货物的发货人除海关特准的外应当在装货的24小时以前，向海关申报。

进口货物的收货人超过前款规定期限未向海关申报的，由海关征收滞报金。

第十九条　进出口货物应当接受海关查验。海关查验货物时，进口货物的收货人、出口货物的发货人应当到场，并负责搬移货物，开拆和重封货物的包装。海关认为必要时，可以径行开验、复验或者提取货样。

经收发货人申请，海关总署批准，其进出口货物可以免验。

第二十条　除海关特准的外，进出口货物在收发货人缴清税款或者提供担保后，由海关签印放行。

第二十一条　进口货物的收货人自运输工具申报进境之日起超过3个月未向海关申报的，其进口货物由海关提取变卖处理。所得价款在扣除运输、装卸、储存等费用和税款后，尚有余款的，自货物变卖之日起1年内，经收货人申请，予以发还；逾期无人申请的，上缴国库。

确属误卸或者溢卸的进境货物，经海关审定，由原运输工具负责人或者货物的收发货人自该运输工具卸货之日起3个月内，办理退运或者进口手续；必要时，经海关批准，可以延期3个月。逾期未办手续的，由海关按前款规定处理。

前两款所列货物不宜长期保存的，海关可以根据实际情况提前处理。

收货人或者货物所有人声明放弃的进口货物，由海关提取变卖处理；所得价款在扣除运输、装卸、储存等费用后，上缴国库。

第二十二条　经海关批准暂进进口或者暂进出口的货物应当在6个月内复运出境或者复运进境；在特殊情况下，经海关同意，可以延期。

第二十三条　经营保税货物的储存、加工、装配、寄售业务，需经海关批准，并办理注册手续。

第二十四条　进口货物应当由收货人在货物的进境地海关办理海关手续。出口货物应当由发货人在货物的出境地海关办理海关手续。

经收发货人申请，海关同意，进口货物的收货人可以在设有海关的指运地、出口货物的发货人可以在设有海关的启运地办理海关手续。上述货物的转关运输，应当符合海关监管要求；必要时，海关可以派员押运。

经电缆、管道或者其他特殊方式输送进出境的货物，经营单位应当定期向指定的海关申报和办理海关手续。

第二十五条　过境、转运和通运货物，运输工具负责人应当向进境地海关如实申报，并应当在规定期限内运输出境。

海关认为必要时，可以查验过境、转运和通运货物。

第二十六条　海关监管货物，未经海关许可，任何单位和个人不得开拆、提取、交付、发运、调换、改装、抵押、转让或者更换标记。

海关加施的封志，任何人不得擅自开启或者损毁。

存放海关监管货物的仓库、场所的经理人应当按照海关规定，办理收存、交付手续。

在海关监管区外存放海关监管货物，应当经海关同意，并接受海关监管。

第二十七条　进出境集装箱的监管办法、打捞进出境货物和沉船的监管办法、边境小额贸易进出口货物的监管办法，以及本法未具体列明的其他进出境货物的监管办法，由海关总署或者由海关总署会同国务院有关部门另行制定。

第四章　进出境物品

第二十八条　个人携带进出境的行李物品、邮寄进出境的物品，应当以自用、合理数量为限，并接受海关监管。

  民航客舱服务与管理

第二十九条　进出境物品的所有人应当向海关如实申报，并接受海关查验。

海关加施的封志，任何人不得擅自开启或者损毁。

第三十条　进出境邮袋的装卸、转运和过境，应当接受海关监管。邮政企业应当向海关递交邮件路单。

邮政企业应当将开拆及封发国际邮袋的时间事先通行海关，海关应当按时派员到场监管查验。

第三十一条　邮运进出境的物品，经海关查验放行后，有关经营单位方可投递或者交付。

第三十二条　经海关登记暂时免税进境或者暂时免税出境的物品，应当由本人复带出境或者复带进境。

过境人员未经海关批准，不得将其所带物品留在境内。

第三十三条　进出境物品所有人声明放弃的物品、在海关规定期限内未办理海关手续或者无人认领的物品，以及无法投递又无法退回的进境邮递物品，由海关依照本法第二十一条的规定处理。

第三十四条　享有外交特权和豁免的外国机构或者人员的公务用品或者自用物品进出境，依照《中华人民共和国外交特权与豁免条例》的规定办理。

第五章　关　税

第三十五条　准许进出口的货物、进出境的物品，本法另有规定的外，由海关依照进出口税则征收关税。进出口税则应当公布。

第三十六条　进口货物的收货人、出口货物的发货人、进出境物品的所有人，是关税的纳税义务人。

第三十七条　进出口货物的纳税义务人，应当自海关填发税款缴纳证的次日起7日内缴纳税款；逾期缴纳的，由海关征收滞纳金，超过3个月仍未缴纳的，海关可以责令担保人缴纳税款或者将货物变价抵缴；必要时，可以通知银行在担保人或者纳税义务人存款内扣缴。

进出境物品的纳税义务人，应当在物品放行前缴纳税款。

第三十八条　进口货物以海关审定的正常到岸价格为完税价格，出口货物以海关审定的正常离岸价格扣除出口税为完税价格。到岸价格和离岸价格不能确定时，完税价格由海关估定。

进出境物品的完税价格，由海关确定。

第三十九条　下列进出口货物、进出境物品，减征或者免征关税：

（一）无商业价值的广告品和货样；

（二）外国政府、国际组织无偿赠送的物资；

（三）在海关放行前遭受损坏或者损失的货物；

（四）规定数额以内的物品；

（五）法律规定减征、免征关税的其他货物、物品；

（六）中华人民共和国缔结或者参加的国际条约规定减征、免征关税的货物、物品。

第四十条　经济特区等特定地区进出口的货物，中外合资经营企业、中外合作经营企业、外资企业等特定企业进出口的货物，有特定用途的进出口货物，用于公益事业的捐赠物资，可以减征或者免征关税。特定减税或者免税的范围和办法，由国务院规定。

边境小额贸易减征或者免征关税的范围和办法，由国务院或者国务院授权的机关规定。

第四十一条　依照前条规定减征或者免征关税进口的货物、物品，只能用于特定地区、特定企业或者特定用途，未经海关核准并补缴关税，不得移作他用。

第四十二条　本法第三十九条、第四十条规定范围以外的临时减征或者免征关税，由海关总署或者海关总署会同国务院财政部门按照国务院的规定审查批准。

第四十三条　经海关批准暂时进口或者暂时出口的货物，以及特准进口的保税货物，在货物收发货人向海关缴纳相当于税款的保证金或者提供担保后，准予暂时免纳关税。

第四十四条　进出口货物、进出境物品放行后，海关发现少征或者漏征税款，应当自缴纳税款或者货物、物品放行之日起1年内，向纳税义务人补征。因纳税义务人违反规定而造成的少征或者漏征，海关在3年以内可以追征。

第四十五条　海关多征的税款，海关发现后应当立即退还；纳税义务人自缴纳税款之日起1年内，可以要求海关退还。

第四十六条　纳税义务人同海关发生纳税争议时，应当先缴纳税款，然后自海关填发税款缴纳证之日起30日内，向海关书面申请复议，海关应当自收到复议申请之日起15日内作出复议决定；纳税义务人对海关的复议决定不服的，可以自收到复议决定之日起15日内向海关总署申请复议；对海关总署作出的复议决定仍然不服的，可以自收到复议决定书之日起15日内，向人民法院起诉。

第六章　法律责任

第四十七条　逃避海关监管，有下列行为之一的，是走私罪：

（一）运输、携带、邮寄国家禁止进出口的毒品、武器、伪造货币进出境的，以牟利、传播为目的运输、携带、邮寄淫秽物品进出境的，或者运输、携带、邮寄国家禁止出口的文物出境的；

（二）以牟利为目的，运输、携带、邮寄除前项所列物品外的国家禁止进出口的其他物品、国家限制进出口或者依法应当缴纳关税的货物、物品进出境，数额较大的；

（三）未经海关许可并补缴关税，擅自出售特准进口的保税货物、特定减税或者免税的货物，数额较大的。

以武装掩护走私的，以暴力抗拒检查走私货物、物品的，不论数额大小，都是走私罪。

犯走私罪的，由人民法院依法判处刑事处罚包括判处罚金，判处没收走私货物、物品、走私运输工具和违法所得。

企业事业单位、国家机关、社会团体犯走私的，由司法机关对其主管人员和直接责任人员依法追究刑事责任；对该单位判处罚金，判处没收走私货物、物品，走私运输工具和违法所得。

第四十八条　有本法第四十七条第（二）、（三）项所列行为之一，走私货物、物品数额不大的，或者携带、邮寄淫秽物品进出境不构成走私罪的，由海关没收货物、物品、违法所得，可以并处罚款。

第四十九条　有下列行为之一的，按走私罪论处，依照本法第四十七条的规定处罚；

（一）直接向走私人非法收购国家禁止进口的物品的，或者直接向走私人非法收购走私进口的其他货物、物品，数额较大的；

（二）在内海、领海运输、收购、贩卖国家禁止进出口的物品的，或者运输、收购、贩卖国家限制进出口的货物、物品，数额较大，没有合法证明的。

有前款所列行为之一，尚不构成走私罪的，依照本法第四十八条的规定处罚。

第五十条　个人携带、邮寄超过合理数量的自用物品进出境，未向海关申报的，责令补缴关税，可以处以罚款。

第五十一条　有下列违反本法关于海关监管规定的行为之一的，可以处以罚款：

（一）运输工具不经设立海关的地点进出境的；

（二）不将进出境运输工具到达的时间、停留的地点或者更换的地点通知海关的；

（三）进出口货物、物品或者过境、转运、通运货物向海关申报不实的；

（四）不按照规定接受海关对进出境运输工具、货物、物品进行检查、查验的；

（五）进出境运输工具未经海关同意，擅自装卸进出境货物、物品或者上下进出境旅客的；

（六）在设立海关的地点停留的进出境运输工具未经海关同意，擅自驶离的；

（七）进出境运输工具从一个设立海关的地点驶往另一个设立海关的地点，尚未办结海关手续又未经海关批准，中途擅自改驶境外或者境内未设立海关的地点的；

（八）进出境运输工具，未经海关同意，擅自兼营或者改营境内运输的；

（九）由于不可抗力的原因，进出境船舶和航空器被迫在未设立海关的地点停泊、降落或者在境内抛掷、起卸货物、物品，无正当理由，不向附近海关报告的；

（十）未经海关许可，擅自开拆、提取、交付、发运、调换、改装、抵押或者转让海关监管的；

（十一）擅自开启或者损毁海关封志的；

（十二）违反本法关于海关监管的其他规定，致使海关不能或者中断对进出境运输工具、货物、物品实施监管的。

第五十二条　人民法院判处没收的走私货物、物品、违法所得、走私运输工具和罚金，海关决定没收的走私货物、物品、违法所得和罚款，全部上缴国库。法院判处没收的和海关决定没收的走私货物、物品、走私运输工具，由海关依照国务院的规定处理，上缴国库。

第五十三条　当事人对海关的处罚决定不服的，可以自收到处罚通知书之日起30日内，海关无法通知的，自海关的处罚决定公告之日起30日内，向作出处罚决定的海关或者上一级海关申报复议；对复议决定仍然不服的，可以自收到复议决定书之日起30日内，向人民法院起诉。当事人也可以自收到处罚通知书之日或者自海关的处罚决定公告之日起30日内，直接向人民法院起诉。当事人逾期不履行海关的处罚决定又不申请复议或者向人民法院起诉的，作出处罚决定的海关可以将其保证金没收或者将其被扣留的货物、物品、运输工具变价抵缴，也可以申请人民法院强制执行。

第五十四条　海关在查验进出境货物、物品时，损坏被查验的货物、物品的，应当赔偿实际损失。

第五十五条　海关工作人员私分没收的走私货物、物品的，依照刑法第一百五十五条的规定追究刑事责任。

海关工作人员不得购买没收的走私货物、物品；购买没收的走私货物、物品的，责令退还，并可以给予行政处分。

第五十六条　海关工作人员滥用职权，故意刁难、拖延监管、查验的，给予行政处分；徇私舞弊、玩忽职守或者放纵走私的，根据情节轻重，给予行政处分或者依法追究刑事责任。

第七章　附则

第五十七条　本法下列用语的含义：

"进出境运输工具"，是指用以载运人员、货物、物品进出境的各种船舶、车辆、航空器和驮畜。

"过境、转运和通运货物"，是指由境外启运、通过中国境内继续运往境外的货物。其中，通过境内陆路运输的，称"过境化物"；在境内设立海关的地点换装运输工具，而不通过境内陆路运输的，称"转运货物"；由船舶、航空器载运进境并由原装运输工具载运出境的，称"通运货物"。

"海关监管货物"，是指本法第十七条所列的进出口货物，过境、转运、通运货物，以及暂时进出口货物、保税货物和其他尚未办结海关手续的进出境货物。

"保税货物"，是指经海关批准未办理纳税手续进境，在境内储存、加工、装配后复运出境的货物。

"海关监管区"，是指设立海关的港口、车站、机场、国界孔道、国际邮件互换局（交换站）和其他有海关监管业务的场所，以及虽未设立海关，但是经国务院批准的进出境地点。

第五十八条　海关对检举或者协助查获违反本法案件的有功单位和个人，应当给予奖励。对于检举违法行为的单位和个人，海关应当负责保密。

第五十九条　经济特区等特殊地区同境内其他地区之间往来的运输工具、货物、物品的监管办法，由国务院另行规定。

第六十条　海关总署根据本法制定实施细则，报国务院批准后施行。

第六十一条　本法自1987年7月1日起施行。1951年4月18日中央人民政府公布的《中华人民共和国暂行海关法》同时废止。

附录四 《公共航空运输旅客服务管理规定》

第一章 总则

第一条 为了加强公共航空运输旅客服务管理，保护旅客合法权益，维护航空运输秩序，根据《中华人民共和国民用航空法》《中华人民共和国消费者权益保护法》《中华人民共和国电子商务法》等法律、行政法规，制定本规定。

第二条 依照中华人民共和国法律成立的承运人、机场管理机构、地面服务代理人、航空销售代理人、航空销售网络平台经营者、航空信息企业从事公共航空运输旅客服务活动的，适用本规定。

外国承运人、港澳台地区承运人从事前款规定的活动，其航班始发地点或者经停地点在中华人民共和国境内（不含港澳台，下同）的，适用本规定。

第三条 中国民用航空局（以下简称民航局）负责对公共航空运输旅客服务实施统一监督管理。

中国民用航空地区管理局（以下简称民航地区管理局）负责对本辖区内的公共航空运输旅客服务实施监督管理。

第四条 依照中华人民共和国法律成立的承运人、机场管理机构应当建立公共航空运输旅客服务质量管理体系，并确保管理体系持续有效运行。

第五条 鼓励、支持承运人、机场管理机构制定高于本规定标准的服务承诺。

承运人、机场管理机构应当公布关于购票、乘机、安检等涉及旅客权益的重要信息，并接受社会监督。

第二章 一般规定

第六条 承运人应当根据本规定制定并公布运输总条件，细化相关旅客服务内容。

承运人的运输总条件不得与国家法律法规以及涉及民航管理的规章相关要求相抵触。

第七条 承运人修改运输总条件的，应当标明生效日期。

修改后的运输总条件不得将限制旅客权利或者增加旅客义务的修改内容适用于修改前已购票的旅客，但是国家另有规定的除外。

第八条 运输总条件至少应当包括下列内容：

（一）客票销售和退票、变更实施细则；

（二）旅客乘机相关规定，包括婴儿、孕妇、无成人陪伴儿童、重病患者等特殊旅客的承运标准；

（三）行李运输具体要求；

（四）超售处置规定；

（五）受理投诉的电子邮件地址和电话。

前款所列事项变化较频繁的，可以单独制定相关规定，但应当视为运输总条件的一部分，并与运输总条件在同一位置以显著方式予以公布。

第九条　承运人应当与航空销售代理人签订销售代理协议，明确公共航空运输旅客服务标准，并采取有效措施督促其航空销售代理人符合本规定相关要求。

承运人应当将客票销售、客票变更与退票、行李运输等相关服务规定准确提供给航空销售代理人；航空销售代理人不得擅自更改承运人的相关服务规定。

第十条　航空销售网络平台经营者应当对平台内航空销售代理人进行核验，不得允许未签订协议的航空销售代理人在平台上从事客票销售活动。

航空销售网络平台经营者应当处理旅客与平台内航空销售代理人的投诉纠纷，并采取有效措施督促平台内的航空销售代理人符合本规定相关要求。

第十一条　承运人应当与地面服务代理人签订地面服务代理协议，明确公共航空运输旅客服务标准，并采取有效措施督促其地面服务代理人符合本规定相关要求。

第十二条　机场管理机构应当建立地面服务代理人和航站楼商户管理制度，并采取有效措施督促其符合本规定相关要求。

第十三条　航空信息企业应当完善旅客订座、乘机登记等相关信息系统功能，确保承运人、机场管理机构、地面服务代理人、航空销售代理人、航空销售网络平台经营者等能够有效实施本规定要求的服务内容。

第十四条　承运人、机场管理机构、地面服务代理人、航空销售代理人、航空销售网络平台经营者、航空信息企业应当遵守国家关于个人信息保护的规定，不得泄露、出售、非法使用或者向他人提供旅客个人信息。

第三章　客票销售

第十五条　承运人或者其航空销售代理人通过网络途径销售客票的，应当以显著方式告知购票人所选航班的主要服务信息，至少应当包括：

（一）承运人名称，包括缔约承运人和实际承运人；

（二）航班始发地、经停地、目的地的机场及其航站楼；

（三）航班号、航班日期、舱位等级、计划出港和到港时间；

（四）同时预订两个及以上航班时，应当明确是否为联程航班；

（五）该航班适用的票价以及客票使用条件，包括客票变更规则和退票规则等；

（六）该航班是否提供餐食；

（七）按照国家规定收取的税、费；

（八）该航班适用的行李运输规定，包括行李尺寸、重量、免费行李额等。

承运人或者其航空销售代理人通过售票处或者电话等其他方式销售客票的，应当告知购票人前款信息或者获取前款信息的途径。

第十六条　承运人或者其航空销售代理人通过网络途径销售客票的，应当将运输总条件的全部内容纳入到旅客购票时的必读内容，以必选项的形式确保购票人在购票环节阅知。

承运人或者其航空销售代理人通过售票处或者电话等其他方式销售客票的，应当提示购票人阅读运输总条件并告知阅读运输总条件的途径。

第十七条　承运人或者其航空销售代理人在销售国际客票时，应当提示旅客自行查阅航班始发地、经停地或者目的国的出入境相关规定。

第十八条　购票人应当向承运人或者其航空销售代理人提供国家规定的必要个人信息以及旅客真实有效的联系方式。

第十九条　承运人或者其航空销售代理人在销售客票时，应当将购票人提供的旅客联系方式等必要个人信息准确录入旅客订座系统。

第二十条　承运人或者其航空销售代理人出票后，应当以电子或者纸质等书面方式告知旅客涉及行程的重要内容，至少应当包括：

（一）本规定第十五条第一款所列信息；

（二）旅客姓名；

（三）票号或者合同号以及客票有效期；

（四）出行提示信息，包括航班始发地停止办理乘机登记手续的时间要求、禁止或者限制携带的物品等；

（五）免费获取所适用运输总条件的方式。

第二十一条　承运人、航空销售代理人、航空销售网络平台经营者、航空信息企业应当保存客票销售相关信息，并确保信息的完整性、保密性、可用性。

前款规定的信息保存时间自交易完成之日起不少于3年。法律、行政法规另有规定的，依照其规定。

第四章　客票变更与退票

第二十二条　客票变更，包括旅客自愿变更客票和旅客非自愿变更客票。

退票，包括旅客自愿退票和旅客非自愿退票。

第二十三条　旅客自愿变更客票或者自愿退票的，承运人或者其航空销售代理人应当按照所适用的运输总条件、客票使用条件办理。

第二十四条　由于承运人原因导致旅客非自愿变更客票的，承运人或者其航空销售代理人应当在有可利用座位或者被签转承运人同意的情况下，为旅客办理改期或者签转，不得向旅客收取客票变更费。

由于非承运人原因导致旅客非自愿变更客票的，承运人或者其航空销售代理人应当按照所适用的运输总条件、客票使用条件办理。

第二十五条　旅客非自愿退票的，承运人或者其航空销售代理人不得收取退票费。

第二十六条　承运人或者其航空销售代理人应当在收到旅客有效退款申请之日起7个工作日内办理完成退款手续，上述时间不含金融机构处理时间。

第二十七条　在联程航班中，因其中一个或者几个航段变更，导致旅客无法按照约定时间完成整个行程的，缔约承运人或者其航空销售代理人应当协助旅客到达最终目的地或者中途分程地。

在联程航班中，旅客非自愿变更客票的，按照本规定第二十四条办理；旅客非自愿退票的，按照本规定第二十五条办理。

第五章　乘机

第二十八条　机场管理机构应当在办理乘机登记手续、行李托运、安检、海关、边检、登机口、中转通道等旅客乘机流程的关键区域设置标志标识指引，确保标志标识清晰、准确。

第二十九条　旅客在承运人或者其地面服务代理人停止办理乘机登记手续前，凭与购票时一致的有效身份证件办理客票查验、托运行李、获取纸质或者电子登机凭证。

第三十条　旅客在办理乘机登记手续时，承运人或者其地面服务代理人应当将旅客姓名、航班号、乘机日期、登机时间、登机口、航程等已确定信息准确、清晰地显示在纸质或者电子登机凭证上。

登机口、登机时间等发生变更的，承运人、地面服务代理人、机场管理机构应当及时告知旅客。

第三十一条　有下列情况之一的，承运人应当拒绝运输：

（一）依据国家有关规定禁止运输的旅客或者物品；

（二）拒绝接受安全检查的旅客；

（三）未经安全检查的行李；

（四）办理乘机登记手续时出具的身份证件与购票时身份证件不一致的旅客；

（五）国家规定的其他情况。

除前款规定外，旅客的行为有可能危及飞行安全或者公共秩序的，承运人有权拒绝运输。

第三十二条　旅客因本规定第三十一条被拒绝运输而要求出具书面说明的，除国家另有规定外，承运人应当及时出具；旅客要求变更客票或者退票的，承运人可以按照所适用的运输总条件、客票使用条件办理。

第三十三条　承运人、机场管理机构应当针对旅客突发疾病、意外伤害等对旅客健康情况产生重大影响的情形，制定应急处置预案。

第三十四条　因承运人原因导致旅客误机、错乘、漏乘的，承运人或者其航空销售代理人应当按照本规定第二十四条第一款、第二十五条办理客票变更或者退票。

因非承运人原因导致前款规定情形的，承运人或者其航空销售代理人可以按照本规定第二十三条办理客票变更或者退票。

第六章　行李运输

第三十五条　承运人、地面服务代理人、机场管理机构应当建立托运行李监控制度，防止行李在运送过程中延误、破损、丢失等情况发生。

承运人、机场管理机构应当积极探索行李跟踪等新技术应用，建立旅客托运行李全流程跟踪机制。

第三十六条　旅客的托运行李、非托运行李不得违反国家禁止运输或者限制运输的相关规定。

在收运行李时或者运输过程中，发现行李中装有不得作为行李运输的任何物品，承运人应当拒绝收运或者终止运输，并通知旅客。

第三十七条　承运人应当在运输总条件中明确行李运输相关规定，至少包括下列内容：

（一）托运行李和非托运行李的尺寸、重量以及数量要求；

（二）免费行李额；

（三）超限行李费计算方式；

（四）是否提供行李声明价值服务，或者为旅客办理行李声明价值的相关要求；

（五）是否承运小动物，或者运输小动物的种类及相关要求；

（六）特殊行李的相关规定；

（七）行李损坏、丢失、延误的赔偿标准或者所适用的国家有关规定、国际公约。

第三十八条　承运人或者其地面服务代理人应当在收运行李后向旅客出具纸质或者电子行李凭证。

第三十九条　承运人应当将旅客的托运行李与旅客同机运送。

除国家另有规定外，不能同机运送的，承运人应当优先安排该行李在后续的航班上运送，并及时通知旅客。

第四十条　旅客的托运行李延误到达的，承运人应当及时通知旅客领取。

除国家另有规定外，由于非旅客原因导致托运行李延误到达，旅客要求直接送达的，承运人应当免费将托运行李直接送达旅客或者与旅客协商解决方案。

第四十一条　在行李运输过程中，托运行李发生延误、丢失或者损坏，旅客要求出具行李运输事故凭证的，承运人或者其地面服务代理人应当及时提供。

第七章　航班超售

第四十二条　承运人超售客票的，应当在超售前充分考虑航线、航班班次、时间、机型以及衔接航班等情况，最大程度避免旅客因超售被拒绝登机。

第四十三条　承运人应当在运输总条件中明确超售处置相关规定，至少包括下列内容：

（一）超售信息告知规定；

（二）征集自愿者程序；

（三）优先登机规则；

（四）被拒绝登机旅客赔偿标准、方式和相关服务标准。

第四十四条　因承运人超售导致实际乘机旅客人数超过座位数时，承运人或者其地面服务代理人应当根据征集自愿者程序，寻找自愿放弃行程的旅客。

未经征集自愿者程序，不得使用优先登机规则确定被拒绝登机的旅客。

第四十五条　在征集自愿者时，承运人或者其地面服务代理人应当与旅客协商自愿放弃行程的条件。

第四十六条　承运人的优先登机规则应当符合公序良俗原则，考虑的因素至少应当包括老幼病残孕等特殊旅客的需求、后续航班衔接等。

承运人或者其地面服务代理人应当在经征集自愿者程序未能寻找到足够的自愿者后，方可根据优先登机规则确定被拒绝登机的旅客。

第四十七条　承运人或者其地面服务代理人应当按照超售处置规定向被拒绝登机旅客给予赔偿，并提供相关服务。

第四十八条　旅客因超售自愿放弃行程或者被拒绝登机时，承运人或者其地面服务代理人应当根据旅客的要求，出具因超售而放弃行程或者被拒绝登机的证明。

第四十九条　因超售导致旅客自愿放弃行程或者被拒绝登机的，承运人应当按照本规定第二十四条第一款、第二十五条办理客票变更或者退票。

第八章　旅客投诉

第五十条　因公共航空运输旅客服务发生争议的，旅客可以向承运人、机场管理机构、地面服务代理人、航空销售代理人、航空销售网络平台经营者投诉，也可以向民航行政机关投诉。

第五十一条 承运人、机场管理机构、地面服务代理人、航空销售代理人、航空销售网络平台经营者应当设置电子邮件地址、中华人民共和国境内的投诉受理电话等投诉渠道，并向社会公布。

承运人、机场管理机构、地面服务代理人、航空销售代理人、航空销售网络平台经营者应当设立专门机构或者指定专人负责受理投诉工作。

港澳台地区承运人和外国承运人应当具备以中文受理和处理投诉的能力。

第五十二条 承运人、机场管理机构、地面服务代理人、航空销售代理人、航空销售网络平台经营者收到旅客投诉后，应当及时受理；不予受理的，应当说明理由。

承运人、机场管理机构、地面服务代理人、航空销售代理人、航空销售网络平台经营者应当在收到旅客投诉之日起10个工作日内做出包含解决方案的处理结果。

承运人、机场管理机构、地面服务代理人、航空销售代理人、航空销售网络平台经营者应当书面记录旅客的投诉情况及处理结果，投诉记录至少保存3年。

第五十三条 民航局消费者事务中心受民航局委托统一受理旅客向民航行政机关的投诉。

民航局消费者事务中心应当建立、畅通民航服务质量监督平台和民航服务质量监督电话等投诉渠道，实现全国投诉信息一体化。

旅客向民航行政机关投诉的，民航局消费者事务中心、承运人、机场管理机构、地面服务代理人、航空销售代理人、航空销售网络平台经营者应当在民航服务质量监督平台上进行投诉处理工作。

第九章　信息报告

第五十四条 承运人应当将运输总条件通过民航服务质量监督平台进行备案。

运输总条件发生变更的，应当自变更之日起5个工作日内在民航服务质量监督平台上更新备案。

备案的运输总条件应当与对外公布的运输总条件保持一致。

第五十五条 承运人应当将其地面服务代理人、航空销售代理人的相关信息通过民航服务质量监督平台进行备案。

前款所述信息发生变更的，应当自变更之日起5个工作日内在民航服务质量监督平台上更新备案。

第五十六条 承运人、机场管理机构、地面服务代理人、航空销售代理人、航空销售网络平台经营者应当将投诉受理电话、电子邮件地址、投诉受理机构等信息通过民航服务质量监督平台进行备案。

前款所述信息发生变更的，应当自变更之日起5个工作日内在民航服务质量监督平台上更新备案。

第五十七条 承运人、机场管理机构、地面服务代理人、航空销售代理人、航空销售网络平台经营者、航空信息企业等相关单位，应当按照民航行政机关要求报送旅客运输服务有关数据和信息，并对真实性负责。

第十章　监督管理及法律责任

第五十八条 有下列行为之一的，由民航行政机关责令限期改正；逾期未改正的，依法记入民航行业严重失信行为信用记录：

（一）承运人违反本规定第六条、第七条、第八条，未按照要求制定、修改、适用或者公布运输总条件的；

（二）承运人或者其地面服务代理人违反本规定第四十四条、第四十五条、第四十六条第二款、第四十七条，未按照要求为旅客提供超售后的服务的；

（三）承运人、机场管理机构、地面服务代理人、航空销售代理人、航空销售网络平台经营者违反本规定第五十一条第一款、第二款，第五十二条第一款、第二款，未按照要求开展投诉受理或者处理工作的。

第五十九条　有下列行为之一的，由民航行政机关责令限期改正；逾期未改正的，处1万元以下的罚款；情节严重的，处2万元以上3万元以下的罚款：

（一）承运人、航空销售网络平台经营者、机场管理机构违反本规定第九条第一款、第十条第二款、第十一条、第十二条，未采取有效督促措施的；

（二）承运人、航空销售代理人违反本规定第九条第二款，未按照要求准确提供相关服务规定或者擅自更改承运人相关服务规定的；

（三）航空信息企业违反本规定第十三条，未按照要求完善信息系统功能的；

（四）承运人或者其航空销售代理人违反本规定第十九条，未按照要求录入旅客信息的；

（五）承运人、航空销售代理人、航空信息企业违反本规定第二十一条，未按照要求保存相关信息的；

（六）承运人违反本规定第三十二条，未按照要求出具被拒绝运输书面说明的；

（七）承运人、机场管理机构违反本规定第三十三条，未按照要求制定应急处置预案的；

（八）承运人、地面服务代理人、机场管理机构违反本规定第三十五条第一款，未按照要求建立托运行李监控制度的；

（九）承运人或者其地面服务代理人违反本规定第四十一条，未按照要求提供行李运输事故凭证的；

（十）承运人或者其地面服务代理人违反本规定第四十八条，未按照要求出具相关证明的；

（十一）港澳台地区承运人和外国承运人违反本规定第五十一条第三款，未按照要求具备以中文受理和处理投诉能力的；

（十二）承运人、机场管理机构、地面服务代理人、航空销售代理人、航空销售网络平台经营者违反本规定第五十二条第三款，未按照要求保存投诉记录的；

（十三）承运人、机场管理机构、地面服务代理人、航空销售代理人、航空销售网络平台经营者违反本规定第五十三条第三款，未按照要求在民航服务质量监督平台上处理投诉的；

（十四）承运人违反本规定第五十四条、第五十五条，未按照要求将运输总条件、地面服务代理人、航空销售代理人的相关信息备案的；

（十五）承运人、机场管理机构、地面服务代理人、航空销售代理人、航空销售网络平台经营者违反本规定第五十六条，未按照要求将投诉相关信息备案的；

（十六）承运人、机场管理机构、地面服务代理人、航空销售代理人、航空销售网络平台经营者违反本规定第五十七条，未按照要求报送相关数据和信息的。

第六十条　航空销售网络平台经营者有本规定第十条第一款规定的行为，构成《中华人民共和国电子商务法》规定的不履行核验义务的，依照《中华人民共和国电子商务法》的规定执行。

第六十一条　承运人、机场管理机构、地面服务代理人、航空销售代理人、航空销售网络平台经营者、航空信息企业违反本规定第十四条，侵害旅客个人信息，构成《中华人民共和国消费者权益保护法》规定的侵害消费者个人信息依法得到保护的权利的，依照《中华人民共和国消费者权益保护法》的规定执行。

承运人或者其航空销售代理人违反本规定第二十三条、第二十四条、第二十五条、第二十六条、第二十七条，未按照要求办理客票变更、退票或者未履行协助义务，构成《中华人民共和国消费者权益保护法》规定的故意拖延或者无理拒绝消费者提出的更换、退还服务费用要求的，依照《中华人民共和国消费者权益保护法》的规定执行。

第六十二条　机场管理机构违反本规定第二十八条，未按照要求设置标志标识，构成《民用机场管理条例》规定的未按照国家规定的标准配备相应设施设备的，依照《民用机场管理条例》的规定执行。

第十一章　附则

第六十三条　本规定中下列用语的含义是：

（一）承运人，是指以营利为目的，使用民用航空器运送旅客、行李的公共航空运输企业。

（二）缔约承运人，是指使用本企业票证和票号，与旅客签订航空运输合同的承运人。

（三）实际承运人，是指根据缔约承运人的授权，履行相关运输的承运人。

（四）机场管理机构，是指依法组建的或者受委托的负责机场安全和运营管理的具有法人资格的机构。

（五）地面服务代理人，是指依照中华人民共和国法律成立的，与承运人签订地面代理协议，在中华人民共和国境内机场从事公共航空运输地面服务代理业务的企业。

（六）航空销售代理人，是指依照中华人民共和国法律成立的，与承运人签订销售代理协议，从事公共航空运输旅客服务销售业务的企业。

（七）航空销售网络平台经营者，是指依照中华人民共和国法律成立的，在电子商务中为承运人或者航空销售代理人提供网络经营场所、交易撮合、信息发布等服务，供其独立开展公共航空运输旅客服务销售活动的企业。

（八）航空信息企业，是指为公共航空运输提供旅客订座、乘机登记等相关系统的企业。

（九）民航行政机关，是指民航局和民航地区管理局。

（十）公共航空运输旅客服务，是指承运人使用民用航空器将旅客由出发地机场运送至目的地机场的服务。

（十一）客票，是运输凭证的一种，包括纸质客票和电子客票。

（十二）已购票，是指根据法律规定或者双方当事人约定，航空运输合同成立的状态。

（十三）客票变更，是指对客票改期、变更舱位等级、签转等情形。

（十四）自愿退票，是指旅客因其自身原因要求退票。

（十五）非自愿退票，是指因航班取消、延误、提前、航程改变、舱位等级变更或者承运人无法运行原航班等情形，导致旅客退票的情形。

（十六）自愿变更客票，是指旅客因其自身原因要求变更客票。

（十七）非自愿变更客票，指因航班取消、延误、提前、航程改变、舱位等级变更或者承运人无法运行原航班等情形，导致旅客变更客票的情形。

（十八）承运人原因，是指承运人内部管理原因，包括机务维护、航班调配、机组调配等。

（十九）非承运人原因，是指与承运人内部管理无关的其他原因，包括天气、突发事件、空中交通管制、安检、旅客等因素。

（二十）行李，是指承运人同意运输的、旅客在旅行中携带的物品，包括托运行李和非托运行李。

（二十一）托运行李，是指旅客交由承运人负责照管和运输并出具行李运输凭证的行李。

（二十二）非托运行李，是指旅客自行负责照管的行李。

（二十三）票价，是指承运人使用民用航空器将旅客由出发地机场运送至目的地机场的航空运输服务的价格，不包含按照国家规定收取的税费。

（二十四）计划出港时间，是指航班时刻管理部门批准的离港时间。

（二十五）计划到港时间，是指航班时刻管理部门批准的到港时间。

（二十六）客票使用条件，是指订座舱位代码或者票价种类所适用的票价规则。

（二十七）客票改期，是指客票列明同一承运人的航班时刻、航班日期的变更。

（二十八）签转，是指客票列明承运人的变更。

（二十九）联程航班，是指被列明在单一运输合同中的两个（含）以上的航班。

（三十）误机，是指旅客未按规定时间办妥乘机手续或者因身份证件不符合规定而未能乘机。

（三十一）错乘，是指旅客搭乘了不是其客票列明的航班。

（三十二）漏乘，是指旅客办妥乘机手续后或者在经停站过站时未能搭乘其客票列明的航班。

（三十三）小动物，是指旅客托运的小型动物，包括家庭饲养的猫、狗或者其他类别的小动物。

（三十四）超售，是指承运人为避免座位虚耗，在某一航班上销售座位数超过实际可利用座位数的行为。

（三十五）经停地点，是指除出发地点和目的地点以外，作为旅客旅行路线上预定经停的地点。

（三十六）中途分程地，是指经承运人事先同意，旅客在出发地和目的地间旅行时有意安排在某个地点的旅程间断。

第六十四条　本规定以工作日计算的时限均不包括当日，从次日起计算。

第六十五条　本规定自2021年9月1日起施行。原民航总局于1996年2月28日公布的《中国民用航空旅客、行李国内运输规则》（民航总局令第49号）、2004年7月12日公布的《中国民用航空总局关于修订〈中国民用航空旅客、行李国内运输规则〉的决定》（民航总局令第124号）和1997年12月8日公布的《中国民用航空旅客、行李国际运输规则》（民航总局令第70号）同时废止。

本规定施行前公布的涉及民航管理的规章中关于客票变更、退票以及旅客投诉管理的内容与本规定不一致的，按照本规定执行。

参考文献

[1] 柳杨.空乘职业规划指南.北京：中国民航出版社，2007.

[2] 林莹，毛永年.西餐礼仪.北京：中央编译出版社，2010.

[3] 何蕾.客舱服务与管理.北京：化学工业出版社，2020.

[4] 吴峥.航空急救实务.北京：化学工业出版社，2019.